汉字通道

方守狮 著

上海大学出版社
·上海·

图书在版编目(CIP)数据

汉字通道/方守狮著.—上海：上海大学出版社，2019.8
ISBN 978-7-5671-3658-8

Ⅰ.①汉… Ⅱ.①方… Ⅲ.①汉字-通俗读物 Ⅳ.①H12-49

中国版本图书馆CIP数据核字(2019)第150975号

责任编辑　傅玉芳
封面设计　柯国富
技术编辑　金　鑫　钱宇坤

汉字通道

方守狮　著

上海大学出版社出版发行
(上海市上大路99号　邮政编码200444)
(http://www.shupress.cn　发行热线021-66135112)
出版人　戴骏豪

*

南京展望文化发展有限公司排版
江阴金马印刷有限公司印刷　各地新华书店经销
开本889mm×1194mm　1/32　印张9.5　字数246千
2019年8月第1版　2019年8月第1次印刷
ISBN 978-7-5671-3658-8/H·373　定价 42.00元

爽	涩	刹	肴	俎	怄	樊	
驳	忍	希	恼	刘	讴	樊	
刈	刃	杀	凶	爻	区	焚	
邕	离	气	五	囟	文	学	
鬱	网	网	吾	聪	态	效	
壆	網	刚	悟	恼	悯	教	
黉	魍	钢	惩	卤	傻	觉	

"吾"字变体及演化图

金 金	巛 坤	恅 性	屮 草	上 上	羊 羊	子 子
光 光	水 水	生 生	出 之	上 上	半 半	古 古
心 心	川 川	生 生	艸 草	卜 卜	牛 牛	十 十
火 火	火 火	大 大	心 心	小 小	少 少	沙 沙
勿 勿	彡 彡	巾 巾	直 直	示 示	不 不	米 米
易 易	气 气	帀 帀	道 道	示 示	不 不	采 采
阳 阳	气 气	木 木	德 德	示 示	丕 丕	悉 悉

"心"字变体图

序一

清光绪二十五年秋,时任国子监祭酒的王懿荣因病到京城宣武门外的达仁堂买药,无意中看到一味唤作龙骨的中药上面刻画着一些符号,基于对古代金石文字的造诣,他认定这不是简单的刻痕,更像是古文字。随后,他以每片二两银子的高价,把药店所有刻有符号的龙骨全部买下,后来又通过古董商范维卿等人进行收购,累计共收集了1 500多片,自此开启了汉字鼻祖甲骨文的发掘之旅。

中国与古巴比伦、古埃及、古印度并称四大文明古国,而评价文明的主要标准之一就是文字的发明。在四大文明古国中,中国唯一没有被冠以"古中国",究其缘由,就是因为传承华夏文明的汉字一直没有被废弃。因着汉字的传承,炎黄子孙先贤、圣哲的思想文化才没有因为改朝换代而湮没于历史的尘埃。

汉字是人类历史上传达信息最丰富的文字。从甲骨文已识别的约2 500个单字来看,它已具备了"象形、会意、形声、指事、转注、假借"的造字方法。我们的先祖通过造字,将自己对天地自然的认知和体悟精心刻入汉字之中,期待后人的发掘和研读。

汉字是世界上最美的文字。我们的先祖造字的时候,不仅将自己的思想融入了汉字,更是将自己的美学思想通过汉字的镌刻和书写进行了充分的表达,即便是在最早的甲骨文中也能发现书法艺术的三个要素：用笔、结字和章法。在中华民族五千年的文明史中，汉字经历了甲骨文、钟鼎文、秦篆、汉隶、唐楷、行书、草书等多种字体的发展演变，字体、字形虽有变化，应用范围虽有不同，但汉字内蕴的大美始终没有变，汉字的书写成为一项独特的艺术，这一点在人类历史上是绝无仅有的。书法曾让无数文人墨客趋之若鹜，书法曾令多少帝王如醉如痴，书法曾助一代名臣悲情抒怀……也正是因为书法，我们才得以在今天还能同时见到所有汉字字体并存于世。

然而，汉字的命运也曾因近代中国的命运多舛而跌宕起伏。在新文化运动中，一些思想家、革命家认为中国传统思想文化阻碍了中国的发展，也包括汉字。部分在国外留过学的思想激进人士，如鲁迅、瞿秋白、钱玄同等，认为汉字是中国现代化的障碍，而主张汉字拉丁化，鲁迅甚至大声疾呼："汉字不灭，中国必亡！"

近代中国的积贫积弱让一些社会精英对中华民族的传统文化失去了自信，并归罪于汉字。面对来自西方列强和国人自身对中国文化的偏见和歧视，一代国学大师辜鸿铭的力作《春秋大义》应运而生。辜鸿铭先生指出，要评价一种文明，必须看它"能够生产什么样子的人，什么样的男人和女人"，他批评那些"被称作中国文明研究权威"的传教士和汉学家们"实际上并不真正懂得中国人和中国语言"，"我们东方人，讲求明心见性，东方人心明，油灯自亮。东方人不像西方人那样专门看重表面功夫"。中国人蕴藏着赤子之心的难以言表的温良，并强调"要懂得真正的中国人和中国文明，那个人必须是深沉的、博大的和纯朴的"。

时过境迁，斗转星移。中国如今已经成长为世界经济大国，但中华民族的文化自信是否恢复到辜鸿铭先生期待的那样，仍值得商榷。汉字虽然没有被废弃，但也未起到指引当代人明心见性、修成难以言表的温良的作用。究其原因，当代中国施行的是近乎全盘西化的教育，我们虽然使用汉字,但未必真正用心去解读和传承汉字所承载的思想和文化。

有鉴于此,方守狮先生秉承先贤大儒之遗志,遍寻典籍,查根溯源,不讳毁谤,将自己多年用心解读的数百汉字、词汇编成卷,乃成《汉字心解》,并于2015年6月面世。

然而,《汉字心解》的成功出版并未滞留方守狮先生追寻圣哲足迹探索人生真谛的坚韧步伐,一如当年已经誉满长安的玄奘法师毅然西行求法。随着对汉字的进一步破解和体悟,方先生认识到,汉字所包含的内涵远非典籍记载的那样浅薄,破解老子的"道生一,一生二,二生三,三生万物",参透菩提达摩的"不立文字,教外别传,直指人心,见性成佛",其难度远超数学界的黎曼猜想和物理学界的广义相对论。在渐行渐远的心路历程中,方先生一次次跨越时空与道祖、禅宗对话,求取汉字中指导人们明心见性的答案——汉字如是!

石磐陀问玄奘:"师父,西天在哪里?"师曰:"心里。"在漫漫的西行路上,《汉字如是》一如指路的明灯,指引中国人回归那难以言表的温良。

是为序。

常亚春

2017年4月16日

(本文是常亚春先生为《汉字如是》所作的序)

序二

汉字,是我国仍在使用的历史最悠久的文字。现在能看到而又能认读的最早的汉字是 3 000 多年前的甲骨文。这已是相当成熟、相当系统的汉字。世界上没有一种文字像汉字那样历尽沧桑,青春永驻。

古埃及 5 000 年前的圣书字是人类最早的文字之一,但它后来消亡了,有记载的古埃及文化也被深深地埋藏起来了。苏美尔人的楔形文字也有 5 000 年的历史,但在公元 330 年后,也消亡了。历史上衰亡的著名文字还有玛雅文、婆罗米文等,而汉字不但久盛不衰、矗立世界文字之林,并且不断地发展,影响也越来越大。

尊敬的方守狮博士,即日支居士、常应子先生,曾以《汉字心解》《汉字如是》两本著作,将中华文明的母语——汉字中含纳的无限世界文明之光,以如是智慧,真心解之,令人赞叹。

方师多年来扎根在汉字中,感悟种种心弦的琴音。在那缤纷的字海中,他细细品味,以字载道,用解字的方式,透过无数不同的文字,把我们祖先留存的汉字的形状与不同的真意解读出来,试图让后人明白简简单单的道理并把古人表达的深切祝福传递给大家。

方师的解字来自生活日常积累,智慧升华。这些看似平常的解字心声,像一位邻家与您拉家常的文人骚客,字里行间却饱含无数庄重的誓言,也充满了世间所有情话里面最简单但分量最重、最有感情色彩、最强烈的真爱——空性之爱。然而,无论这份爱叫什么名字,人们怎么理解和分类——是佛法?是道用?是心学?都不重要。只要有缘在《汉字通道》里用心阅读,您总能在一条回归的心路上,看到灯塔般的光芒。

方师透过日常生活中的解字,以字道解心结,作诗歌!这份独特的真挚情感,期待着更多有缘人,可以通过了解汉字中的气息,以汉字见真心,看破世间一切表象,拿走一切词不达意与争纷,获得内心的平和与安宁!好好珍惜当下的生活,尊重每一个平等的生命!

末学读方师解字两年有余。本书承蒙方师信赖,末学有幸先睹为快。《汉字通道》,道生心光,万物源于自心,自他不二。月余方读罢,提笔写字已是深夜。末学深感,世间所有问题虽难以究其缘由,终究都由自身而感,如何选择,就如何结果,与他人并不相干——这对很多人来说,简直不可思议,无法接受!其实,这并不是把一切错误让自己承担,而是一份成长的认知:我们是否愿意对发生在自己身上的事情承担百分之百的责任。有了这个愿心,内在的抉择者醒过来,生命中的一切才能有最美好的解决之道。

越读方师解字,越感慨做人的美妙!人心长在父母天地给予的珍贵的肉身中,却超越身体,每个细胞都是一个小宇宙,都有自己的思想。如此自然、完美组合在一起得成宝贝人身,却好比一座空的信号台,人与人之间是可以互相感应的,每时每刻都在接收和发送不同的信号。一念无明,让我们在其中选择了一些对自己生命并没有什么太大帮助的频率,并且把它们当作是自己的,于是在不同频率的自然反应,就会得到不同的结果,这可能就是因果真实不虚吧!

如果我们念念懂得观察自己,珍惜感谢,反省归零,并且疼爱好自己身体内外每一个方寸,约纳自己,宽恕自己,久而久之,才有可能懂得关爱他人、珍惜来之不易的生命,视他人甚至视万物为己身!我们的生命怎么可能会不发光发热、利己利人呢?去除这些不在自己本来频道的反应机制的行动,确实是一个很大又很值得去做的工程了!

所以,读方师解字,末学以为亦是一份深沉的祝愿!祝愿更多人认识到成为真实的自己,成为自己的光。生命把握在自己手中,若要敬天爱人,首先以内在之大同,共同活出集体大同的世界。

走正道,正本心,我们国家的文明传承一定会更扎实和顺利,社会一定会更稳定和通达。一个有爱、和平与智慧的国家,离不开一颗颗包容性强的真心和健壮的体魄!方师日常喜欢打球,运动,认真工作,与人为善,解字载道,平易近人,令人钦佩!世间不乏名师却难有明师,名师明师合体更是难得。老师都在学生心中早已等待多时!一颗准备好的心,一定会遇到真师,愿有一天,诸君心照不宣,相视一笑——原来人人都是我的老师,老师不分家!原来我是我自己的老师,原来您也在这里!这也许就是"拈花一笑"之妙乐?须弥纳芥子,芥子纳须弥。以般若指路,不可思议,汉字为金光大道,愿学人悦读此书,心旷神怡!末学祝愿方先生身体健康,阖家欢乐,平安吉祥!感恩方师解字,庆祝《汉字通道》诞生!

末学侯莉玲(芺爻)笔于南宁百花苑

2019 年 6 月 12 日

自序：
字无二法，全乎一心

混沌未分，宇宙之源，图之以〇，字之以〇（〇也是一个字，音líng）或口或厶，像虚空之形也。上帝说要先有光（光字从小，小即光，小亦忄字），光在空（口）中乃为一个窗（囧）字，心灵有一扇窗，自然可以有光透入。汉字会意之"会"（繁体字"會"）从此心窗，"會"字从合、囧、曰，意思是合此心窗者有所说法。"曾"字亦从此心窗，"曾"字从八、囧、曰，八即分开，意思是心窗打开者有所说法也。人、曾为"僧"，僧者，曾参加灵山法会者也。心生种种法生，有心然后有人，空中有人则成"因"字，亦成"囚"字，意思是人一开始就被囚于虚空之中，人是唯一之原"因"。人而有息，自心而息，宇宙万物息息相关、心心相印也。心、田成"思"，故心之官（功能）则思，心思则念起，是非善恶所缘起也。心有爱（愛）有恨，故爱恨皆由心。心有欲而生欲界，故欲（繁体字"慾"）字亦从心。今、心为"念"，一切皆心念所生，所谓"爱不重不生娑婆，念不一不生净土"也。

〇，在儒家谓之仁，在道家谓之金丹，在佛家谓之牟尼珠。〇之名甚众，为道、虚无、太极、无极、佛性等，人人具足，个个圆成，处圣不增，处凡不减。坚久不坏（即"金"字之义），圆明不亏（即"丹"字之义），圆陀陀、光灼灼、净裸裸、赤洒洒也。凡厶、口、囗、宀、穴、门、勹、日、月、星（古文〇字）、田、自、舟等半包围或全包围结构诸字归〇类。

〇，也写作"囗"，圆即方也，大方无隅。"囗"古文写作"曰"，内有一点（丶，音 zhǔ），"囗"中有主，言由心生也。"囗"是多音字，另一种读音是 kǒng，意思是空（见《康熙字典》图）。空即妙有，有即是空，空有一体。口中一点亦是"丹"字，丹者，吐故纳新，赤心无伪。丹有三个异体字，分别为：𠙺（同"囗"的异体字）、彤（丹之光也，彡是光之貌，者井中水（丶，主水也，井的异体字为"丼"，读音同"井"或"洞"，与"丹"字相通）源源不断，其光也熠熠生辉）、同（冂内旨，空之旨也）。口中有一物为舌，字之谓"曰"，口中有一物为鸟（三足鸟），字之谓"日"（圆）。日，可写为圆心符号⊙，如射箭中靶之形，如日冕仪，中之正视投影也。

〇，也写作"厶"，所谓"自环为厶"。佛，古字"仏"，从厶；去，古字从大、厶。故佛与去结构相同，佛如来又号如去、善逝。法，从去，去如水平也。如，从女、口，女即汝，汝与空合，故真理称真如、如是。厶，写作"口"，如弘亦写作"弖"，参的繁体为"參"，异体字写作"叄"。

老子云：道生一，一生二，二生三，三生万物。道即太极之〇，〇生一（〇为太极，折圈为一，如自噬蛇，卷则成〇，直则成一），一生二为两仪(阴阳),两仪生三才,所谓"太极生两仪,一气化三清",一与〇等价,则二与两个〇等价,三与三个〇等价。二仪阴阳即两个〇,上下合为"玄"字,亦是古"师"字,亦为"合、吕、昌、目"诸字。三才即三个〇,合为"品、星、晶、靐"诸字。齐字写作"𠫸",从三个厶(〇)、二,〇为种子,谓三颗种子一起发芽;齐字的三个〇也可以理解为天、地、人三才齐等。齐同"品",品者齐一也。〇或口在一些汉字中写为"一",如天(夨)、子(㜽)、正(㱏)、工(𢎨)、十(✝)、中(中)、古(㕤)等字,即所谓道生一,"〇"等于"一"。一生二,在汉字表达上,"白"即"自","日"即"目","且"亦写作"且"或且。古字"乾",即所谓一阳,一、二、三都是"乾"字。

一为本,得一者成道,《道德经》所谓"昔之得一者,天得一以清,地得一以宁,神得一以灵,谷得一以盈,万物得一以生,侯王得一以为天下正"也。人得一为大,大即道之别名。大即大人,得道之人,在字形结构而言,人得一亦为千字、兀字。人而得一,千人从之;人而得一,如日月生光。一生二,二人为元、天、仁、无,皆归于一,合于道(〇)。二生三,不离乾元。春字从三,春者人得乾元其光压日也。两个一相交为五(乂)或十。悟者吾心,吾字从乂,乂即古文五字本义为交,吾的古字从乂、口,心交于虚空(口)为"悟"。教的古字写作"敎",从乂从攴;学的繁体字"學",从乂从双手;觉的异体字为"覐",从见从乂。教、学皆从乂,效法天地交泰而得本心,觉者即觉知自心交于虚空而生妙有也。

一之动为"乙"字,故日的古字写作"囝",口与〇同,故日字也写作"𠄎"。两乙左右相交为"𠃉"(即会字)、为"巜"(音 kuài,两水相汇),两乙上下相交为"弓",两乙中心相交为"卐",故佛字从弓,如来胸纹为"卐"。三个"乙"字相合为"巛"(川),三以喻多,百川合一向东流到海也。尸下一个川为"天"的异体字"屔",川同小字,皆光之貌,光入尸身

3

为天,天人合一也。两"乙"相交为化(化在虚空,故亦写作"囮"),如同太极阴阳鱼互动,道家所谓太乙之化,即今量子力学所谓"量子纠缠"也。

示,从二、小,古字从一、小,一、二皆乾天,小为日、月、星三光(见《康熙字典》图)。小字即心字,心的古字写作"↑",即现在竖心旁,亦作"川"字,心合水之动静也。故日、月、星三光即心光。光,从小、一、儿,意思是一人头上有光。一切物质皆有光,即今物理学中所谓"物质波",即一切物质皆光波。光波者,心波也。故佛即光,万物之本性(阿弥陀佛即无量光的意思)也。本性即自性,所谓"明心见性"即释迦牟尼所谓"认识你自己,成为你自己的光"。怀孕成胚,"胚"通丕,从二、小,"二"即天地,"小"即光,"胚"即天地间之灵光。示字旁都与神有关,神即光,道光、佛光、神光,一也。

光之貌亦为"勿",如阳光之"阳",古字写作"昜",从日、一、勿。勿即"物",因光见物而生色,色即是空,质即是能。昜,从日从勿,日为中,勿为光,自心为中,中心生光也!古人云:"独阴(○)不生,独阳(丨)不生,独天(勿＝光)不生,三合然后生。"勿,古字从勹("勹(包)"像人曲形,"尸"像人卧形)、彡,人生之光貌也。

光之貌也写作"彡",小字之变形,亦心字之变形。如"参",繁体字写作"參",异体字写作"曑","彡"用"小(心、忄)"代替,则"参"亦写作"叅(糸)"

或"糸（纟）"；三个厶或口或〇，皆为"灵"字，所参者，心灵也。天、地、人三才同"参"。"参"亦作"叁（叄）"，人与天地所同者，空也。故说人也是四大（地水火风）和合而成，人的异体字写作"囗"，空中空也。

万物有灵，灵光本空。"灵"的繁体字为"靈"，需，从雨、三个口，凡是三个口组成的字都与灵有关，如㗊（需）、品、哈、唱诸字。由"需"组成的字读音和意思都与"灵"字相通，有情或半有情之类，如：霎，女（汝）之灵；懧，心之灵；禮，神之灵；㙫，独坐而灵生；蘢，龙之灵；麤，鹿之灵；爧，火之灵；欜，木之灵；蘦，草之灵；籱，竹之灵。由"品"组成的字也与"灵"相关，如：岩，嵒（也写作"嵓"）；癌，亦从品。岩或癌之类，谓无情众生不识灵，故阻碍不通而生癌。灵或佛性，亦称牟尼珠，故凡王字旁（即玉字）、贝字皆作灵解，如："珍"，即尔之玉也；"珠"，从玉、人、木，木即生，人生与牟尼也。牟尼即佛，一切佛皆称牟尼，得牟尼者即佛。

总结一下，心字拆为乙（斜月）、三点（三星），可演化为神、寿等字。三点可演化为忄、小、光等字，三点合一即为〇、厶、口等字，意思是空，亦即空、道、佛、日、月、星诸字。乙字可演化为一（丨）、二、三，亦可演化为乙（会）、匕诸字。一言以蔽之，心即光、即佛、即神、即寿、即道、即空，心不生不灭，不垢不净，不增不减，无始无终，故称无量光、无量寿，体一分殊，殊途同归。如果以心为法身，其他诸字可谓心字之化身，化身千百亿，不离一心也。

西江月·解字

读书在于得意，解字无非交心。

古人造字先见性，大道无相无形。

会意还须深信，说文不过道情。

先圣讲经俱明心，觉知有信有灵。

目录

爱	1	比	7	曹	14	乘	20	崔	28
安	1	碧	7	测	14	程	21	翠	28
庵	1	砭	8	茶	15	澄	21	错	28
暗	1	变	8	禅	15	池	21	达	28
昂	2	标	8	蟾	15	耻	22	答	29
凹	2	斌	9	忏	16	冲	22	大	29
熬	2	冰	9	昌	16	重	22	丹	30
八	2	般	10	长	16	崇	23	担	30
白	3	播	10	常	16	筹	23	旦	30
百	3	伯	10	弨	17	出	24	诞	30
败	3	博	11	超	17	初	24	当	31
版	4	檗	11	朝	17	除	24	倒	31
邦	4	不	11	潮	18	传	24	道	31
帮	4	怖	11	臣	18	船	25	祷	32
宝	5	材	12	尘	18	春	25	得	32
保	5	财	12	辰	18	椿	25	德	32
卑	5	蔡	12	忱	19	醇	26	灯	32
悲	5	参	13	陈	19	辞	26	等	33
北	6	灿	13	宸	19	慈	27	迪	33
贝	6	仓	13	成	20	葱	27	敌	33
本	6	藏	13	承	20	从	27	弟	33

帝	34	斐	44	谷	55	弘	65	祸	76
颠	34	坟	45	固	55	红	66	霍	77
点	34	奋	45	顾	56	宏	66	箕	77
定	35	愤	45	关	56	洪	67	吉	77
东	35	丰	46	观	56	竑	67	极	78
冬	35	风	46	官	56	虹	67	急	78
董	36	封	46	贯	57	呼	68	疾	78
动	36	峰	47	光	57	湖	68	己	79
兜	37	冯	47	归	58	瀔	68	济	79
斗	37	凤	47	龟	58	虎	69	寂	79
读	37	佛	48	贵	58	护	69	纪	80
毒	37	夫	48	国	59	华	69	继	80
独	38	芙	48	果	59	化	70	稷	80
度	38	浮	49	海	59	话	70	迦	80
端	39	福	49	憨	60	怀	71	佳	81
锻	39	府	49	含	60	幻	71	嘉	81
敦	39	父	50	涵	60	患	71	贾	81
恶	40	负	50	韩	60	焕	71	煎	82
恩	40	复	50	汉	61	荒	72	俭	82
儿	40	富	51	翰	61	皇	72	简	82
尔	41	感	51	航	61	黄	73	见	83
洱	41	刚	51	豪	62	煌	73	建	83
发	41	高	52	好	62	徽	73	鉴	83
法	42	戈	52	浩	62	回	73	江	84
凡	42	耕	52	皓	62	悔	74	将	84
梵	42	工	53	合	63	会	74	降	84
方	43	龚	53	和	63	晦	74	骄	84
芳	43	勾	53	贺	64	慧	75	焦	84
放	43	姑	54	鹤	64	婚	75	矫	85
飞	44	箛	54	黑	64	魂	75	较	85
悱	44	古	54	恒	65	火	76	教	85

2

杰	86	俊	96	累	105	隆	115	旻	124
捷	86	开	96	冷	105	卢	115	敏	125
婕	86	凯	96	骊	106	鲁	115	名	125
解	87	恺	97	礼	106	陆	116	明	126
颉	87	康	97	李	106	路	116	鸣	126
戒	87	科	97	理	107	吕	116	铭	126
今	88	嗑	97	力	107	律	117	命	126
金	88	克	97	立	107	鸾	117	摩	127
紧	88	客	98	丽	108	伦	117	魔	127
荆	88	空	98	利	108	轮	117	默	127
经	89	崆	98	莲	108	罗	118	母	128
惊	89	恐	99	濂	108	络	118	木	128
晶	89	口	99	炼	109	马	118	沐	128
精	90	苦	99	良	109	脉	119	墓	129
劲	90	快	100	梁	109	满	119	慕	129
净	90	宽	100	亮	109	慢	119	哪	129
靖	91	葵	100	量	110	芒	120	南	130
镜	91	坤	101	聊	110	梅	120	难	130
静	91	昆	101	劣	110	美	121	能	130
究	91	困	101	邻	111	昧	121	尼	130
九	92	腊	102	林	111	萌	121	倪	131
酒	92	来	102	灵	111	猛	122	年	131
咎	93	赖	102	龄	112	梦	122	捻	131
菊	93	兰	102	领	112	孟	122	念	132
聚	94	岚	103	令	112	弥	122	涅	132
娟	94	浪	103	刘	113	迷	123	臬	132
觉	94	劳	103	留	113	米	123	宁	133
绝	95	老	104	柳	113	密	123	牛	133
军	95	乐	104	六	114	面	124	女	133
君	95	勒	104	龙	114	妙	124	沤	134
钧	95	雷	105	泷	114	民	124	藕	134

潘	134	勤	145	日	155	慎	165	书	176
攀	134	琴	145	荣	155	生	165	姝	176
槃	135	沁	146	融	156	声	165	殊	176
泮	135	青	146	如	156	省	166	舒	176
培	135	轻	146	辱	156	胜	166	暑	177
彭	135	清	147	瑞	157	圣	166	数	177
鹏	136	情	147	睿	157	失	167	术	177
品	136	晴	147	若	158	师	167	束	178
平	137	庆	147	萨	158	诗	167	树	178
萍	137	磬	148	三	158	施	168	衰	178
破	137	穷	148	丧	159	狮	168	率	179
攴	138	琼	148	骚	159	湿	169	霜	179
菩	138	秋	149	色	159	十	169	谁	180
普	138	仇	149	啬	159	什	169	水	180
齐	139	囚	149	瑟	160	石	170	顺	180
岐	139	裘	150	僧	160	识	170	私	181
其	139	躯	150	沙	160	实	171	思	181
奇	140	觑	150	山	161	食	171	死	181
琦	140	权	151	珊	161	始	171	松	182
祺	140	全	151	善	161	世	172	宋	182
启	141	泉	151	伤	161	势	172	叟	182
气	141	佺	152	商	162	适	172	苏	183
弃	142	群	152	上	162	轼	173	素	183
千	142	燃	152	尚	162	释	173	岁	184
谦	142	让	153	绍	163	噬	173	崇	184
搴	143	热	153	舍	163	匙	174	穗	185
牵	143	人	153	社	163	誓	174	孙	185
乾	143	仁	153	摄	163	收	174	索	185
强	144	忍	154	申	164	守	175	台	186
蔷	144	认	154	神	164	寿	175	太	186
亲	144	任	154	沈	164	授	175	贪	186

坛	187	旺	197	吸	207	孝	217	训	227
唐	187	望	197	希	207	校	217	雅	227
涛	187	微	197	惜	207	笑	218	烟	227
提	188	薇	198	溪	208	谐	218	淹	228
体	188	巍	198	锡	208	心	218	延	228
天	188	韦	199	熙	208	欣	219	严	228
田	189	惟	199	习	209	新	219	言	228
贴	189	维	199	喜	209	鑫	219	岩	229
铁	189	伟	199	细	209	信	219	研	229
亭	190	苇	200	夏	210	星	220	衍	230
庭	190	味	200	仙	210	行	220	掩	230
婷	191	未	200	先	210	醒	221	彦	230
通	191	慰	201	闲	211	兴	221	砚	230
同	191	文	201	贤	211	性	221	艳	231
峒	191	闻	201	显	211	姓	221	宴	231
童	192	雯	201	险	212	雄	222	雁	231
统	192	稳	202	县	212	休	222	燕	232
痛	192	问	202	香	212	修	222	阳	232
偷	193	翁	202	祥	213	秀	223	旸	233
凸	193	我	203	想	213	需	223	养	233
屠	193	乌	203	飨	213	徐	223	垚	233
土	194	屋	204	相	214	许	224	姚	233
象	194	无	204	向	214	旭	224	遥	234
陀	194	吴	204	象	215	绪	224	爻	234
橐	195	吾	204	宵	215	蓄	224	要	234
妥	195	午	205	消	215	萱	225	药	235
娃	195	舞	205	萧	215	玄	225	钥	235
王	195	物	205	霄	216	学	225	耀	236
网	196	悟	206	小	216	雪	226	野	236
妄	196	夕	206	晓	216	勋	226	叶	236
忘	196	西	206	筱	217	寻	226	一	237

怡	237	幽	246	圆	254	宅	263	鹭	271
贻	237	由	246	袁	254	占	263	中	272
夷	238	有	246	原	254	湛	264	终	272
疑	238	囿	246	缘	255	张	265	钟	272
义	238	祐	247	猿	255	璋	265	仲	273
艺	239	幼	247	源	256	召	265	众	273
亦	239	余	247	愿	256	哲	265	舟	273
昳	239	鱼	247	曰	256	蛰	265	周	274
轶	240	俞	248	月	256	者	266	宙	274
益	240	愉	248	岳	257	贞	266	主	274
逸	240	愚	248	悦	257	珍	267	助	275
翌	241	虞	248	籥	258	真	267	祝	275
意	241	宇	249	云	258	甄	267	准	275
因	241	羽	249	昀	258	振	268	子	276
阴	242	雨	249	耘	259	铮	268	仔	276
音	242	语	250	允	259	正	268	梓	276
姻	242	玉	250	运	259	政	269	紫	277
饮	243	郁	250	韵	260	芝	269	自	277
英	243	昱	251	载	260	知	269	字	277
瑛	243	育	251	在	260	织	269	宗	278
迎	244	彧	251	瓒	261	止	270	足	278
影	244	浴	251	灶	261	祉	270	祖	278
应	244	钰	252	责	261	至	270	尊	279
永	244	欲	252	泽	262	志	271	左	279
勇	245	御	252	增	262	治	271	作	279
优	245	渊	253	憎	262	智	271	坐	280
悠	245	元	253	吒	263				

爱 ài

爱,繁体字"愛",从爪、冖、心、夂,爪即手,夂即足,手足包含心为爱;异体字"炁",从心、夂(行),心行为爱。心即灬(火),爪因气,真气即炁,炁行为爱,即心经为爱。心经炁行,行深般若波罗蜜多,慈悲心缘起而生爱。爱的异体字即"炁"。

安 ān

安,从宀、女。宀为空,女为汝,即你自己,汝空则安也。汝空即佛,佛即心安者也。佛的异体字为"仏",从人、厶,厶即空,空人为佛,与"安"造字原理相通。释迦牟尼佛诞生时一句"天上天下,唯我独尊;三界皆苦,吾其安之",其旨在心安也。达摩西来,神光(即禅宗二祖慧可)断臂求法,"求师安心",达摩一句"将心来,与汝安",神光当下"觅心了不可得"而见性成佛,安心之功也。"安"的异体字"妟",从山、女,山即灵山故空,汝在灵山则自然心安也。

庵 ān

庵,从广、奄。奄,字从大、电,电即神、即光,大人光广,心光普照为庵。庵的异体字为"厂(广)",厂为"岸"的古字,此岸窄,彼岸广也。庵的异体字又写作"奄",只见大人之电光,其广不可测,故省。庵的异体字又写作"菴",从艹、奄(庵),艹字从中中,两心合也,我心合天心,天人合一也。庵的异体字又写作"萫",从艹、合、廾(共,两手),心手共合为庵,手即心,四心合者,天地万物与我一起体,天心、地心、物心、我心,心无分别也。

暗 àn

暗,异体字"闇",从门、音。音,从立、日;立,从大、一,大人独立而其光如日为音,大人含光于心门之内为暗。音即光,观音即观光。光在

1

内为黑(黑字从口、小、炎,小即光),内观灵光为明,于外在而言为黑、为暗。

昂 áng

昂,从日、卬。通"卬",卬,从人(匕,化人)、卪,"卪"为跪着的人,跪者向大人仰视为卬。卬即第一人称"我"(浙江兰溪依旧有此语,即称自己为卬),此我即大我、真我,故须仰视也。日为光,真我光如日也;日为空,真我乃空人、佛也,放光之佛,人皆仰视也。人而有光,则器宇轩昂,高洁出群,君之德也。昂、卬、仰,古字互通。

凹 āo

凹,从凵(音kǎn)、欠、土为坎而凹陷(易经坎卦,为险之意),四周高、中央低为凵(凹)之象形。凹为凵,能受雨水而成海,凹者,水泽洼地也。所谓"海纳百川,有容乃大",凹如大海乃至不增不减,方为凹之大也。坎之受物,心无分别,不分染垢。坎为险为陷,所谓苦海无边也,人生沉浮皆在红尘苦海,化苦为乐,化险为夷,转识成智,此则修行炼心之道也。凹通"澳",右上方为人,通宀,为老人之貌,老人喻大,大人能容,容而生光,容光焕发,故"澳"字从米,米者,光射向八方也。

熬 áo

熬,从生、放、火,本义为流放外地路上的生活是煎熬。放,从攴(教)、方,"熬"即教你火上长生之方,"熬"即忍辱,六度之一,逆来顺受谓忍辱。佛曰:"忍辱者,即非忍辱,是名忍辱。"逆来顺受,以熬为师,降伏自心,则熬为证悟之门。

八 bā

八,一撇一捺,分也。分,从八、刀,刀即匕,即人,化人也,人化为空,分字化为八字,八字即分之省。能化所化者皆心,心不可得故空,唯悟空知心。心能化能生,故其用八分,其光亦八分,而知心亦有八,谓八正道(正思、正语、正业、正命、正勤、正念、正定、正见)。正即空,空即无,正思即无思,正念即无念,余亦如是,八正道即八空道,无上正等正觉即无上空等空觉也。

白 bái

白,从入、二,同"自",入为人,二为天,天人合一为白。白的异体字写作"卣",从白、丨,丨为自上而下之光,白即白日,白日之光自上而下为白。入为人,自性之光为白。自的异体字写作"𦣹",从大(人)、二、凵,凵为坎,为险,为水,即苦海之中;二为天,人虽处苦海之险中,亦须天人合一(人二为太字,合一为太极,大加两点亦太字,两点为终,大人终于太极也),成为自己的光。

百 bǎi

百,从一、白。一为天,白即自,天下唯我(自)也。白即明白、自己内心明如镜,悟道之人明白诸法而能告白,故一呼百应。"百"的本义为白人(《说文》),即自白白人,不仅自己明白,也可以使别人明白,吾佛所谓"自觉觉人觉行圆满"也。百,亦写作"佰",即天下明白之人也。百,比喻众多,一人觉悟,众生随之,所谓"一呼百应"也。

败 bài

败,从贝、攵。攵为敲打,贝即贝壳、珠蚌,本义为毁坏贝壳而取其珠。败字兼具胜败之义,于外在贝壳而言为毁败,于内取珍珠而言为胜赢。珠即牟尼珠,为自己本性之物,不可毁也。败的异体字写作"敗",从己、廾、攵,廾即双手恭敬奉上,教人以双手捧自己,捧自性之牟尼珠,所谓向自己内在的佛性致敬,namaste 一词的意思即此。

版 bǎn

版，从片、反。片即半木，木字劈成两半即丬、片；反，从厂、又，又即手即心，厂为崖岸，心在崖下，即覆（反者覆也），判木覆土为版。异体字写作"牉"，为两片木板，即古代建筑版筑之版，版通"板"。引申为印刷行业的雕版，雕版上的字是反的，所以从反。反的异体字写作"忈"，从心、心，二心为反，《西游记》中真假悟空为二心，故悟空在灵山取经路上经常反复无常，二心归一为反，反者返也，反观内视，回光返照，则心猿自定，不必以如来之手覆于五行山之下也。

邦 bāng

邦，从丰、邑。丰同"生"，表示茂盛的树木；邑，从口（国）、卩，卩即瑞信、信符，守国者所持，邑即国，有持瑞信之守国者。邦即国，国界处有茂盛之树木、有持瑞信之守国者。甲骨文邦字从丰、田，田即界，表示国界。丰字亦从忄（心）、二，二为上为天，天心为丰。田即心，丰同之（㞢，之者往也），邦的一个异体字写作"峕"，从㞢、田（由），心之所之为邦，通"志"。心包太虚，量周沙界，心之所之，至小无内，至大无外，"宇宙即我心，我心即宇宙"，心之邦（㞢）从口，空无极限也。丰即妦，汝（女）自丰也。

帮 bāng

帮，从邦、巾。邦的古字写作"峕"，从㞢、田，田之所之（及、达）为田界；巾为帛。帮的繁体字写作"幫"，本义是鞋帮，鞋的边缘。帮的异体字写作"幇"，从封、巾，封字从㞢、土、寸（手，亦写作"又"），土之所之也，则帮为心田净土之所之、所量，心包太虚，量周沙界，故其帮无限。邦字右边为邑（阝），从口、巴，口为空，巴为下跪臣服之人，即空人，即佛菩萨。空人之帮，其心无量，其布施无相而不求回报，如是所谓真"帮"也。

宝 bǎo

宝,繁体字"寶",从宀(空)、王、缶(焦)、贝。空指心体,缶喻心形,宝就是状如腹大口小之缶的心王珍贝,心包太虚,量周沙界,至大无外,无所不包。道家三宝谓精气神,三合一谓金丹;佛家三宝谓佛法僧,三合一谓牟尼珠,谓佛性。宝的异体字为"寍",从尔,尔字从勹(包)、小,小为光,故宝就是认识你自己的宝贝,成为你自己的光。

保 bǎo

保,从亻(人)、呆。呆,从子(古字上口下中,口亦写作〇)、八(双手分而抱之)。保即双手抱孩子之人。保,通"褓",襁褓之子无思无为如佛,故须保此佛性。《说文》云:保从孚省,通孚字。上手(爫,爪)下子为孚,孚字像以手摩子之顶,诚信也。

卑 bēi

卑,从甲、手(左),古人右尊左卑,故以左手在甲下为卑,战国文字从右手(又,以右为卑),秦统一后又改为左手。卑的古字写作"𢌞",从小、田、廾,廾即双手,小田为甫字(𤰔),即圃,园丁,双手修剪草木为卑事。手即心,小即光,心手合一而生光,何卑之有?卑的异体字写作"𢂟",从丿、田、千,丿即小之省,为心光,千即得一之人,像弯腰臣服之人,故臣服得一而生光者,卑也,卑即不卑。

悲 bēi

悲,从非、心。悲由心生,亦非心,心不可得故。知心不可得者即得道成佛,《心经》所谓"心不可得故无挂碍,无挂碍故无有恐怖,远离颠倒梦想,究竟涅槃"。知心非心,则知宇宙众生一体,感而遂通,所谓"同体大悲"也。慈悲者,当下无心也。当下无心则心包太虚,量周沙界,天地万物皆备于我,我与天地万物融为一体,心无分别而见如来法身也。

北 běi

北,从二人,象背靠背的两个人,亦作"背"。两人组字,为比、从、北、化,皆颠倒之人,与道相背,故称北。北者,背离也,在尘而离尘,在人而离人,在仙而离仙,在佛而离佛,不执于相也。人生于世,执迷不悟者多,故宜向北而游,身在一切处,而离一切处。"北"须以"化"为目的,释迦牟尼出家修道,背离妻儿老父,成道后再回来度化妻儿老父,其妻耶输陀罗证阿罗汉果,其子罗睺罗为如来十大弟子之一(密行第一),其父净饭王(首图驮那,意思是纯净的稻米)后证阿罗汉果。

贝 bèi

贝,繁体字"貝",从目、八。古字写作"❸",像贝壳张开之貌,本义为贝壳。目同自,贝同心,贝亦自心张开之貌。自心为贝,八即光,故贝即自心之光也。自心即牟尼宝珠,其光胜日,亦称明珠。光即火,贝的战国文字从目、火。宋柴陵郁禅师一日乘驴渡桥,不小心坠落而大悟说偈曰:"我有明珠一颗,久被尘劳关锁。今朝尘尽光生,照破山河万朵。"

本 běn

本,从木、一。一为指事符号,意为此物在"木"之下,即根,根为本,与"末"(一在木之上)相反,不可本末倒置。一即灵,〇也,太极一圈,折圈为一,一气化三清(玉清原始天尊、太清道德天尊、上清灵宝天尊),故灵(靁)字三个口一字排开(后人加雨字头作"霝"),"本"字写作"惢",即树木之灵为本也。一灵生于道,道生一也。子曰:"君子务本,本立而道生。"万物有灵,其本一也,故老子"万物得一以生",以木喻生命之源,生生不息。佛经之枯荣双树、道家之八骞林、《圣经》之生命树,皆木也。

知本则知源,故本为源,永嘉大师《证道歌》云:"法身觉了无一物,本源自性天真佛。"

比 bǐ

比,从匕、匕,匕即一个人,指女人,二女为比。匕即牝,雌兽为牝(雄兽为牡),泛指雌性生殖器。女人之牝为妣(古字从女、匕)。匕为倒立之人,化即女人肚子有变化,指怀孕。比的意思为两个女人比谁肚子大(谁先生),故异体字为"庀",从广、匕,广即大。比的异体字又写作"夶",从大、大,即两个大肚之人并立。比然后妒,嫉妒别的女人能生而多子,女、户为妒,女、户即牝,妒即牝,女人所比者也。比的异体字又写作"夃",从歹、歹,歹同死,歹即残骨,人死后残骨对卧而比(《康熙字典》:"比(歹歹),对卧也。")。比的异体字又写作"毕",从比、比,四个女人同比美。匕为化,化亦空,所比者为子宫,待到死后,肚子空空,四女(四生)皆平等。比的异体字又写作"篦",从竹、虍,竹即两个心之形,虍即最凶残之角虎(虎的古字从鹿、勿,鹿从比,鹿善比美,故丽字从鹿),比者皆有角虎之凶心,故君子不比。

碧 bì

碧,从玉、白、石,本义为青白色的玉石。碧玉即牟尼珠、金丹。青天碧色,道家认为青天乃碧落之炁形成,故二十四天皆称碧。《灵宝无量度人上品妙经》卷二十称:二十四天帝,分"东方六天,碧落之炁起角宿,一度一杪一虚渐次北行",其天帝即碧梵玄无、碧空臻际、碧罗元始、碧合澄开、碧彦朱景、碧宏虚旷;"南方六天,碧落之炁起箕宿十二度,一厘之杪以次北行",其天帝即碧真洞阳、碧瑶绛宫、碧霞明素、碧无耀洞、碧运始图、碧浩正虚;"西方六天,碧落之炁起女宿三度十二杪之半,以此北行近西",其天帝即碧神照智、碧冲紫耀、碧盖梵空、碧洞霞阳、碧华开历、碧梵明遥;"北方六天,碧落之炁起井宿十五度二十四分之半,此真碧落之维",其天帝即碧光寒华、碧液注延、碧丹化炁、碧廓慈明、碧落歌音、碧虚凝阳。

砭 biān

砭,从石、乏,乏字与正字相反,故《说文》说"反正为乏",即不正的意思,砭即以石治不正。反止为之,反正为乏,故乏字从一、之,正字从一、止。不正则雍弊不通,以砭石刮痧使之通。针砭时弊之砭即此义,"砭石调其外,针灸治其中"也。

变 biàn

变,繁体字"變",从玄、言、玄、攴。言同口,即空;攴为教,教以玄玄合空、变化之道也。异体字写作"彰",从卓、彡,卓即玄字,彡即光貌,变即大道玄光也。玄为阴阳合一,亦阴亦阳,阴阳交合生生不息为变,故变字从恋,一玄指阴,一玄指阳。变字从又,又字即心(↑)字变体,故变字同恋,阴阳相恋,然后生变也。玄的古字写作"串,上下皆为丨(丶),丨即十,十即↑,略写为卜、八,详写为水,幺字亦可写为日、目、口,故变的异体字又写作"彭、彭、彭",从卓、贞、白水、自水等,皆玄字之变。玄字头可变为丿、卜、小等,玄字脚与字头对称,可变为八(贞)、水、豕等。万变不离其宗,化为光影,彡者,光影也。三界一切事物,皆光影里头事也。

标 biāo

标,繁体字"標",从木、覀、示。覀的本义为鸟巢(西方日落处,倦鸟归林时),标的意思为树上鸟巢所指示的地方,即树之高处(即木之末),故高枝为标。高枝叶茂,根深蒂固,所以,标以榜之,人人可见,故古人树立一根木头作标杆、标志。标者,西方神示(示即神)之树,树之所示有二,一为生命,一为智慧。《圣经》说伊甸园有生命树和智慧树；佛经说释迦牟尼成道在菩提树（菩提即觉，关乎智慧）下，涅槃在枯荣双树林（枯荣即生死，关乎生命）中。生命在于成长，故以高标为目的；智慧在于本分，故以不移为目的（树挪死，易伤其本也）。标的古字"檦"，右边有个"寸"字，方寸为心，心上不留一物，故心之高标在空，乃至空无所空。《五灯会元》记载，阿难问师兄迦叶（禅宗初祖）曰："世尊除锦斓袈裟外，别传个什么？"迦叶曰："阿难，倒却门前刹杆着！"刹杆者，标也。

斌 bīn

斌，从文、武，文武双全为斌。斌同彬，彬从林、彡，林为双树（《圣经》谓生命树、智慧树；佛经谓枯树、荣树），彡为光，林外之光，从双树中出，双树中有神佛在也。斌亦写作"份"，份从人、分，分者化也，神佛分身而为化人也。本份（斌）者，本为灵光不分，故为本质，人则分别而为多份，人为而非自然也，所以斌（彬）为文、质（本）相杂，文质彬彬也。文质彬彬，指人的文采和实质配合适当，形容气质温文尔雅，行为举止端正，文雅有礼貌。《大学》："周虽旧邦，其命维新。"言文（文王）武（武王）其政，各安其分也。

冰 bīng

冰，从冫、水。冫即冬（寒的古字从冬），冬天水成冰。冬即古文"终"字，水之终而成冰。冰为水之结晶，水涵（含）一切心意，皆可由冰鉴之（相由心生，曾国藩著有《冰鉴》一书，相面可以识人心）。所谓"水知道答案"（日本江本胜著有《水知道答案》），万物有灵，水无心，故可映照万物之心，故可以冰鉴。人心内热，饮冰可使清凉，故梁启超一腔变法热血而名其书斋为"饮冰室"（"饮冰"一词源于《庄子·人间世》："今吾朝受命而夕饮冰，我其内热与？"）。冰之成形千变万化，故莫"恨水成冰"，而应追溯自心之生也。

般 bō

般,从舟、殳,殳即手(又为手)持船桨,般的本义为手持船桨辟水使船盘旋而行。般者,辟也,旋也。万物之行皆旋如星辰也。舟即丹,故般的古字写作"股",从丹、殳。丹即心,炼丹如舟行之旋,升降回旋,水火相济。舟行而波动,故般字读为波。波浑性海而自性常清静,可谓真般运而至彼岸。

播 bō

播,从手、釆、田,釆即辨,釆为射向四面八方的光,光明故无物不辨,心田光明则可播种,灵性的种子自然生长。播的异体字写作"㪺"从匚、米,米在匚里面,米为光,故播的本义指光的传播。光即心,光字头即心(忄、小),心光不二。米(光)在囗(虚空)内为迷(囨),光不得透出虚空,则来回反射,相互交映,光怪陆离,迷人心智。粉碎虚空,打破一面为匚(方),播字之匚可以朝东(㪺)亦可以朝西(㪺),开口透光,直超三界。

伯 bó

伯,从人、白。白即自、即日、即囗,都是空的意思,白即空白、真空,伯即空人、佛。伯字(即白字)中间一横表示真空妙有,囗(空)得一为日而能白(即说话),虚空得一为日而能照,白得一(白的异体字为"皀")为自,成为自己,明心见性为白。本来无一物,一尘不染,故天下大白,明白四达,故白为大、空为大,则伯亦为大,亦为大人。黑的甲骨文为"𪏛",从白、六点、大,六点代表六根,六根清净,则黑变为白,故说黑白一体。"黑"的上半部分即古字"囧",意为空中有光也。老子云:"知其白,守其黑,为天下式。"知其白,跳出六尘也;守其黑,不离六尘也,此即天下之范式。禅宗十牛图表示修行者由黑至白的过程,乃至人牛双亡,宇宙皆白也。

博 bó

博,从十、甫、寸。十即↑,故博的异体字为"博";甫的甲骨文从屮(小)、田(口、曰、凵),即田上一棵草,指种草尝药之神农(采药者);寸为手,心手上寸脉可以知心,故为心为法,神农用心而有法,遍尝百草,故博。十为交,神农心交于草木,沉醉其中,其心与草木融为一体也。博者,大也、通也、遍也。

檗 bò

檗,从辟、木。辟,从尸、口、辛,尸为人身,口为头颅,辛为倒行之人,即罪人。辟的本义是砍头,古人所谓"大辟",木头为末,木根为本,木大辟而只留"本"也。本即"喦",木之灵(三口并排为灵)也。檗者,木之灵根也。木字不出头即不字,木之灵光隐于地下而不露,含光不耀也。

不 bù

不,从一、小。一为天,小为光,天下之光为不。不即示的异体字,天下日月星三光为示。不的异体字为"否",即《易经》之否卦,上乾下坤,卦的符号为三个"三"成品字状,三个三字即"亳州老君碑"老子所造之"明"字,光为明也,不即"明",本意为光明。万物皆光明,在地下为胚,胚同"丕",原为地下三条根须的象形,在地上为花,故不字有花萼的意思,灵根、花萼皆光华也。不即心光,心在内为佛,在外为光,东野圭吾云"世上有二样东西不可直视,一是太阳,一是人心",故不有否定之意,即不要。

怖 bù

怖,从忄、布。布,从手、巾,巾即权杖,手持权杖者掌握生杀大权,令人恐怖。手、巾皆心之变形,怖字为三心,心有分别而生三,心不一故令人恐怖。心不可得,难以言说,所言皆失,故难于流布。佛说法四十九年,而无法可说,故经云"若说如来有所说法,即是谤佛"。

材 cái

材,从木、才。才,从一、丨、丿,一为地,丿为根,丨为上下一贯。才的本义为草木初生。才为"木"的左边一半,即"爿"(音 pán)字(右边一半即"片"字),树木一剖为二,可知其材质也。木质本直,故木从丨。草木才生,而知木之质,所谓一半为生,一半为长。生为天才,"道生之"故;长为尧舜、栋梁,"德畜之"故。人生不过如是耳,所谓"三岁看小,七岁看老"也。上等之才谓上才,即老子所谓"上士","上士闻道,勤而行之"(《道德经》),"上士无争,下士好争"(《清静经》),上士之才,成为独一无二的自己,故不与人争。

财 cái

财,从贝、才。贝为贝壳,才的本义为草木初生,财的意思是财富初来乍到。人人身真财,自身佛性也。佛性谓牟尼珠,自家真宝贝也,人人具足。佛曰:"众生皆具如来智慧德相,只因妄想执着而不能证得。"财即才,慧眼识才者,认识你自己,证悟自身牟尼珠也。古文所谓"被褐怀玉""穷子衣珠",发现自身所具"玉、珠",则亦可成觉者也。

蔡 cài

蔡,从艹、祭,即用于祭祀的神草。蔡的本义是上古蓍草,伏羲时用于祭祖、占卜。蓍者,与日齐寿(耆从老、日)之草也。蔡的甲骨文写作"丯"(音义为芥),像一堆蓍草,占卜时分成多少不一的两堆。契字从丯,《周易》参同"契",契合真相也。蓍草如蓬蒿,比较乱,故治乱而使其有序亦称蔡,所谓快刀斩乱麻也。

参 cān

参,繁体字"參",从厽、大、彡。厶即○,○为星字,厽即三星,三星合为灵(品)字,大为人,彡为光。参的本义是人心灵之光。斜月三星洞,即心字。参,本作"曑",从晶、㐱(珍)声,义同,参即亮晶晶的三颗星,古代称为参星(参星酉时出现于西方)。中间一颗叫白虎星,两边的叫衡星。三星鼎立均衡,故古代朝廷设三相与天相应,分别叫参军、参谋、参知。人知空如星能普照,方可参与谋也。

灿 càn

灿,繁体字"燦",从火、卜(杵)、又、米。用手(又)持杵舂米,得到明净亮晶晶的大米为"燦"。燦者,明净也。徐文长妙对王知县之联云:"一石籼稻,磨、舂、筛、簸,只剩下四斗七八升净米;百合芝麻,炒、蒸、碾、榨,才得到三斤五六两清油。"一般"燦"指十斗(一石)稻做成六斗(大半斗)大米,六成。稻者道也,米者道成也。六祖惠能舂米八月后,五祖问"米熟也未",惠能答云"米熟久矣,犹欠师筛(古音 shī)",磨、舂、筛、簸,去粗存真也。精益求精,米之精即心之精也;米之明净,心之明净也。

仓 cāng

仓,繁体字"倉",从人、良、口。良,为纵目(目),比目字多一横,口为空,纵目之空人,佛也。人证空故,良知良能显现。仓的古字为"仺",从人、匚(方、口)一(形同字母"E"),本义为方形之粮仓。仓者,得一之方外人也,亦佛。"E"即山倒之形,孙悟空被佛祖之咒语"唵嘛呢叭咪吽"压在两界山,唐玄奘为之揭去咒语封条,则山倒而人出也。

藏 cáng

藏,从艹、爿、臣、戈。臣为纵目者,即臣服者,修道之人(贤字从纵

13

目);爿为墙,藏者,修道人闭关于草房,外有持戈之人护关也。藏的古字写作"匧",从匚(音 fāng)、壯,"壯"字在匚内,壮士隐遁于方内,隐于娑婆红尘世界中。匚从一、乚,古字从乙、乚,乙即一之动,乚即隐,得一而隐者,道者也。一即太极(太极一圈,折圈为一)之道,隐为涵(含),道涵为匚,匚、壯为藏,壯为大,大为道之别名(大曰逝,善逝即如来),大士即菩萨。藏、臟、臧相通。五脏心、肝、肺、脾、肾分别藏神、魂、魄、意、志,故称五藏。五脏因吸毒排毒故脏,其五藏则如莲花之净,垢净一体,故《心经》云"不垢不净"。神藏于心脏,故藏字加草、加肉(月即肉)表示隐藏之意。臣即心眼,心眼须更细心呵护,故外加戈字以表示守护。

曹 cáo

曹,古字"曺",从棘(亦为曹的古字)、曰、東,从日,日即太阳,比喻很重,重字拆开即東土人,两个怨念重的东土人(即原告和被告,念不一不生净土)在法庭东面遭遇诉讼为曹,曹通"遭"。棘字上下四个"小(忄)",表示两人皆有二心,中间两个"田"字,田即心田,田即"雷",两个田或三个田(畾)都是雷字,人有二心,心中喧闹,其声如雷。二心吵闹,须到法庭调解,法庭者大雷音寺(灵山,曹字从二雷(田),大雷)也。如来细述因果,二心归一,则自然悟空而无被告原告,相逢(遭)一笑泯恩仇矣!棘字亦可拆为上边为二心,下边为二"果",因心生而有果也。果字上边四个口(即四个果实之貌)亦是雷(畾),口为空,雷亦空,果亦空也。人生不过一场遭遇战,"各自因果各自了"罢了。

测 cè

测,从水、贝、刀(刂)。贝为牟尼珠,刀即匕,"化"的古字,意思是牟尼珠化生不息如源头活水也。测的古字"瀱",从两只鼎一把刀,表示照样造鼎。《说文解字》解"测"字:"深所至也。"《玉篇》:"度深曰测。"一般说"深不可测",牟尼珠之性、太极之道,皆不可思议,故深不可测也。

茶 chá

茶，从艹、人、木。木，从一、小，小即心、即光，谓茶乃使人归于一心之草，故说禅茶一味。茶的古字即"荼"（轩辕黄帝之名一说为姬荼），从艹、人、二、小。二为天，二小为示，天人合一而生光，故茶通人性、通自性（自性即佛），饮茶者饮光也，其目的为明心见性也。饮光的梵语即迦叶，迦叶即拈花一笑之传人，为西天禅宗初祖。禅宗自迦叶传至二十八祖达摩，传说达摩为了精进参禅而九年不睡，每日饮茶。

禅 chán

禅，从示、单。示，从二(上)、小，小为日月星三光，上示三光者神祇。单字即古代弹弓之象形，两个口加一个"丫"，一次只能打一颗弹珠，故称单。人单见神为禅，禅者冥思冥念（即无思无念），一念不生，进入完全单独的精神状态，佛教中称自觉之阿罗汉。凡人皆群众，即头脑中有乱哄哄的一大群人在争吵不休，故心烦。阿罗汉即无生，意思是断除烦恼，不再轮回出生。阿罗汉兼有"杀贼"之意，即杀六根之贼，故六根清净为禅。

蟾 chán

蟾，从虫、詹。詹，从危省、八、言，表示危高之处多言的人，蟾的本意是多言善鸣之蟾蜍。虫即蛇，能屈能伸，善于变化，故从匕，匕即"化"，虫可以化为蛇，也可以化为龙。一切众生都是虫，毛虫属木，狮虎之类；羽虫属火，鸾凤之类；鳞虫属水，鱼虾之类，介虫属金，乌龟之类；人是倮虫，属土，每类360种。大道无言，而人是多言之虫，喋喋不休，言不由衷，故去道甚远。蟾蜍处清冷之月宫，令长舌妇无人可言也。古人（鬼谷子）云：危莫危于多言，苦莫苦于多贪。道非言非默，言默皆相，人之为道，"触事无心，睹境不动"而已。

忏 chàn

忏,繁体字"懺",从心、韱。韱即一种的细小山韭,通"纤"。懺从心、从(人、人)、韭、戈(戈者,割也),人人心地割韭菜,"韭菜"比喻细微之心念,人心念念不绝如韭菜,割了会再生。有念即有罪,正念即空念。"懺"即空却内心一切念头。经云:"罪业本空由心造,心若亡时罪亦灭;心亡罪灭两俱空,是则名为真忏悔。"

昌 chāng

昌,从二日,四个口。口为空,四大皆空也,证空则照而光明,故昌即光明。昌,通"呂",篆体写作"合",人为倒口,口写作日,即☉,☉即口,吕洞宾常留名曰"无心昌老""昌虚中""回道人""无上宫主"等。两空合会通灵(〇)字,通灵则佛法昌盛。悟空之人,其言皆美,故昌的本义为美言。世人多执迷不悟,老子所谓"信言不美,美言不信"也。众生者,自信不及者也。

长 cháng

长,从兀、匕(《说文》)。兀即人,匕即化,长的古字写作"夫",从上、人。上即光字头,同小,人即儿,故长即"光"。长的繁体字"長","镸"字上边"三"是"小"的变形,也是气(三)字,长的意思不是头发长,而是光气长,得道之人紫气长盛也。上人指最高尚(无上)之高僧大德,上人无上。古师云:"内有智德,外有胜行,在人之上,名上人。"上人为长,其长如道,永恒之谓也。太上道德真人,可谓上人也,故称老子。

常 cháng

常,从尚、巾。尚从小、冋,小为光貌,冋即炯,光也,冂内冂(口通冂)为人的古字(冋),故尚即人之炯光字,高尚之人,其光胜于日月也;

帀为周遍，心光遍照为常，不易之道也。佛谓涅槃四德曰："常乐我净。"常、乐、我、净是灵山心地之真相，光照不易、极乐非苦、唯我独尊、净土无垢（不垢不净）。常即真常（真如），《清静经》云："真常应物，真常得性，常应常静，常清静矣。"《百字碑》云："真常须应物，应物应不迷。"佛曰："诸行无常，是生灭法；生灭灭已，寂灭为乐。"寂灭之乐者，常也。

弨 chāo

弨，从弓、召。弓者，穷也，古人造弓以为远也。召，从刀、口，刀即人，口即空，人口为召，空故能为声。古人之精于射者，谓不射之射，人弓合一，其射振空而远达。《庄子·田子方》伯昏无人曰："是射之射，非不射之射也。尝与汝登高山，履危石，临百仞之渊，若能射乎？"

超 chāo

超，从走、刀（匕）、口。口为空，走为行，刀为化人，化人空行为超，人证空而行故超越凡人，佛菩萨也。超者远也、渡也，空行故能远达、空行故能渡人，超越无边苦海也，故说超度（渡）。

朝 cháo

朝，古字写作"鞡"，从軡（屮、日、屮、人）、舟（月）。人识自性心月则如日出之旦，故众生朝圣，如百鸟朝凤、潮汐朝月而涌。诸佛开悟如旭日东升，百花非季而开，大地非震而动，众生远近皆见，故共朝之，如百官如潮水一般朝君。朝、潮为通假字。佛显为光，成为你自己的光，则众生亦朝。广朝为廟（庙），庙即家庙，非外在之寺庙，本为供奉祖先，故所朝者祖先之灵光也。明朝第一文臣宋濂崇尚敬祖，其自传《白牛生传》云"生（宋濂自称）不享外神，唯事其先甚谨"，自谓与祖先"以气感气"，即自己与祖先之气（光）融为一体，同气相感，同声相求也。

潮 cháo

潮，从水、朝。朝、潮为通假字。古字写作"𦩻"，从倝（屮、日、屮、人）、舟（月），人识自性心月则如日出之旦，故众生朝圣，如百鸟朝凤、潮汐朝月而涌。真人开悟如旭日东升，百花非季而开，大地非震而动，众生远近皆见，故共朝之，如百官如潮水一般朝君。金丹成，日月共朝，则众生亦朝。潮的异体字写作"淖"，无月字，潮由心生，非月也。

臣 chén

臣，"目"字之变形，表示纵目下视，俯首称臣。全然臣服者即圣人，臣服于道也。故"贤（賢）""坚（堅）""监（監）"等字从"臣"，贤者监督鉴照也；"藏"字从臣，如来藏如纵目幽隐，藏于众生自性中也。臣的异体字"恶"，从一、忠，上下结构，武则天造，心中不二为臣，与君合一也。

尘 chén

尘，繁体字"塵"，从鹿、土。鹿好动，心光摇动，其光影斑驳而成九色为尘。悟色尘由心生，境由心造则名为佛。佛之本生曾为九色鹿，其此之谓乎？土为⊥，⊥（上）亦雄性生殖器，心动而阳起则淫，淫视之色皆为尘（《康熙字典》："淫视为游尘。"）。

辰 chén

辰，从乙（厂即反乙）、二、匕。二为"上"的古字，上乙即太乙，心之异名；匕，音化，本义即化，化人也，太乙行化之谓辰；乙即心字之"斜月一钩（乚）"，乙谓一之动，心动则震，故"震"从霝（雨）、辰；心动而念起，念起即乖，自取其辱，故"辱"从辰、寸，寸（手）即方寸，方寸心动则辱；人心之动始于晨，故"晨"从辰，谓人睡觉而苏醒之后开始生息，念念不绝。

《说文解字》："辰为房星。"房星是天驷（四颗星），即天马，心猿意马，马喻意，起意即动念。故房星起，为春天播种之时，人们开始下地劳动。一说甲骨文"辰"字为一个人手握农具之象形。

忱 chén

忱，从心、冘。冘，从冂、人，冂为空，人沉没在虚空中故通"沈（沉）"；人头在冂外，则拆字为空人心（空人即佛，心即佛），行出虚空外之人，所谓"跳出三界外，不在五行中"也。空行人（佛）皆真心至诚，故忱的本义为诚。诚自正心，故忱的异体字写作"忞"；忱心湛然如水，天地可鉴，故忱的异体字又作"憛"，从心、甚，"甚"从甘、匹，"匹"从八、匚（方字），八方同甘，至心为忱也。

陈 chén

陈，繁体字"陳"，从阜（阝）、東。阜为山丘，東从申（神）、木，本义为日上神木（即扶桑树）之中而山丘显现出来，即陈列之陈。陈的古字为"迪"，从辶（走之底）、申，申即神，神行为陈，神之行先于天地之生。陈的另一个异体字为"阵"，从阜（阝）、申，阜字古文从三口横排，三个口横排即古"灵"字，故陈即神灵。陈陈相因、口口相传者，道也，故陈情即道，陈述真相者也。天之陈者，示以阳光普照、雨露均分、雷声震耳、电闪白昼之类也。陈的另一个异体字为"敕"，从攴、東（車），攴为扬鞭轻打，東或車即东方日出之三足乌车，由"日母"義和（義和生十日，故为日母）驾驭，即所谓"義和鞭日"（杜甫有诗句"義和鞭白日"）也，義和鞭日而日出，日出而万物皆陈也。

宸 chén

宸，从宀、辰。宀为空，辰为动，通"震""振"。辰字从反乙（厂），太乙心行为辰。北斗星动，然后所有星次第而转动，故说斗转星移。宸即北极星所在,后借指帝王所居,又引申为王位、帝王的代称。《北斗经》云:"凡人身心性命皆属北斗。"北斗者,功成而不居、功成身退,天之道也。《鹖冠子·环流》:"斗柄东指,天下皆春;斗柄南指,天下皆夏;斗柄西指,天下皆秋;斗柄北指,天下皆冬。"《史记·天官书》:"斗为帝车,运于中央,临制四向。分阴阳,建四时,均五行,移节度,定诸纪,皆系于斗。"北斗为天帝的车,天帝乘北斗而掌管宇宙一切。

成 chéng

成,从丨、戊。戊为大斧,一把大斧即古"王""土"字,大土、心王,即佛菩萨之成道,掌生杀大权者也。成的古字写作"贻",从贝、呈,贝为牟尼珠,呈从口、王,口为空,空王即佛。成者,证空心王所呈现牟尼珠也。牟尼即佛的代名词,珠为至宝,以其能照、经久不坏,亦名金刚。成者,澄也,《清静经》所谓"澄其心而神自清"也。心澄神清,自然六欲不生、三毒消灭,成道之谓也。成者,诚也,至诚者自成。

承 chéng

承,从双手、子,表示双手捧着新生儿,有后代可以传承。甲骨文为"㪿",从双手、女,表示生的是女孩,生男生女都一样可以传承。子为天赐,纯真无瑕,一尘不染,子即神、佛,故宜供之奉之,承的本义为供奉、顺从、继承,奉天承运也。承通拯,救也,所承者救度众生者也。拯字从一,万法归一,一视同仁也。

乘 chéng

乘,从千、北、木。千为得一之大人,故乘的古字从大;北即左右两只脚,乘的本义为两脚上树、登高望远之人,造字之原理同"相",古字上目下木为相(𣎴),亦登高望远也。乘的甲骨文写作"㐃",即一个大人乘木舟独行之貌,大舟为乘,小舟为小乘。佛谓一乘而无二三,更非有五乘(人乘、天乘、声闻乘、缘觉乘、菩萨乘)之别。联云:"行百里者半九十,唯一乘人无二三。"乘的异体字基本上都是人、两足、木的变形,其造字原理相同,唯"𠅇"从人(人)、非、車,車上非人(人弗为佛,非人也)为乘也。

程 chéng

程,从禾、口、壬。壬有两义:一为与土地打交道的人(从人、土),程为农民所关注的农作物发展进程,程即呈禾(穗),稻穗之量为程;一为大肚子之人,妊娠之妊、挺立之挺皆从壬,任也,能荷担大任之人为王(内圣外王),则程为大人之度量、心量。程者物之准也,谓器之所容,器容有限,心容无量也。程者品也(《说文解字》),品通"䨛"(三体轮空,品合为一"口",口即空),灵即心,心即佛,心之容量为程,光程也,故十发为程(毫光初呈),十程为分,十分为寸。和为穗(稑),稻穗已成(呈现),见实成道(稻)也,心见实相,成道者也。程的异体字写作"郢",从呈、邑,空王(佛)之住地,佛土也,程在楚(湖北),禅宗祖庭曹溪也。程的另一个异体字写作"跭",从足、呈,足者动步即到目的地,空王不言,动步躬行而已。

澄 chéng

澄,从水、登。登为升到高处,高处之水即源头之水,故湛然清冽。澄的古字写作"浧",从水、呈,呈从口(空)、王,心王真空湛如水,一尘不染,自然呈现,故曰澄。澄的异体字写作"瀓",从氵、徵省,徵即"征"的繁体字,正行为征,正行者心如水,澄也;太极一圈,折圈为一,故呈字上边的"口"写作"一",山即灵山,王即心王,夂即教,灵山心王之教,上善若水也,心静如止水,然后可见(见者鉴也),谓之澄。

池 chí

池,从水、也,古人以停水为池。水停则止,心如止水,故心之别名为中池。《黄庭经》云："中池有士衣赤衣,田下三寸神所居。"道家名肾中偃月炉为玉池。《黄庭经》云："玉池清水灌灵根,审能行之可长存。"庄子以南溟为天池,溟为海,无明故冥(冥),天池者,自性之海也,本来如是,自然如是,故称天。天池澄澈明如镜,心明如镜也,故《心经》云"无无明"也。

耻 chǐ

耻,从耳、止。止为脚,为心字之化,即心字变形证明之一。心即忄、㣺,忄字变形为山、寸、止,故耻的异体字写作"恥"。耻的异体字又写作"聅",从耳、山(山、止皆忄字,故可以替换),心耳通灵山(佛教谓之"天耳通"),耳根圆通以知耻。耻的异体字又写作"誀",从言、耳,言的半部分即"忄"顺时针转九十度,即心字,心口合一而能言,言为心声,知耻而后勇,勇于以口自承也。止即行,耳行为耻,耳不闻(听而不闻)为正,所谓"返闻闻自性"也。

冲 chōng

冲,异体字"沖",从氵、中。中,异体字"𠧟",从小、束。束,从一、口、小;小为光,中者,上下皆光(小即心光),意谓心光贯通上中下、贯通内外也。氵为"小","小"转九十度,同坎卦符号,冲者,一切皆光,一切皆心也。𠧟,中间为一、口,一口为旨(㫖)字,口即〇,折圈为一,一即口,口为空,空空为旨,空非空,空亦空,空中生光,光透内外,为光束,光束为中,为冲也。空空为玄字,形同竖写的无穷大(∞)符号。冲中有玄,冲即玄光,心为上玄,故冲即心光,亦名玄光。彤或彬字是中字的变体,表示光在右边。光形在上为小、⺌,在下为小(或巾、木之类)或勿,在左为氵,在右为彡。

重 chóng

重,从壬、東。壬即土上人,故本义为厚(说文)。壬即妊,表示生,土生万物,生生不息,故说重。重生即众生,轮回之意。東,中间为〇(灵),〇之内、〇之上下皆光(小,十亦小),重光在壬中,重也。重,又从千、日(〇)、土,千即大肚之人(古人云:"智过千人为俊。"),日为最重之物,土即地,人携日而东升,离开大地,重也。重的异体字写作"壐",从千、东、土,东字即日上桑木之中,亦重之意,东土人为重。东土人情重念重(爱不重不生娑婆),故重。千字即大肚之人,喻佛,佛之重者,携一切众生去往彼岸,所谓"圣人终日行不离辎重"也。重的异体字又写作"緟",从糸、重,重而生玄光(小)也。众生念重,故重、众同音,异体字写作"曡",从千字作囚,人被囚于虚空也。仫(佛)即人在虚空(〇、口)外。

崇 chóng

崇,从山、宗。异体字写作"宭",从宗、山。宗,从宀(空)、示;示,从二(上)、小,小为日月星三光之貌。崇者,空山之上所发出之光也。空山即灵山,故崇的古字写作"霂",有雨字头,雨字通霝(灵)字。灵山之光谓本,即宗为本,崇者,本性之光也。山从凵、人,即山高人为峰,灵山上之人为佛。一言以蔽之,崇者,垂示佛光之灵山也。灵山又名妙高山,其高妙不可言,不可理解,故崇字通嵩,山高为嵩,其山妙高也。

筹 chóu

筹,繁体字"籌",从竹、寿。筹为简策、为蓍草,算也,谋也,非谓竹能寿而不坏,其谋略能长久也。故筹从寿,蓍从老、日(寿老如日)。寿即神的古字"靇",从弓(弓即两乙,亦为卐字)、三个口(工字也写作口字,三口合灵)、太乙真神也。筹即竹下有神算,指运筹之人心也。《孙子兵法》:"上兵伐谋,不战而屈人之兵,上之上者也。"运筹帷幄者,如诸葛亮、刘伯温,其谋算由心,可知上下五百年,不亦久乎。

出 chū

出，从屮、凵。屮为草，凵即"坎"的古字，表示青草从山坎中长出来了。"出"的甲骨文从彳、止、囗，囗为家、洞穴，止为行，出的意思是离家出行，通"征"（正字古文从囗、止），出征也。有的甲骨文写作（ ），没有"彳"，但意思相同。"出"是会意字，凵即凵（坎即凹陷、沦陷之处），止为足，表示足从陷处拔出。

初 chū

初，从刀、衣，本义为制衣之初，以刀先裁布也。刀即匕，牝也，匕即雌性怀孕后大肚子之象形，故通"化"。衣同"示"，故初的异体字写作"祄"，示字旁，示为光，心光为衣，心即佛，佛衣即法衣，所谓佛之衣钵，即心也，禅宗衣钵之传，以心传心也。初的异体字写作"囧"，从天、明（或双目）、人、土，武则天所造，"初"字为"取宇宙初开，天下日月并明，地上有人之意"。

除 chú

除，从阜（阝）、余。阜为山、台阶（古文写法是三级台阶之象形），余的本义为简易茅屋，除的本义为自卑而高之台阶，步步高升，故"除"有除旧迎新之义。《说文解字》所谓"殿陛之谓除"，陛下的"陛"指帝王宫殿的台阶（陛下原来指的是站在台阶下的侍者。臣子向天子进言时，不能直呼天子，必须先呼台下的侍者而告之。后来"陛下"就成为对帝王的敬称）。余即佘，从人、示。"除"的意思是台阶乃山人所示，欲人登高也。台阶即所谓"手指"，台阶之上的灵山（三个台阶合为灵字，所有三个口组成的字都是灵字变形）胜境才是拾级登高之目的。

传 chuán

传，繁体字"傳"，从亻、叀、寸。叀即纺锤，寸即手，叀寸即尃（专），传的本义是手握纺锤专心织布之人往返传递纺锤。寸亦方寸,即心,故傳字同僡(惠通"慧"),惠的古字从叀、心,心专生惠(慧)。

船 chuán

船,从舟、八(不是几)、口。八为水,口为空,船即水上空舟。船即舟,舟字外边是人字,同"几""冂"等字,里面是↑字转90度,还是心字,故人心为舟。心如天上月,故很多字的月字旁同舟,如朕、胜等。舟即月,月即自,故船的古字左边是月字旁或自字旁,右边为公字或工字,即天地间一人。船字即你自己,即你自己之心。人生如船,即空船,即庄子所谓"虚舟"。虚舟者,无我相,无人相,人舟合一,心船合一也。

春 chūn

春,从三、人、日。三为乾(乾三连),日为阳,人得乾阳为春。乾为天,天人合一则光生,三阳开泰,春光普照。春者,天地开辟之端,乾阳为元也。春者蠢也,言万物蠢蠢欲动。春主生发,道也。道有动有静,乾动坤静,动者静之基,动极而静(动态静心之法以此),真静则见性成道(《清静经》:如此清静,渐入真道)。道法自然,春来草自生,万物出生时艰难,所以春的古字写作"萅",从艸(林野)、屯(屯,像一颗种子,上部冒芽,下部生根,艰难出生)、日,意为茫茫林野上阳光普照、万物初生。

椿 chūn

椿,从木、春。表示长春之木,即大椿树,《庄子》所谓"上古有大椿者,以八千岁为春,八千岁为秋",八千年为一春,故说大椿(大椿之年,所谓大年,一年三万二千岁)。春的古字写作"萅",从屯、日,屯(同中)为草木初生之形,表示草木初生的时期,即春季。椿为一心如春,春光明媚,光寿无量,故大椿为最长寿之树,人称椿寿。古人希望父亲长寿,故亦以椿寿祝父亲长寿,椿庭指父亲的庭院。椿的异体字写作"杶",从木、屯,表示此木一如初生之状;另一个异体字写作"櫄",从木、熏,熏字从灬(火)、動省,心火动而生暖,故熏为暖和,心暖而熏香,清香四溢,意思是此木受熏可以生香气。据《食疗本草》载:"椿芽多食动风,熏十经脉、五脏六腑。"椿木亦作"橁",橁开花时间很短,故从木、舜。诗曰:"一心如春之谓椿,双木为梵诸佛身。椿庭父训传千古,心树菩提高万寻。万载长春大椿树,五藏齐沐六脉熏。谁言花开只一瞬,大年八千为一春。"

醇 chún

醇,小篆写作"醕",从酉、享、羊。羊即"羲"省写,同"牺",古代牛羊即牺牲,祭祀时的贡品,享字即高房子之象形,表示宗庙,酉即酒,醇的本义是祭祀时供祖先享用上等醇厚的酒。享字下面的"子"也写作"口"或"日",故享字即合字,天人合一,心与祖合,羊酒自食,自食就是与祖先同享,合一故。羲即气,亦指伏羲,人类始祖。祭祀在人,伏羲老祖闻酒气而食,子孙后代自饮醇酒也。

辞 cí

辞,繁体字"辭",从爫、舌、又、辛,厶与倒厶字皆为口,辛为刑具枷锁,代表法官(籀文辞字"辛"写作"司",司法),辞的本义是法官梳理原告和被告的诉讼形成讼辞,即最终判决之辞。辭的左边是为"乱(亂)",也是治(乿)的古字,治、乱的本义都是用双手把乱丝理出头绪。辞的异体字写作"辝""辤",从台(舌)、辛或受、辛,台或舌表示原告和被告两张口,受字的上下表示原告被告两只手,表示原告被告双方最后都接受法官的辛苦陈辞。口为空,手(爫、又)为心,心空不可得,辞亦不存,何须辞焉?

慈 cí

慈，从玄、玄、心。玄的古字写作"串""享"，上下对称，从中（丨、十）、幺（口口）、巾（丨、十）。幺为两个〇，中（艹、丷、艸）即心字，慈字即四个〇、四个心，中为心光，四灵四光为慈。灵即零，空也，四灵即四空，四大皆空。四个〇合为田字，慈即心田玄光也。慈，从兹、心；兹，从玄、玄；玄即幺，表示子孙后代，兹即子孙后代绵绵不绝之意。孩子出生是很玄妙之事，故玄为妙，玄之又玄，众妙之门。兹通滋长之"滋"，家族有大德滋润，故子孙延绵不息。慈的异体字"慈"，从攴（攵即教）、子、心，即用心教子也。兹心为慈，无缘（无条件）大慈，母爱也，母爱至真至纯，即菩萨之于众生之爱，故菩萨亦谓大慈。老子云："圣人之在天下也，歙歙焉，为天下浑其心。百姓皆注其耳目，圣人皆孩之。"诸佛、真人为大圣，视一切众生如己出之子，此可谓真慈也！

葱 cōng

葱，甲骨文上"丨"下"心"，心中上下一贯（贯中），"丨"亦葱之貌。今从艹、恖，思者上囟下心，或上匆下心，聪也，葱即蒽字。《康熙字典》：葱从恖（思），外直中空，有思通之象也。外直中空，则智慧时出，在人可谓得丹，丹生为青，故葱之为物呈青色。

从 cóng

从，即两人，两人为从，相听也，为上者从谏如流，为下者唯命是从，皆耳根圆通也。从的繁体字为"從"，从行、止，上行亦行，上止亦止也。古人云："两人向阳为从，向阴为比（结党营私也）。"故君子择善而从，小人比而不周。从为修行之本，全然臣服为从，从则深信，深信则明理。

崔 cuī

崔,从山、隹。隹即鸟,本义是连鸟也飞不过去的山,高大之山,如崔嵬。山即灵山,其山妙高,故不可飞越。隹字从亻、一,崔者山住于一而安宁。安住于心,则万物不能扰其心,心无旁骛,应无所住而生其心。

翠 cuì

翠,从羽、卒。卒,从衣、一,本义是翠鸟羽毛之色翠。羽的异体字写作"羽",从彡,光之貌,鸟之光鲜在羽,犹人之光鲜在衣,人之光岂在衣乎?《坛经》惠明云:"行者(惠能),行者!我是为法来,不为衣来。"法是活的,衣是死的,故一衣为卒(死)。鸟因灵活而翠,人因灵活而光。古人云:"翠以羽殃身,龟以智自害。"无明之众生杀翠鸟而取羽,抢衣钵而求法,岂可得乎?

错 cuò

错,从金、昔,昔即措之省,措金于物,即镀金(《说文》"错,金涂也",今所谓镀金,俗字作镀)。昔的金文写作"㫺",上为波浪下为日,即波浪滔天不见天日,指过去之大洪水,故昔为过去。金即金色之光,金字中间为小,即忄字,故金为心光。金昔为错,错为昔日金华,过去之心光,心光遍照六合,形成交错之态,故错为交,即乂、十之形,乂即吾,错字即为吾自心心光交错而遍照天地也。心光不增不减,不生不灭,故不会错过,何有过错?

达 dá

达,从大、辵(行)。大人自行、独觉成道为达,大道宽广,行不相遇,各自行道。繁体字为達,从大、羊、辵,多了一个"羊"字,羊喻众生(《圣经》云"上帝是牧羊人"),达者,大人自行而众生随之也。达的异体字写作"遳""遶",从进、土或老,进(進)为鸟飞行,土即之(㞢),老即化人,达者,行深而觉,羽化而飞,如老子之成道者也,故达人为达,达的异体字又写作"達",从大、達。达的异体字又写作"逋",从辶(音 chuò)、串、串,两个"串"表示四方(口即方字,折方为一,两个串字即井字,达字同进字)、丨(音 gǔn)表示上下贯通,故达的意思是四通八达,达者通也。

答 dá

答,从竹、合。合,即上下皆空(口),竹子节节空合、节节高升,可谓答也,所谓"教学相长"也。竹子之性,"未出土时先有节,至凌云处仍虚心",虚心而空,空灵自合,灵合为答,若合符节。一问一答,高山流水;一答一问,钓月樵云,渔樵问答之乐,自得其乐也。答者,合竹之声,轻敲翠竹亦出嗒嗒之声也。

大 dà

大,即人字象形,甲骨文写作"大",象双手双脚,为大人之貌。小篆大字下边是网字,即冂里面两竖(ｍ),天网为大也。天网即佛学中说的因陀罗网(indrah,现在的因特网亦出自此语),即天帝释的珠网,网的每个结点都是能放光的宝珠,光光相照,无穷无尽。因字就是大人如网在三界五行虚空中,如同囚犯(因同"囚"),故有因果轮回。大即"网",网同"勿",即物字,亦是"人"字,故大包括一切人和物,至大无外,无所不包。网字两竖为直光向下,交则成乂爻(亦吾字),斜则成勿字,平则成月字,网、勿、月外边皆为勹(包)即身曲之人,身字从勹,为有身(怀孕)者,细说则月(肉)为肉身,勿(物)为化身,大(网)为法身。光网能包为大,心包太虚,量周沙界,故大。大者,道之别名,以光为体,光分为小,故光字头为小,小亦心(忄),心细小,其光如细丝也。

丹 dān

丹，异体字"冃"，口中一点，真空之妙有也。《康熙字典》：丹，吐故纳新，赤心无伪。丹的异体字又为"彤"，彤者，丹之光也，彡是光之影。彤，井中水（丶，主水也）源源不断，其光也熠熠生辉。丹的另一个异体字写作"同"，从冂、旨（异体字肓），冂为空，即空之旨也。

担 dān

担，通"儋"或"瞻"，背曰负，肩曰担。担的繁体字为"擔"，从手、詹。詹，从危省、八（分）、言。詹者，一言八分，多言也，多言则危。老子（名聃，亦儋也）云："多言数穷，不如守中。"庄子云："大言炎炎，小言詹詹。"

旦 dàn

旦，从日、一。一即地，地亦空（地水火风四大皆空），故旦的古字写作"昌"。道（太极一圈，○）生一，一生二，二生三，在汉字皆为同一个字，即口（音 kǒng，空也）字，口（天空）字中加一横为日（天日），加二横为目（天目），加三横为昌（天良）。人能致天良之知，则天目开，天日普照，虚空圆满，一切圆满无缺，如是所谓旦也。光为勿，旦、勿即易，为阳的古字，光亦空，故省略不写而成"旦"字，旦即易也。

诞 dàn

诞，古字从口、延。口为空；延，从正、廴（引），长行、正行也，延为纳也，纳空即能诞，凡人不解，或谓之荒诞不经之诞。诞，大言也，其言甚大，大言炎炎，人多不信，亦以为荒诞。诞的异体字写作"誔"，从言、廴、旦，日出为旦，其言行如日出为诞。诞者，日初生也，所谓"太阳每天都是新的"，日新为德，每日新生也。

当 dāng

当，从小、彐（音 jì）。小为光，彐为山倒，傲慢之山倒却则性光自生，当也。繁体字为“當”，从尚、田（古文从土），“尚”为遮风挡雨的房屋之象，心田净土须闲邪存诚、持戒遏恶，故当者挡也，斶除身口意诸恶，则清静无为，自然有万夫不当之勇。当（挡）对应六度为持戒，持戒则能禅定，禅定则生智慧，戒定慧三学一也。异体字为“儅”，从人、當，能持戒而有所担当之人也，即真人、佛。当仁不让者，仁为核心、本源、佛性、道，道生天地万物，生生不息故当仁不让。另一个异体字写作“乫”，小为光，冖为空，匕为化，当为空中化人放光也。

倒 dào

倒，从人、到。到，从至、刀（刀即匕，化人也）。至，上一为天，中间的厶为空（自环为厶，即〇），土即之（㞢），本义是飞鸟从高空落到地面。倒即“至”，鸟本应高飞在天空，而飞到地面，故说“倒”。至的异体字写作“䞍”，从执、女，女即汝，众生执着，故说颠倒。至的另一个异体字写作“坔”，从厶、山、土，从空（厶）山（灵山）而降至地面，如天之俯身而就地，天地交泰而生万物也。故倒者，从灵山而至娑婆世界，圣人之度众生也，所谓“慈航倒驾，隐大示小”，可知“倒”亦不倒，乃人到而心不到，至矣！人在红尘，心应出离红尘，在尘而离尘，可谓“倒”。

道 dào

道，从丨、目，一条路贯通天地，一目了然也。丨为直为正，故目正为道德，儒家仁之目谓“非礼勿视”也。道从首从行，繁体字“衟”，首行为道。异体字为“導（导）”“噵”“逽”，道以寸心导之而行也，心不可得而空，故道字从口，空也。“口”空故可不写。道者，寸心之法，和光同尘也。邵雍云:"夫所以谓之观物者,非以目观之也。非观之以目,而观之以心也。非观之以心,而观之以理也。"理即道,见真理即成道。

祷 dǎo

祷,从示、寿。寿的金文写作"󰀀",从老、乙、三个口、又(寸),寿的本义是一个老人跪拜向神祈求长寿,祷的本义同寿字。寿的异体字即神字,亦即心字,故基本构件是一张弓(乙、乚,形如斜月)、三个口(工、匚都是口的变异)(如"喬"),寿字有3 000多种写法。祷者自心,心藏神。乙即太乙,弓字两乙,两乙相交亦卐字,故有的寿字从卐(󰀀)。

得 dé

得,从日、彳(行省)、一、寸。日行一寸为得。得的古字写作"䙷",从行、见、寸,见寸而行之谓得。寸为寸心,心见为得,非目见也。心见为空见,所见皆空,故得从日。日,从一、口,口即空也,空有一主,方寸自知。《清静经》云:"虽名得道,实无所得,为化众生,名为得道。"

德 dé

德,从十、目、一、心。一心而观,十目所视,十目谓十方诸佛之眼,其眼无处不在,不亦严乎!德者得也,方寸之目所观为得。德的异体字为"悳",直心为德,直即丨,丨心即一心,心能守一为德也。德的异体字又写作"惪",从適(适)、心,庄子所谓"知忘是非,心之适也",大德者皆以心适为准的,其心大自在也。

灯 dēng

灯,古字写作"鐙",从金、豆。󰀀(音bō),从两"止(足)",两足相背而行为󰀀,比喻镫之形上边张开用以放置红烛。灯的本义为古代之豆形红烛灯。《四教集解》卷中曰:"亦名然(即燃)灯,亦名锭光。有足名锭,无足名镫(锭和镫皆豆形烛台,锭中置烛,故谓之镫)。"镫从金者,谓金色光也,锭从金、定,如来之金色光常照,故说定,定然后能慧,金华慧光自定中来也。

等 děng

等,从竹、寺。竹,从个、个,表示竹简齐等,个同忄(心),表示心与心齐等;寺从土、寸,土从忄(心)、一,寸为心法,等的意思表示众心平等,万法归一。佛学以无邪为正、不偏为等,儒家以不偏为中、不易为庸,故等即中,"中也者,天下之大本也"(《中庸》)。佛之证悟"无上正等正觉",儒家之"大中至正"也。

迪 dí

迪,从辶、由。辶即行,从彡、止。彡为光貌,止为心,心光之行为辶,由即"油",本义是油灯之光,灯即心灯,心不可得故空。空以"囗"字表示,空中非空而妙有,故囗字演化为"田"字,心田也。心行即道,故迪之意为道,道由自心。

敌 dí

敌,繁体字"敵",从啇、攴。啇即啻,口为言,即帝言圣旨,金口玉言。君无戏言,敌者教人以信,民无信不立,信然后可以相匹,故敌者匹也。谛者为真谛,脱俗谛之桎梏者也。无敌即绝对,真理真相皆绝对,主一不二。

弟 dì

弟,从倒"弋"、弓(甲骨文从乙)。弋为箭,弓(乙)为绳,绳子有次第地缠绕在身上为弟。有绳子的箭缠绕在身上,就是一个小男孩的象形,

33

故称弟。古人初学箭是兄长教,故弟弟有心善待兄长、顺从兄长为弟,弟而有心,悌也,悌的本字为"弟"。弟悌对应的是兄友,兄长首先对弟弟友好而耐心也,同志为友(同门为朋),故兄弟同志,皆善继其父老之志也。子曰:"君子务本,本立而道生;孝弟也者,其为仁之本与。"弟即第,次第有序,古文所谓"治事当有序,读书会其通",序字至关重要。佛门无相,行乞皆以次第,不得拣择贫家富户。

帝 dì

帝,从辛、巾。辛为带木枷罪人之象形,巾为权杖之象形,本义是有权处决罪人的君王。《康熙字典》:"帝者,谛也。言天荡然无心,忘于物我,公平通远,举事审谛,故谓之帝也。"帝言为谛,为真谛,其言不虚故。言亦为口,空也。小乘佛学以"苦集灭道"为四谛,而大乘佛学(《心经》)云"无苦集灭道",其实一也,觉则不二,故唯觉者方可称帝。

颠 diān

颠,从真、页。页为头,以头脑为真者颠也。头脑之想、念、意、识,皆空也。颠的异体字写作"顚",从颠、人,或"窶",从宀(空)、颠,知颠则不颠,知颠亦空也。颠的异体字又写作"眞",从真、真,真相只有一个,二真则颠也。有则禅宗公案"岂可有二文殊"可以一参。据《五灯会元》记载,丰干禅师到五台山下,见一老人。干云:"莫是文殊也无?"老人云:"不可有二文殊也。"干便礼拜,老人不见。有僧举似师(赵州),师云:"丰干只是一只眼。"师乃令文远(赵州弟子):"作老人,我作丰干。"师云:"莫是文殊也无?"远云:"岂有二文殊也!"师云:"文殊!文殊!"

点 diǎn

点,繁体字"點",从黑、占。黑,从囱(卤、窗)、炎,囱表示光(小)在里面尚未透出,黑字表示心光炎炎已达囟门尚未透出,如黎明前之黑夜。占,从口、卜,口为空,卜即小之省,即光之貌,占字真空生光,占卜即占人之心光。点的异体字写作"奌",从占、大(灬的变形),即大人之心空而光生。點字表示大人心光明晰可见。点即丶,即光明之貌,由(油)字之头,即"主"。主字从丶、王,王为心王,心空不可得,故主字省略为一点,一点灵明也。一点灵明,迷者不知,故须觉者点亮。

定 dìng

定,从宀(空)、正。正即足,回归真家也。空即正,正念即空念,正见即空见,正觉即空觉。定的意思就是因八正道而达真家。

东 dōng

东,繁体字为"東",从日、木。木即扶木(又称搏桑),东表示太阳升到桑树中间时的位置,即东方(日在树底鸟迹不到为杳,日升树上艳阳高照为杲)。《山海经·大荒东经》:"汤(音阳)谷上有扶木(桑),一日方至,一日方出,皆载于乌。"乌即三足乌(金翅神鸟),每天负载太阳东升西沉。乌即乙鸟,乙中三足(丶)就是一个"心"字,传说是驾驶太阳的帝俊之心。心光内外通透,故東字内外上下都是"小(心)"字,同柬、中等字。太阳很重,故重的古字写作"重",从東,意为大地(土)上面背负太阳之人。心好动(心猿善动),故东者动也,動字亦从東,动而有力也。心动则春生夏长,万物生生不息。东的异体字写作"枺",从木、彐、反"彐",彐即心,桑即若木,若木即心木。东的异体字又写作"柬",从口、来,口为空,光从空性来也。来的繁体字"來",从三人,人即光,光从东方来也。

冬 dōng

冬,从夂(音 suī)、冫(仌,冰)。夂为脚,脚下有冰,即冬天之证。冬

35

的古字为两个圈(⚭),用一条半月形的线相连,表示有始有终。圈表示空,即从空到空,冬字的意思是从空来行脚(夂)向空去。冬的古字亦写作"終",冬为一年四时之终。冬的古字写作"",从⊙(日)在虚舟(丹)中,表示日子如虚舟,终将去向空。虚空生白日,光芒照苍穹。一切众生本性为光,认识你自己,最终成为你自己的光,回归虚空。

董 dǒng

董,从艸、重。艸即屮,心也,心重为董;重,从東、土、人,东土人心为董。心重于督察,故董为督察。《尚书》:"董之以威。"心重能统率一切,故董为统率,词语有"董率";心重于守正,故董为正(董正)、守正,屈原《楚辞》所谓"余将董道而不豫兮,固将重昏而终身"之董也;心不外现而深藏,故董为深藏。《史记》:"气当大董。"心重于日(大日)亦轻如虚空(日即口字,空也),心根如虚空为藕,其草为莲花,故古人以藕为董。心不可得,安知其轻重也,及其用也,至大无外故重,至小无内故轻,不垢不净如藕之出淤泥而不染者,董也。

动 dòng

动,繁体字"動",从重、力。金文之"重"字,从上至下为人、東、土。力为心力,东土人心念繁杂沉重,不能清静,故无时不动,如心猿意马不能歇息。所谓"爱不重不生東土,情不重不生娑婆",娑婆谓缺憾,心动必失故。动的古字写作"遉",从重、辵,负重而行也。道有静有动,天动地静,男动女静,动者静之基,故宜静极而动,感而遂通。老子云:"圣人终日行不离辎重。"则行重之动又何妨,天悬日月星辰而行健,斗转星移而生万物,动之功也。行动而心神不动,所谓"为无为,事无事",至矣!智者云:"心动故有重力,不能飞升,难免轮回;心若真静,则身腾紫云,游行三界。"

兜 dōu

兜，从白、冂（左右皆冂）、儿。白即自、即首，儿为站立之人，冂象头盔，故兜的本义为一个戴着头盔遮住头的人。头上五官代表六根眼耳鼻舌身意，兜住表示闭眼、闭口、闭耳、屏息，所谓关闭六根也。老子所谓"塞其兑，闭其门，终身不勤（一生不劳）"也，如此则能够知道"既得其母（道），以知其子，复守其母，没身不殆（一生无危险）"也。六根兜摄（两冂合口）而无漏则知"自"，知自性即佛性，故知见性在兜也。

斗 dǒu

斗，甲骨文写作"子"，从反冂、十。冂为空斗，开口朝向可以向上（凵）、向左，古字象一个量米之斗，其实是北斗七星之抽象图。冂即方，同"口"，空也。空中有物，即冂中加一横，写作彐，则为升字，故斗即"升"，十升为一斗，以斗量米、酒，亦称升。

读 dú

读，繁体字"讀"，从言、賣。賣即濆省，《康熙字典》："读犹渎也。若四渎之引水也。"《释名》："渎，独也，各独出其水而入海也。"卖的古字写作"賣"，从之、冏、贝，之为到达，冏为光，贝为牟尼珠（佛即牟尼），即达到自性牟尼珠生光也。光生然后能言，言亦口字，空（意在言外）也。故读者，独自心诵，如行云水，心无杂念。

毒 dú

毒，从生、母，生母即刚育子之女。毒者独也，独爱其子也。万物皆同，母爱深厚如大海，故毒者厚也，所谓"无毒不丈夫"之毒即厚，母爱山高地厚之谓也。母爱时时关照孩子，不仅从远处观察，还要时时监督，故毒者督也，毒、督互通。督之在背，意思是母亲教育孩子以手（荆条）打背，背为阳，意思是当面光明正大地教孩子（当面教子），故中医以背为督，督脉在背。督，从朩（示，二即上）、又（寸）、目，示之以心目也，曾子所谓"十目所视，十手所指，其严乎"，故督字从目从手，其督亦独（独到）、亦毒（严）也。毒的异体字写作"蛊"，从生、虫，虫生为母皆独也。"虫"泛指所有动物，禽为羽虫，兽为毛虫（老虎称大虫，蛇称长虫），龟为甲虫，鱼为鳞虫，人为倮虫。《大戴礼记·曾子大圆》："毛虫之精者曰麟，羽虫之精者曰凤，介虫之精者曰龟，鳞虫之精者曰龙，倮虫之精者曰圣人。"人生首先要独，自爱然后爱人。人生本是孤独者、寂寞者、绝情者，别人没有义务来帮助你。如果有人帮忙，那是友情赞助。赵州八十犹行脚，赵州从谂禅师有一次去小解，正好有僧问"如何悟道"，他说："你看，小便这样的小事，我还要亲自去，他人替代不得。"

独 dú

独，繁体字"獨"，从犬、蜀。蜀，从目、勹（人）、虫（蛇），人目所触皆蛇。古代蜀地多蛇，故称蜀。犬如人目视蛇，即小心独行之牧羊犬为独。《康熙字典》：虫之孤独者名蜀。山之孤独者亦名曰蜀也。有兽名蜀，只叫一声，故称独，单一也。浙江兰溪有蜀山，因其山只一峰故称，又其峰如冠，故亦名冠山。人之孤独者谓之阿罗汉，独觉者也。

度 dù

度，古字写作"㢁"，从心、度，即心量的意思，所谓"心包太虚、量周沙界"也。度，从庶、又（手），庶者众也，庶字从广、光（芖为光字），光广为庶者，众生（庶人）皆光。手者捻也，即手合今心之念，能掐会算，故观音称捻索。度者，心光之所及，其远不可思议，恒河沙数光年不足定其距也。

端 duān

端,从立、耑。立为大人,耑从屮即生(物之初生),为倒过来的"示"字,即光芒向上照天空。而,为物之根须,象一个长须飘飘之老者,开始成道生光,光照十方世界。所以端的本义是开始(开端),最原始之人为端,道家谓之元始天尊,受众仙朝拜,其人与道合真,先天地而生,不随天地之坏而灭,独立而不改,周行而不怠,可谓最古之古人(一气化三清,玉清元始天尊、太清道德天尊、上清灵宝天尊三者合一,三清同道)也。耑为端的本字。屮为生,冋为人,人生为耑也。

锻 duàn

锻,从金、段。段,从厂、三、殳,厂的甲骨文表示反转(翻转),三表示数次,殳表示手(又即手)持钳锤(几即手持之物),锻的本义是打铁,趁热打铁,一边以火钳翻转一边以锻锤锻打。段即分段进行,每一面锻打一段时间,使之各方成形,冷却后形成最后的形状(锻打成器)。铁身即人身,钳锤即诸佛祖师(佛教有《祖庭钳锤录》)教人之手段,所谓"德山棒,临济喝(喝如金刚剑),云门饼,赵州茶"皆祖师钳锤,因人而异。

敦 dūn

敦,从𠅞("享"的古字)、攴。𠅞,从高省、日(《说文解字注》:"日为熟物。")。金文或小篆之"日"写作"羊",即羊为熟物,"𠅞"就是把一只熟羊高高举起进献给神享用。"攴"就是教、指导、敬拜(磕头的意思:五体投地,如放倒傲慢之山)。敦的意思就是教古代祭祀之礼,故敦有精诚笃厚的意思。享,从高省、子,人子(天子)在高处,故能享。敦者以心,故繁体字"憞"有竖心旁,心享为敦,心即神佛,神佛分享为敦(惇),所享亦空也,故享字从高、日。高、日皆从口,空也。异体字"𠭥"从古、单,古即祖宗,单即甲(申),神也,意思是祭祀时进献之熟物给祖宗、神灵。䵼，亦可拆字为十、品、甲，甲、十皆同丨字，品、十即师的古字"帥"。教者，应供本师也，师即灵（品即霝字）即佛（佛即天人师、灵山之师）。其他异体字如，"䀉""甗"，从皿、瓦者，盛熟物之器也。

恶 è

恶，从亚、心。亚的异体字写作"亚"，从囗、行，行的甲骨文写作"北"，即空心十字；为通向四方的路口，囗字框的意思是东南西北四方的路口都堵死了，行不通为亚（图）；行而不通于心，即此心处处有挂碍，便是"恶"。圣人之心，心无挂碍，唯通而已。亚字之形状，如同一间大房子（囗）加上四个在四角的小房子（口），意指房中四隅，即房子的阴暗处。《尔雅·释宫》："西南隅谓之奥，西北隅谓之屋漏，东北隅谓之宧（音 yí），东南隅谓之窔（音 yào）。"古人所谓"无愧于屋漏"，即指在无人之幽暗处也无愧于心。

恩 ēn

恩，从因、心。因的本义为依靠，心所依靠者皆为恩。因，从囗、大，囗为空，大为人，人生于空，依于空。囗之空亦可解为子宫，胎儿在母亲子宫中为因，所以要感恩母亲。母亲生了你的身体，而"空"生了你的灵魂，所以要感恩上空，感恩老天。空（囗）困住了人（大），困不住"心"，故心在因外。心中要感恩，而心不可得，故感恩亦空，因果亦空。《证道歌》云："了则因果本来空，不了还应还宿债。"了则知心无挂碍而不可得，是名得道，得道而空，无恩无仇，一笑泯恩仇，至矣。恩的异体字"㤙"，"囗"从"工"，工为顶天立地之大人，造字原理相同。

儿 ér

儿，繁体字"兒"，从臼、儿。臼即囟，故异体字写作"兜"，从囟、儿，表示囟门未合之人，即儿童。囟即思省，表示能思考，儿即开始能思考之人。囟，从囗、乂，乂即光，吾自性阳神之光，故揉囟门穴有助于生发阳气。婴、孩、儿的区别，婴即天真赤子，对周边环境不作反应，无思无为者也；孩是笑声的象声词，表示能被逗笑发出咳咳之声者也；儿表示阳神动、能思考。虎字从儿、虍（虎皮），古人谓"虎足似儿"，亦表示有人性能思考之虎，不会胡乱伤人。

尔 ér

尔，繁体字"爾"，从示（从一、小）、冂、二爻。示者上天垂示日月星三光也。冂为空，爻者效也，效天空之光之谓尔。二爻者，二效，道有动有静，天动而地静，效天之动和效地之静为二效（人法天地，道法自然）。吕祖之语"动静知宗祖，无事更寻谁"可谓真效者也。尔者，迩，近也，道不远人，天地日月之光常在尔左右也。

洱 ér

洱，从水、耳。耳根圆通而耳顺，从善如流也。耳为肾之窍，肾属水，故耳之官能为听者宜顺如水。孔子六十而耳顺，已达菩萨之境矣。耳形多曲，水性至柔，随形就器，曲则全，无所不至，殊途同归，百川归海也。洱海者，可谓性海也，故能普照。普化一声雷（《清静经》：阴阳生反复，普化一声雷），洱海无涛声。洱的异体字写作"潊"，从水、弭，弭从弓、耳，息也，安也。弓为两乙，两乙为卐，故弓为佛，佛耳如水，从善如流，潊也！耳即兒（即囟门未合之孩），弭的古字写作"㲻"，从弓、兒，耳顺如婴儿，孩子是未觉知之佛。尼采把人分为三个层次：骆驼、狮子、孩子。

发 fā

发，繁体字"發"，从弓、癹（音 bá）。癹，甲骨文写作""，上面是两只脚的象形,下面是一只手拿一支箭。发的本义是双脚分开手持弓箭用力发射,成语"百发百中"之发也。甲骨文没有"弓"字表示更古老的年代没有弓箭,直接投箭或标枪,故投标枪为发。古代出门弓箭随身,故发为行,行必发两足也。出发多在黎明日出时,发者明也,故说"发明",一说是"旦时光明将发"。子曰:"不愤不启,不悱不发。"朱熹:"愤者,心求通而未得之意;悱者,口欲言而未能之貌。启,谓开其意;发,谓达其辞。"发的意思就是说出别人心中想说而说不出的话。

法 fǎ

法,繁体字"灋",从水、廌、去。廌为上古神兽(独角兽),即谛听,能断三界一切是非,触不直(即以其独角触死不直者)。谛听为心法,即听之以心,庄子所谓"心斋"(若一志,无听之以耳而听之以心)也。心外无法,法外无心,心不可得,则法亦空。故法从去、水,如流水之去,善逝(如去、善逝皆佛号)也。法的异体字写作"佥",从人、正。二(上也)止为正正,一人至正即法。法的异体字又写作"㳒",从水、人(千)、正,正人(即真人)如水即法也。法的另一个异体字写作"峊",从山、人、止,灵山之人知止、如如不动为法,汉字万化不离其宗,三界唯心、万法唯识也。

凡 fán

凡,从几、丶。几即人字变形,亦作儿,亦作己,丶即主,亦作烛,知主之人能烛照也。几即自己,自己之动静自己知道,故动静之间为几,知几者神。人能知主即佛即神,无所不知,无所不括,故凡为一切、所有。

梵 fán

梵,从林、凡。双树为林,一几为凡,梵者枯荣双树下知几者也,即佛。佛在双树下涅槃，故梵的本义为清静、寂静。寂然不动，无思无为，感而遂通天下，知几则神。子曰："君子见几而作，不俟终日。"凡为大众，众生皆在林下，凡人皆天上八骞林（老子在八骞林下）而下凡者也，故众生皆有佛性。智者云："伊甸园生命和智慧双树林依旧在，真静如梵则神升上界而归林，妄心动则堕落下凡而轮回世间。"梵的异体字写作"蘲"，木得风为梵，林下风生为梵，风动而心不动者，可谓梵也。

方 fāng

方，从一、人。为一弯腰老人的象形，即得一之人。得一之人常隐居方外，心已脱尘而身不离红尘，故称方外高人。方的古字写作"匚"，即方矩，孔夫子所谓"七十而从心所欲不逾矩"也。方即口，像一方人、一口井、一个国，也是"围"字，口即空，井空而泉涌，人空而灵生。一方水土养一方人，以其心净则国土净，以其心垢则国土垢，一切唯心造也。心空故，不可评论（方字有评论的意思）。不可方人，亦不可方物，人物两空也。

芳 fāng

芳，从艹、方。方即口，空也，方外之人即空人、佛。艹谓隐（草之初生，人不知，如兰生幽谷，故草之吐芳若隐也），证空而灵隐，无我而自芳也。芳的异体字写作"芳"，从中、方，中即彻（草即彻，草之生纯粹自然，故彻，道法自然也），彻彻底底、究竟证空之人为芳。屈原《离骚》所谓"芳与泽其杂糅兮"，"芳，德之臭也（德之气）"（《康熙字典》），芳即大德者之香味、大德人的样子。《中庸》记载，子曰："大德必得其位，必得其禄，必得其名，必得其寿，故大德者必受命。"

放 fàng

放，从方、攵。攵为手持戒尺的教师之象形，即教，方即口，空也。

放者,教人一切放下而成空人,空人即佛(佛的异体字写作"仏",从人、○,厶即○,空灵也)。放亦是心之状态,无思无为、一丝不挂之谓也。

飞 fēi

飞,繁体字"飛",从飞、飞、升。两只鸟比翼飞升也。小篆写作"飛",从丨(丨即直,直心也,其长短即心量,亦称为如意金箍棒,可通天彻地),上面三只鸟,一只比一只飞得高。飞者非也,《说文》解"非"字云"违也,从飞下翅",非字两竖即"丨"字,两边为三只鸟的翅膀。二十八天最高天为"非想非非想处天",《楞严经》:"识性不动,以灭穷研,于无尽中,发宣尽性。如存不存,若尽非尽,如是一类,名为非想非非想处。"欲飞过最高天,心须非想,亦须非非想也。灵而能继,灵而能飞,飞出三界外,独自赴灵山,成为你自己的光,至矣。飞的异体字写作"龖",从龙、羽,龙羽为飞,飞龙在天也。

悱 fěi

悱,从非(或从匪)、心。想说而说不出来,如哑巴吃黄连,不能说之苦。方寸之心与真相同在,心不可得故口不能言。《论语》:"不愤不启,不悱不发,举一隅不以三隅反,则不复也。"宋代理学家朱熹解释:"愤者,心求通而未得之状也;悱者,口欲言而未能之貌也。启,谓开其意;发,谓达其辞。""启"的本义是手持门闩开门(单扇门谓户),"发(發)"的本义是开始发射:癶表示分开的两只脚,下边表示一只手拿弓箭(殳,鸟之短羽,音书,上边不是几)。顿悟需要渐悟的基础,创新需要静心的积累。

斐 fěi

斐,从非、文。非的本义是鸟飞羽张之貌;文的本义是纹,释迦牟尼胸口卐字纹,引申为有文采,斐的意思是文采飞扬。"非"如鸟翼分飞之貌,故非即分别,白色之光分而成七色。斐字的意思是分别之文,即五彩交错之文。心有分别即众生,佛心无分别,佛随顺众生,随众生之求而应,故说"无缘大慈,同体大悲",非心为悲,悲拔众生苦也。释迦号文佛("文"字古文正中有个"心"字,心即佛),其文合则白光万丈,分则色彩斑斓,斐然也。斐的异体字写作"奜"。从非、大。亦写作"婔",从非、女,大即大人、大丈夫、佛,女即"汝"、你自己,斐然者,皆自性之现,"毫光照大千",由己不由人也。

坟 fén

坟,繁体字"墳",从土、卉、贝,即有个土包(高出地面之土堆为坟),上边布满花卉(华)、宝贝等供品。卉即世,一世三十年,故从三十;贝即人之真宝。土同出、同生,故土生万物,坟喻示生生世世、真宝长存、佛性不坏、生生不息。坟的本意为大。《诗经》:"牂羊坟首。"大即道之别名,坟亦道也,天地之大道曰生,诸佛之本性曰贝(牟尼珠),坟的异体字写作"賁",从贝、生、世,不亦宜乎!另,高坟为冢,"冢"中间一点(丶即主)上移为家字,人间为家,阴间为冢,一点灵明能做主(丶)。

奋 fèn

奋,繁体字"奮",从奞(音 xùn)、田。奞即大、佳,鹰隼大鹏之类的鸟迅捷高飞,奋的意思为迅飞在田。大鸟之飞,田地震动,故奋也有震动、振奋之意。田即心地,心包太虚,广大无边,大鸟奋飞,自由自在,心花怒放,兴奋之极也。

愤 fèn

愤,繁体字"憤",从賁、心。賁为三只手(一说三只脚)一个贝,本义是善于奔跑、能挣钱的勇士,愤就是勇士不服输而发愤忘食的心。一说是钱被三只手抢跑而愤怒之心。愤即郁闷,心有所不通,即不愤不启之愤。

丰 fēng

丰，甲骨文写作“”，从生（丰），下边一个“○”。○表示树根，○即灵，能生者灵也。○即口，真空生妙有，故口字写为日，○字写作“⊙（日）”，古人以为一颗豆，故⊙作豆字（后来两个⊙字上下排列为豆，写作“”）。丰的繁体字写作“豊”，从丰、丰、豆。豆之生根发芽迅速、易生者也。装豆的容器亦称豆，古代礼器也，故禮字从丰（豊），祈祷家族人丁兴旺如豆之易生，祈祷国泰民安、风调雨顺以利万物之生也。古字丰即玉字，丰字之形象一串玉，玉即生生，则玉为牟尼宝珠、心故能生善现也。一切由心造，至矣！

风 fēng

风，繁体字“風”，从几、一、虫。虫者，动也，知动之几者其神乎！风之徐急，一任自然，全然不由人。《河图》：“风者，天地之使。”（《康熙字典》）《易经》：“天下有风，姤。后以施命诰四方。”君王效法自然之风吹万物，而风化众生（孔子说：“君子之德风，小人之德草，草上之风，必偃。”）。庄子云：“夫大块噫气，其名为风，是唯无作，作则万窍怒。”“阴阳怒而为风。”“夫吹万不同，而使其自（由、从）己也，咸其自取，怒者其谁邪?”怒即全神贯注，用尽全力，庄子所谓“草木怒生，鹏鸟怒”。怒字从努省、心，心如拉满之弓，其怒即真心。怒为心之奴，心能转境，故喜怒由心也。风的异体字写作“凬”，从几、一、日，一日知几则风生，知动之微也。《正字通》：“风从天气形，从日中出成风。”太阳风也。又，风的古字写作“檒”，从林、风，可知风在林下，出自天上八骞林也。

封 fēng

封，从土、土、寸，古字同“圭（㞷）”，没有寸字，意思是土之所之

（屮），表示土地的范围，即封地，如公侯封地百里，则不能逾越百里之外。寸字表示法、制度。寸字亦是方寸，屮字亦表示一心，方寸一心（寺字），心中有法者，自然素其位。孔子云："君子素其位。"心外无法也。方寸之土，净土也，以其心净则国土净，心之所之，岂止公侯之百里也。心即光，心光无量，故其土至大无外，心包太虚，量周沙界，心之封也。

峰 fēng

峰，从山、夆。夆即逢，指山与天相逢，故峰的本义是高入云天之山峰，比喻灵山之妙高峰，其高无上。夆，从夂、丰，夂为脚，丰为生生，比喻脚下生生不息。峰的古字一般写作"峯"，脚从顶峰而下，脚下万物自生，遍地七宝。峰的异体字写作"峜"，从上"山"下"丰"，无脚形，人峰合一，无我相、无人相也。

冯 féng

冯，从冫、马。冫即冰，马在冰上自在而奔驰也。冰如镜而能鉴（冰鉴），马为意马，意识如天马行空而无不鉴照。意马从心出，故冯字亦从心作"凭"。心无处不照、无时不照、无事不照，意马因自心而处处逢缘，故读音为逢；意马凭借自心而自在，故亦读作凭。冰为固为常，意马收缰，收放自如也。古人云："马长八尺以上为龙。"龙之能，所谓"能显能隐，能细能巨，能短能长"，马之意也。

凤 fèng

凤，从凡、鸟。凤为三百六十种有羽鸟类之长而自名为凡，则非凡也，非凡则神，故凤为神鸟。雄为凤，雌为凰，凰字从凡、白（自）、王，知自性心王而甘于平凡，非凡也。智者云："自命不凡者，凡也；自甘平凡者，非凡也。"《说文解字注》："（凤）出于东方君子之国，翱翔四海之外，过昆仑，饮砥柱，濯羽弱（溺）水，暮宿凤穴，见则天下大安宁。"凤凰与麒麟一样,随圣人而来,及其至也,则风调雨顺、国泰民安。

佛 fó

佛,从人、弗。弗即两直(丨)两乙(弓字上下两个乙字),乙为一之动,动则一为波。直即光的粒子性,乙即光的波动性,光为阴阳(光阴、光阳),故成双成对,佛即人光一体者也。弗同"勿""不",皆光之貌,光亦伤眼,故不要直视,弗、勿、不,都是不要的意思,不要直视阳光也。佛的异体字写作"仏",自环为厶,厶即〇,〇为空,人空为佛(仙的古字写作"僊",从人、零,造字原理同)也。佛的异体字又写作"佛",从人、工、巾,工为矩,即曲尺,巾为忄字变形,即心,知人心之矩为佛。孔子七十方知"从心所欲不逾矩",方达佛境。巾即木,矩木还是矩字(榘),矩字从矢、巨,矢即直箭,巨字即两个曲尺,即两个匚形,同口字,口亦空也,人空而成矩,佛即天地万物之矩也,故人矩合成佛字。人〇亦佛,人口亦佛,圆为规,方为矩,佛合规矩。规圆如自噬蛇,即虫,矩为工,虫工为虹,虹身即佛,佛为天上之虹,万变不离其宗也。

夫 fū

夫,从二、人。一阴一阳乃为人,人得一为大,大人得一为天,超出天外,方为夫字,名为大丈夫。

芙 fú

芙,从艹、夫。夫,从大、一,一为人,人得一为大,一即太极,太极一圈(〇,灵),折圈为一,人识自性空灵为大,故大为道之异名。佛亦号大丈夫,芙即艹之大者,故芙为莲。莲之大者,花果同时,中通(空)外直,出淤泥而不染,用以喻心(心即佛)。花果同时者,不生不灭也;出淤泥而不染者,不垢不净也;中通外直者,不增不减也。故佛以莲花(大白莲花)化生,佛诞生时口吐莲花,行时步步生莲,以莲花为座,住莲舍,心常在净土莲乡也。

浮 fú

浮,从水、孚。孚,从爪(手)、子,手可及子故信(孕也)。浮者,子浮于子宫,水即羊水。载沉载浮,子之动也,动以真信,真信者真元也。真元为光,故浮的异体字写作"彩",从孚、彡,彡即光之貌,浮光也,子之沉浮,心之沉浮也。沉浮者轮回也,轮回于浮世繁华也。浮的异体字写作"㴋",从李、氵;李,从木、子,木即↑(十即丨字),子之身心共沉浮也。浮的异体字又写作"醙",从酉、孚,酉即酒,子在子宫如痴如醉(一念不生)也。浮的异体字还写作"汶",从氵、父,子之真元即乾元,乾为父,氵为精(精即丹),一点纯阳也。

福 fú

福,从示、畐。示,从二、小,二为天,为上,小为日月星三光之象形。畐为物质极大丰富之意;一口田者,心田空(口)而生一也。福字本义是神佑心空之人,使之福寿安康。心空则无欲,无欲则神清,神清则福来。畐字如一大肚酒坛,其喻有二:一是大肚如孕妇之能生(生为天地之大德);二是大肚如弥勒之能容,容天下难容之物。古人"宰相肚里能撑船",有福也。

府 fǔ

府,从广、付。付,从人、寸。寸字本义为手腕寸脉,人寸为付,把手腕交付给医生请脉诊病也。古代病人对于医生,寸心臣服,全然信任,把身家性命一齐交付之意(医能活人,亦能死人,毫厘之差,天地悬隔),因为古代之名医大多是得道者,高僧老道往往是名医。治病亦付药费,广付为府,引申为古代县衙府库、高官府邸,付者广且众,故财源滚滚。政府之府,教人以正道接受广大群众之一切交付,如大医者,欲全心全意为人民服务,取之于民而用之于民也。

父 fù

父,甲骨文写作"🖐",从丨、又。丨为棍棒、为权杖、为戒尺,又(🖐)就是三根手指之象形,所以父就是一个家长手拿棍棒教育孩子树立规矩。《说文》:"矩也,家长率教者,从又举杖。"与父字造字原理完全一样的有:攴(攵,教也)、尹(君也),所以父即师、尹、君。一说"丨"是针,伊字就是手拿针给人治病,能够治病说明能够治理国家。商汤之宰相名字就叫伊尹(厨师兼医师)。丨为上下一贯、通彻天地,又即执,父即执一(得一)之人。一为太极、为灵,得一之人即上帝、佛,故称天父、佛父。上帝是牧羊人,众生是羊。爸,从父、巴,巴从丨、巳,巳即阳气至盛之人,故父为纯阳得道之真人,印度称"巴巴"。

负 fù

负,从刀、贝。刀为人,贝为财,人以守贝也,负即负责财物之守卫者。贝者真宝,牟尼珠也;刀者为匕,化人也。守牟尼珠之化人为负。负者担也,担三界之安危,担六道之众生,共渡彼岸也。

复 fù

复,繁体字"復",从彳(行)、人、日、夊(音 suī,脚形)。一人每日行脚为复。复的古字写作"叓",从吕,两口为空,反复空行之道也。复,反也,苦海无边,回头是岸,谓反(返)。《易经》有"复"卦(上坤下震,地雷复,雷在地中),意为先王至日闭关,都摄六根,内观返照,复见天地之心。其行为"观自在菩萨行深般若波罗蜜多"之行,即心经之经。复卦有初九不远复、六二休复、六三频复、六四中行独复、六五敦复、上六迷复,前五个皆无咎无悔,唯最后一个迷复为凶,即反复行道要在不迷。吕祖《百字碑》云:"真常须应物,应物要不迷。"真常之道(阴阳生反复),

反复应物,常应常静,复归于空,故能常清静矣!

富 fù

富,从宀(冖)、畐。宀为房屋,畐为酒坛之貌(田为酒坛肚子、口为坛口、一为酒坛盖子),富就是家中有酒的意思。有酒就有福,故富与福同义。酒,从水、酉(即畐)。酉像酒坛,原意是酿在缸中之酒。酒的本字为"酉",酉与卯相反,天门开为卯,天门关为酉。秋天,万物皆已成故天门关,人法天,故宜秋收冬藏,关闭六根,内视反听,自饮长生酒也。酉者,就也(《说文》),从一、儿(人)、口、一,口为空,天下一人见空中妙有之谓也,酉即成就(成道)也。酒,又从洒、一。悟道者得一而知灵,如吕祖所谓"白云朝顶上,甘露洒须弥"之洒也,一即甘露,故酒字从水。由吕祖《百字碑》"自饮长生酒,逍遥谁得知"可知饮酒之真义:能长生、逍遥千古。酒,即 spirit,与精神、神灵同义,庄子所谓"独与天地精神相往来"者,可谓善饮者也。庄子"有万不同之谓富"者,孟子所谓"万物皆备于我也"。

感 gǎn

感,从戌、口、心。戌是砍头的大斧头,本义是人心麻木不仁,看到行刑的大斧时才能感觉。古代"王""士"都是大斧的意思,心王大士诸佛菩萨无时不感,故称觉者。古代国王头上有达摩克利斯之剑,用马的一根鬃毛来悬挂,随时有生命危险,必须全然感知警觉才能避免杀身之祸,故感从咸、心,咸即全。

刚 gāng

刚,古字写作"剄",从网、正(一山为正)、刀。本义为天网(因陀罗网)至刚至正,凡刀不可破之。异体字"㓻",从囧、刀。囧即炯,光也;刀即匕,化人也,放光之化人,人光合一,空如金刚,穷劫不坏。异体字又写作"佢",从人、口、二。人、口为信的古字,二为上,上信为深信不疑,故称刚(信为道源功德母,德信者即佛,老子所谓"信者吾信之,不信者吾亦信之,德信"也);口为空,即〇,人边〇为佛(仏)字,信与佛造字原理相同,佛即空人,空不可坏,故刚。

高 gāo

高,从丶、一、口、冋。冋,从古"人"字(兀)、一,得一之人为冋,通"炯"。口为空,悟空得一而知主(丶)者谓高。口为玄牝之门(阴),一为如意金箍棒(阳),丶为天,"独阴不生,独阳不生,独天不生,三合然后生",阴、阳、天三合然后生高人也。太极一圈(口),折圈为一,摄一归主(丶)。"高"字六空(丶、一、口、冂、冂、一),即六根清净。高者妙高也,妙高山即灵山,灵山之人即佛,与炯炯性光合一者也。

戈 gē

戈,甲骨文"𠦞",从千、一。同"壬",下一为地,上边表示有横刃之戟,古代兵器之一。千即得一之人,人得一而能生(一生二,二生三,三生万物),故能壬(妊)。戈下边的一字有的甲骨文写作巾,即忄字变形。千心即古字仁字,仁即心,心善变化,故从千,千变万化也。

耕 gēng

耕,从耒、井。耒的甲骨文从又、木(犁),表示手持木犁耕地的象形。井即如井田之土地。耕的异体字写作"耕",井中间有一点,表示泥土。耕的意思就是松土、发土,治田为耕。耕也指致力于某种事业,如耕道(扬雄《法言义疏·学行》:"耕道而得道,猎德而得德。")、笔耕、舌耕。井为源,田为心,井田合为耕字。耕的异体字写作"畊",从井、田,各人自耕自心田也。耕之道在于亲力亲为、自食其力(日出而作、日入而息)。耕的异体字又写作"㓣",从井、刃,犁具木柄而金属刃也。人耕为耕,牛耕为犁(犁字从牛)。耒字从三(彡)、忄,彡即光之貌,耒即心光;丹即"丹",炼得金丹则心光长生也。

工 gōng

工,从二、丨。二为天地,丨为大人。大人立于天地之间为工。《说文解字注》:"工,巧饰也。象人有规矩也,与巫同意。"工字直(丨)中绳,二平中准。准即测平面的水准器;绳即量直度的墨线。巫事无形,两袖起舞以降神,亦有规矩,故曰同意(工、巫造字原理相同)。工,通"匚(方)",表示方矩,或"巨",表示手持方矩。天地之间矩为大。工的异体字写作"𢒄",从工、彡,彡为光,大人能顶天立地,则自然可以"毫光照大千,端坐紫金莲"。

龔 gōng

龔,从龙、共,供奉神龙也。神龙(龙即心,心藏神,故曰神龙)不可见,故省作"共",共即廾(凡是带"廾"字的,都表示双手),双手为拜,拜者为人,故亦写作供字,古字龔、共、供、廾、拜、拱互通。共者同也,共同跪拜者自性也,自性即吾,也写作五(乂),口为空可省略不写也,故共的异体字写作"𠔏",乂字为中心,四方四只手,手即中,即竖心(忄),心即佛如来,十方如来拜吾自性为龔。乂自化自乘为爻,乂、爻即吾字,故龔通"㭬""樊",大字即左手与右手合一。所谓佛不拜佛,佛拜自己,求人不如求己也。

勾 gōu

勾,从勹、厶。厶即〇,〇即口。故"勾"即"句",像孕妇怀子,腹曲如月,故又写作"朐",本义为曲,弯月如勾也。勾即吸引,异性相吸,阴阳交通,牝牡互风(马风马,牛风牛,风马牛不相及也),故春神勾芒姓风,其父伏羲,其母女娲。勾者姤也,天风姤卦(上乾下巽,天下有风为姤,无风不起浪)。女娲造人(正月初七,女娲造人之日),非抟土造人也,因伏羲风之也(伏羲即伏戏,男女之事皆称伏戏,吕洞宾三戏白牡丹之戏亦通),人类始祖亦是男追女也。女娲伏羲之子有四,即重、该、修、羲,分管春夏秋冬。勾芒为东方木正(正即官长),东方甲乙木,故春天草木怒生,生生不息。勾芒名重(风重),东土人为重,重即钟,男子钟情,少女怀春,风情万种,情不重不生东土也(《红楼梦》大旨言情,贾宝玉之友为秦钟,情种钟情者也)。

姑 gū

姑,从女、古。女者汝也,古者一空(十即丨,口即空)也。你自己一贯为空,不生不灭,无始无终。古,从十、口,倒子也,象子初生头朝下之貌。子可谓古也。一说古字为阴(〇)阳(丨)交合,一阴一阳,精子与卵子合一为受精卵而生物不息。故说古为众生之源,由来已久也。口为〇(灵)为道,先天地生,独立而不改,周行而不息,故说古,道之古也。道无古无今,故古也。

箍 gū

箍,从竹、手、匚,本义为以篾束物(《康熙字典》)。匚,从匚(口)、巾,匚即方,同〇,巾同中,皆心字变体。心周恒河沙界,故其字同〇,匚即一圈。心即太极一圈,包周太虚,故在自然示以翠竹(青青翠竹皆是法身),在人身示以手足,手舞足蹈者皆心之用,故手足皆心字变体。《西游记》载,一箍(〇)分三,禁箍、紧箍、金箍对治贪嗔痴三毒,分别收服黑熊精、孙行者、红孩儿。

古 gǔ

古,甲骨文从口、丨(即十,表示极多),表示无数代先人口口相传的久远时代。有的甲骨文在古的字形基础上再加一个"口",强调"古"的传说含义。有的金文将"口"写成"曰",强调"古"与"言说"的关系。

有的金文 ![字形] 在"![古]（古）"的字形基础上加"![丰]（丰，三十）"，极力强调传说年代之漫长。造字本义：在漫长的过去岁月中被一代代传说的久远时代。另一说"古"从十从口，十字相交表示交战，为远古的战争。"十"通"中、丨"，"口"同"![口]（口内加一点）"，"中、丨"为阳，"口"为阴，意为阴阳交战而合于一，喻"生"之义。金文古字从丰，丰字从生生，亦阴阳合一，生生不息之意。天玄地黄，龙战于野，其血玄黄，天地亦阴阳也。一阴一阳之谓道，阴阳合一方为道。道生一，一生二，二生三，三生万物。

谷 gǔ

谷，从水（无丨，没有一竖）、口，原指山谷水出山口成溪。山谷之水为溪，故"溪"的古字从谷作"谿"。奚，从手、玄（串）、大，本义是用绳子捆住被牵着走的人，即奴；小溪之水归向大江大海，亦如同被牵着走一般。牵引者神也，谷神即道。水字属阴，阴中有阳，坎中实也，故水字从丨，微阳也。谷从无"丨"之水，阳化为空，则水亦空（四大皆空）；口亦空，谷即空空如也，故说空谷。空即道，古字皆作〇，太极一圈而已，象门，不生不灭，无始无终，故老子《道德经》云"谷神不死，是谓玄牝，玄牝之门，为天地根"。道空而能生、能养（《清静经》：大道无形，生育天地；大道无名，长养万物），故谷之义为生、养。

固 gù

固，从口、古。古，从十、口。口为空，空中妙有而有主（丶，口字中间本有一点），化而为日（固的古字从口，里面从十、日），一生二成目字，"眢"为自的古字，自者自性之光普照八方也。固字即囚于国、自囚于三界也，通"囚"（囚的古字写作"団"，里面为卜，光照上下也）"因"。固的异体字为"痼"，固者病于固也。固的异体字又写作"忎"，从古、心，古心即初心，不忘初心为固。古即自，自心为固，顽固之人身体亦僵硬，身心一也。

顾 gù

顾，繁体字"顧"，从雇、頁（人首）。身不动、回首而视为顾，向内看为顾。本义为人看到候鸟（雇）回来了即开始耕种。异体字"䨌"，从雩（yú）、鳥。雩，从雨从亐（于），意思是舞者吁嗟而求雨。于为心量，即宇宙之宇，雨自宇来为雩。天下雨是因为天人感应。"顾"是另一个字，音ě，意为静，不能与"顾（顧）"混淆。

关 guān

关，从火、廾。关是"朕"的右边部分。朕的古字写作"𦩎"，左边为舟，右边的关字从丨、廾，廾（音拱）为双手，表示双手抓住一根竹篙（丨，音gǔn）；"朕"的异体字写作"艐"，则"关"即夸（音zhuàn，关的异体字），从火、廾，意思是双手举火照他人。朕从舟、丨、双手（廾，音拱），本义是一人掌篙操舟独自渡向彼岸。关的异体字"関"，从关、門，門即六根（《道德经》所谓"塞其兑，闭其门"之门），故关为关闭六根（眼耳鼻舌身意）而知心空（无色声香味触法）、抱朴守一而成道（到达彼岸），不再需要舟筏。

观 guān

观，繁体字"觀"，从雚（鸛省）、見。鸛鸟即仙鹤，見即人（儿）眼，人眼如鹳鸟下视为观。观从目，属肝（肝开窍在目），肝藏魂故有光而能视物。观的古字写作"𥈠"，从雚、囧，囧为火为光，洞若观火，无所不照也。

官 guān

官，从宀、㠯（師省）。宀为覆，師为众，表示覆摄天下众生为官。官字同管,管理天下也。管的古字琯,从玉,古者称管以玉,故琯字从玉、以,古字"以"即"㠯","師"字左边、"官"字下边。玉即牟尼玉,识牟尼玉者为佛。佛即空人,故"以"的异体字写作"叺",从口(空)、人,即佛字,佛为天人师。佛、师、以皆同一字。

贯 guàn

贯,从毌、贝。毌即贯的古字,表示一贯钱,象一根线把铜钱串起来,意思同"串"。毌,从口(空)、十,十字即"中",表示贯中,中道一贯,孔夫子所谓"吾道一以贯之"也。"夫道,中而已矣"(张三丰语),儒家谓中庸(故君子执中),道家谓守中(老子:多言数穷,不如守中),释家谓中道(即中观)。一即丨,上下一贯也,丨即十,十即中,故一贯即中贯,贯中而道传也。故元朝大儒(明文臣第一宋濂之师)柳贯,字道传(号乌蜀山人,其故乡在浙江兰溪乌蜀山之麓)。贝即牟尼珠、自心佛性,道传者以心传心也,故贯通"惯",所贯者心也。习惯者,温习自心之惯,认识自性之牟尼珠光也。若以贝为铜钱,则万贯成串,有心成"患",不亦悲夫!

光 guāng

光,从儿、火。儿为跪坐之人,同"女"字。跪坐之人一心清静,自然生光,其光普照而不耀。光字可拆字为小、兀,小即光貌,光射十方,无量无际,兀即兀坐(静坐)之人,静坐而生光也。经云,释迦牟尼佛说法之前兀坐(一坐八万劫),眉间(或胸口)放白光,光可胜日,故号大日如来。光的异体字写作"炛",从火、化,化身生光也;光的异体字又写作"炗",从人、光,人而生光,光中而见人,法身真我也。光的异体字又写作"昳",从日、火,兀坐放光,其光如日,日为空,人证真空而生光也。众生自性自足,与佛齐等,佛即光,众生皆光也。释迦牟尼遗教云:"成为你自己的光。"

归 guī

归,甲骨文写作"🙽",从㠯(師的古字没有右边的"帀")、止、方。止是脚形,表示行军,归的本义是军队从方外远征回来。归的繁体字"歸",从㠯、止、帚。帚表示扫地务农,表示军队休养生息、复员务农。故归意为回到本源,如果不发生战争,则全部务农,发生战争而全民皆兵。所谓"不忘初心,成佛有余"者,归也。女子出嫁后回归娘家也称归,归则此心安宁也,故称归宁也。

龟 guī

龟,甲骨文象乌龟之形"🐢",从贝、四足(屮)、中(龟头)。小篆龟从它(蛇)。手、足皆心光,心亦收不宜放,孟子所谓"学问之道,收其放心而已",故龟足常收而不露,不露其心也。首、尾皆心光,故龟的头与尾合为中字,中字即束,一束心光也。光之貌为炎(音川),故龟的异体字写作"𪚥",从中、炎。中者心也,心光遍布,以其收心也。圣人被褐怀玉,和光同尘,返璞归真也。龟者,归也。

贵 guì

贵,甲骨文 🙽、🙽,从臾(双手)、土,象双手捧着泥土。《说文》:"贵,物不贱也,从贝臾声。"臾,从一人双手,或从申(身)、人,人生百年须臾过。人身有至宝(贝),牟尼珠也。《释名》:"贵,归也,物所归仰也。"古文云:"不取于人谓之富,不屈于人谓之贵,不卑于人谓之仁,不谄于人为之义。"庄子云:"无为为之之谓天,无为言之之谓德,爱人利物之谓仁,不同同之之谓大,行不崖异之谓宽,有万不同之谓富(心存万有不同,心包太虚也)……不拘一世之利以为己私分,不以王天下为己处显。"明末四大高僧之一的憨山大师说:"不读《楞严》,不知修心迷悟之关键;不读《法华》,不知如来救世之苦心;不读《华严》,不知佛家之富贵。"儒、道、释,各有所贵也。

国 guó

国,古字写作"囗",通围(韋)、方。韦(韋)的古字写作"韋",东南西北有四个脚形,表示四方皆有侍卫(衛,从韦、行,表示侍卫不停地行动),侍卫巡逻必须有武器,故国的异体字写作"或",从囗、戈,戈表示各种武器。国的异体字又写作"𢧑",从戈、口、王,即国家三要素为武器、地域、国王。简化字"国",从囗、玉,玉即牟尼珠,指能生万物、无所不照,比喻国中最美好的。

果 guǒ

果,从田、木。田为果实之象,本义为树上果实。果通"倮",从心、果,一切唯心造,因由心而生,果亦由心而成。果亦通"裸",一丝不挂,表示有因必有果,一体全露,毫无隐藏。印光法师云:"世出世间之理,不外心性;世出世间之事,不外因果。"四祖道信大师曾向法融禅师开示说:"百千法门,同归方寸。河沙妙德,总在心源。一切烦恼业障本来空寂,一切因果皆如梦幻。无三界可出,无菩提可求。"《传灯录》:"欲知前世因,今生受者是。欲知后世因,今生作者是。"因果之事,虽凡夫亦有所感知,何况圣人。

海 hǎi

海,从水、每。甲骨文的"每"字,本义为女人头上三束头发,表示每一个人都相同,故称"每"。海的异体字写作"㵴",从水、母,海为诸水之母也,百川东到海,海之量也。母喻能生、能养,故合于道。道即佛性、本心,一切唯心造者,一切皆由性海所生。性海者,如来性海也。如来为全知全觉者,故称仁,释迦牟尼亦称为仁佛。如来性海者,仁海也。

憨 hān

憨，从敢、心。心无所惧、勇往直前者憨也。敢的古字写作"𢾅"，从双手执棍（攵、又）、古。古，从十、口，古表示战斗。敢者，无所畏惧地战斗也。敢的异体字写作"𣪞"，从彐（手）、冃（冒）、殳，冃者覆也，有所干犯亦不顾，从冃目为冒（帽）。冒者，若无所见也（象一顶帽子遮住了眼睛）。憨者若愚，即大智若愚者也，非真愚也。

含 hán

含，从今、口。今，从倒口、乙，乙即一之动，故今的甲骨文写作"𠆢"，从口、一，口即〇，空也，空为道，即太极一圈。今字表示道生一之时，真空之际，无中生有，非有非无，与时间无关，非过去非未来，乃是永恒之意。含的意思为真空永恒，无中生有（口的字中间有一点，表示无中生有），生生不息，含有一切，无所不含，所谓"心包太虚、量周沙界"也。

涵 hán

涵，从水、函。函从丞、凵，丞即拯，拯救也，凵即坎字。函意为用双手把人从深坎中救出。涵字之水，苦海也，其深不可测，故涵摄一切。佛手无边，欲度尽一切众生，涵而救之，脱离苦海也。偈曰："道涵隆藏，自性妙光；本源如是，古今流淌。"

韩 hán

韩，从𠦝、韦。𠦝的本义是从日出到日落，表示日行半周；韦即囗，表示一口井，即井之周围。韩的本义是井垣、井栏（《说文》）。黄帝之后代韩流（韩姓之祖）发明井和井栏，故井栏称为韩。《说文解字诂林》详释"韩"曰："以木为框，周匝于井，防人之陷也。其用与垣同，其质则木而非土。"韩者，涵也，通"涵"，井以涵水也。设置井栏之意，一为保护水井，一为防止小孩落井，其发明创意颇有慈悲之念也。

汉 hàn

汉，繁体字"漢"，从氵、堇。堇，从黄、土，本义是黄色的黏土。汉的意思是水中含黄土的大河，即汉水。黄，从田、芡，芡即"光"，心田上有金黄之光。堇的意思是心田有黄光之大丈夫，即佛。释迦牟尼大雪山灵鹫洞修行六年而面黄肌瘦，呈饥馑之相。堇即"馑"，一说面朝黄土之夫皆有饥馑之色。

翰 hàn

翰，从倝、羽。倝从两个十字箭头向日、日（即口，甲骨文"朝"中的"日"写作"口"）、人，口为空，即目的地，四方之人朝彼岸（口）而去，其人因空生光明，故倝即光明。"翰"即四方之人如身有双翼一般奔向彼岸，翼羽闪闪发光。《易·中孚》："翰音登于天。"翰，即高飞的意思。翰从空人执羽，故有"笔"的意思，妙笔生花、龙飞凤舞也。倝通"朝"，朝向彼岸朝觐圣人（诸佛菩萨）也。朝，从倝、舟（弯月之形，一叶扁舟也），四方之人乘舟向彼岸见诸佛也。觐，从堇、见，堇的甲骨文从〇、大，一般解释〇为脸形浮肿，非也，而是得〇（灵）之人，天下仅此一人，故"仅（僅）"字从人、堇，天上天下，唯我独尊也。

航 háng

航，从舟、亢。亢的古字写作"𠅃"，是一个大人两腿上有一指事符号，表示特别能跑的人，即健走者。所以，亢者强也。《左传·昭公元年》郑太叔曰："吉不能亢身，焉能亢宗。"航者，健行之渡舟，比喻能远行的船。舟者，周也，能周此岸与彼岸也。佛学有"慈航倒驾"之说，谓文殊菩萨、观音菩萨等皆古佛再来，隐大示小，在娑婆世界为释迦牟尼佛之助伴,慈航以渡人也。返本还源,源头即彼岸,源头之水已汇成大海,不知源头出处,故苦海渡舟宜向彼岸本源而航行,源航也。苦海无边,回头是岸,此岸即彼岸也。

豪 háo

豪,古字写作"豪""豪",从高、豕或高、象。豕即"众",众人高举之为豪。象,从彑、豕,彑为两手相合之形,手即心形,所谓"二人同心,其利断金",故象即断,断一卦之吉凶也。高,从亠(头)、口、冋,亠即中,心(忄)之变形,口为空,冋即炯,心空而炯炯放光之人(佛)为高。高人知往知来,能断一切众生因果,豪也。

好 hǎo

好,从女、子或子、女(孜,好的异体字)。女有子为好,女孕而有子时最美,故好的本义为美。女为汝,你自己,知"道为母,众生皆子",则知汝亦为子。《道德经》云:"天下有始,以为天下母。既得其母,以知其子,复守其母,没身不殆……见小曰明,守柔曰强,用其光,复归其明(回光返照)。"春秋百家皆称子(如孔子),道家法号皆称子(如赤松子),佛家弟子称童子,一也。子之道,敬天地、敬师亲,乃至普敬一切众生也。

浩 hào

浩,从水、告。告从牛、口,牛为大物,口为说,大声说为告。水大为浩,即浩浩滔天之水,比喻大河湍急,水声激荡。古代祭祀用牛作牺牲,祭祀祝祷为告,告于上天也。祭祀祷告为盛大之事,故告为盛大之意,亦通。洪水来了,宜相互转告,故浩字从告。

皓 hào

皓,从白、告。天色告白,表示日出东方发白,故皓的本义为日出光明,后日月星辰之光明皆称皓,如皓日、皓月、皓星。皓的异体字写作"暠",东方日出已高升,造字原理相同。皓字从告,告字从牛、口,牛为大物,故物字从牛,以牛代物(色)也,口为空,色空为告。牛即屮即心,故色不异空,空不异色,色即是空,空即是色,自(白即自)知色空一体则心如皓月,明照万里,其光永恒长明也。

合 hé

合,从倒口(亼)、口,两口合而为一。上下两口,本指牝牡之合(古人云:郎才女貌,天作之合),本义为接吻亲嘴,相亲相爱。合的古字中间还有一口(异体字即"盒",皿即一口之化),三口为合也(《说文解字注》:三口相同为合),岂止三合,天地四方曰六合也。六合人同,心合为恰。《说文》:"恰,用心也。"法融禅师曰:"恰恰用心时,恰恰无心用。曲谭(谈)名相劳,直说无繁重。无心恰恰用,常用恰恰无。今说无心处,不与有心殊。"口为空,口即〇,〇即灵(零),〇即古文星字(武则天造字),三空即三星。心者,斜月三星洞,灵台方寸山也。故三合为心合,心合为恰,不知心之所在,禅宗二祖慧可所谓"觅心了不可得"也。合的异体字又写作"谽",从刀、囵,刀即人,囵即炯,炯炯有光之人即佛。佛者,心合不分者也。

和 hé

和,从禾、口。口即稻穗,故口字可以写在左右(咊、和)、上下(呆、香),本意为稻穗。稻即道,道即口、〇,空也,空亦可不写,故和通"禾"。空即灵(〇),灵即品,万物皆有品,品者三口(三个口可以任意排列),故口可以写作三孔之"龠"(从品、侖,侖即伦理之伦)。和的异体字写作"龢",从龠、禾,万物之灵皆相和也。灵即心,万物之心可以相和,故和的异体字又写作"恕",从和、心。龠字从倒口、品、册,倒口即天,天下一切品类共和也,册的古字写作"𠕁"五直(竖)而长短不一,即万物品类参差不齐而和谐共处也。

贺 hè

贺，从力、口、贝。力即手，贝即宝物，手提宝贝贺礼、口中道嘉言为贺。贺礼丰厚，手不够用，故用驴马骆驼荷担以负之，故贺的本义通"荷"，担也(《康熙字典》)。贺字之力，妙手捻索也；贺字之口，湛然真空也；贺字之贝，牟尼宝珠也。人人皆具佛性，被褐怀玉，皆可自贺。知此即觉，不知即迷。觉者居家自贺自乐，迷者他往贺人乐人。

鹤 hè

鹤，从隺、鸟。隺(hè)，从冖、隹，隺是鹤的本字。鹤的异体字写作"鸖"，从山、隹、鸟，山、隹即"隺"，表示高山，表示鹤足高如山，鹤顶似山巅。冖即空，空山即灵(○)山，即仙(仙亦○字)山，故鹤为空灵仙山之鸟。隹字为鸟，字从亻、一，鸟得一为灵鹤，轻灵如虚空也。空为阳，实为阴，故鹤为阳鸟而能飞，修真之仙人为纯阳者，故与鹤同类而能驾。仙鹤为阳而住于娑婆世界之湿地，住红尘而离红尘，自觉自度而觉他度人者也。鹤的异体字又写作"䨄"，从雨字头，雨字头皆与灵有关，即霝字之省。鹤的异体字又写作"鸖"，从虍皮，即虚字之省，虚空之灵鸟为鹤也。

黑 hēi

黑，从囱、炎。炎为火，囱为窗，即烟囱，烟囱因火烧而熏成黑色。脸黑则五官不分，故黑的甲骨文为人，无五官七窍之人即混沌。字从口、小，口为空，小为光，空中有光、光不外泄为黑。黑的异体字写作"黣"，从黑、攵，攵为教，教人自黑为黑。人能认识自己，成为自己的光，则自黑亦无妨，要在心知心觉也。

恒 héng

恒,从心、亘。亘,从二、日,或写作"亙",从二、月。二为天地,亘如天地间日月,亘古长明。亘的异体字写作"㔶",从二、舟,或从二、回(日成回旋状),二即此岸、彼岸,轮回两岸之渡舟,亘古不绝。日、月、舟、回四字皆是"口"之化,口者空也,真空生妙有,故口字正中间有一点,两者同一字。故,真空即妙有,有生于无,无从有化,有无相生,恒常不变。恒者,常也,真常也,真常即道、佛性、真如、心,故恒者从心,不生不灭,无始无终,如天地间虚空也。

弘 hóng

弘,从弓、厶(玄),通"宏",本义为弓箭射出时箭弓发出的声音,其声宏大。弓,从乙、乙,两乙上下交即弓字,左右交即会字(㐆),两乙中心交会为卐字。弘的异体字写作"弖",从弓、口,口即空也,弓箭划破虚空之声,即宇宙本来之音:唵。唵,OM,如嗡嗡之声,梵文写法为"",类似上边一个○(厶),下边一个弓,故其声如弘。浙江兰溪保留了弘的古音,读作"óng",唵的英文标注 OM 的两个字母也从○(O)、弓(M),中文、梵文、英文、藏文对唵之标注都类似。弘一(弘为一音)法师,又号一音、演音,意思就是演绎这个唯一的宇宙之音(寂静之声):唵(弘)。

奥修对 OM 的解释。"OM"这个词并没有以文字的形式写进东方的任何语言中,因为它不是语言的一部分。它是作为一个符号写下来的,所以相同的符号()被用在梵文、印度文、藏文里——每个地方都是相同的符号,因为各个时代的每个神秘家都达成了同样的经验,它不是我们尘世的一部分,所以它不应该被写进文字里。它应该有它自己的符号,符号是超越语言的。就头脑而言,它没有任何意义,但对于你的灵性成长而言,它意义非凡。"OM/唵"是当其他的一切都从你的存有中消失时的声音——没有思绪、没有梦境、没有投射、没有期待,甚至没有一丝涟漪——你的整个意识之湖都是宁静的;它成了一面镜子。在这些稀有的片刻里,你听到了宁静的声音。那是最为宝贵的经验,因为它不仅仅显示出内在音乐的品质——它也显示出内在是充满和谐、喜悦、极乐的。一切的如是都蕴含在 OM 之声里。

红 hóng

红,从丝(糸)、工,本义是红色。糸,从玄、小,小为光,即玄光光芒万丈如缕缕丝线。工(红的本字)字上一横为天,下一横为地,中间丨为人,即顶天立地之人。顶天立地之大人,悟道生光,玄光如丝,普照三界,如日出东方红,故称红。红亦可作动词,变红,红人既有"得意尊贵的人"的意思,也有"让别人红起来,捧红某人"的意思。

宏 hóng

宏,从宀(或作穴,空也)、厷。厷为强有力的手,即肱之省。宏谓真空之内有一妙手,此手强名曰道,所谓"生育天地,运行日月,长养万物"者也。宏的古字写作"𠃑",为"〇"内一个"弓"字(即弘字),弓为弦,心弦也。〇为宇宙,宇宙空空,惟一弦振,振为雷声。从此字看,物理学之"宇宙弦论"或为真(所谓宇宙弦,是指拥有超巨大质量、外形像弦一样的"裂缝",其长度不小于银河系的直径。参见纪录片《优雅的宇宙》、科普图书《宇宙的琴弦》)。或说是弥勒佛之"布袋",囊括一切(宏同函字)。"弓"为两乙,两乙(一阴一阳)振动交合而生乓字,〇内乓字即月,自性之别名,月光清照。庄子所谓"阴阳怒而为风",以"宏"字可知真空中有风月无边,万(乓)有生息,而光音交相辉映。据佛经记载,人类最初来自光音天,则天地万物包括人,其真相本源皆为光音。宏通"弘",厶即〇,心弦亦在宇宙(〇)之外也。心通内外,亦内亦外,非内非外,无处不在。心光普照,大音希声,故宏之义为广为大。葛洪《抱朴子》云:"三光不照覆盆之内。"三光不照覆盆之内,然心光可也。心光无所不照,光有波粒二象性,既可直射,亦可衍射。人心有间(缝隙,人心有漏),则光波无所不至。

洪 hóng

洪,从水、共。水共为洪,涓涓小溪汇成洪流,故洪之本义从大,如洪福齐天、洪炉炼化。天地玄黄,宇宙洪荒,开辟鸿蒙,浩浩荡荡,顺我者昌,逆我者亡。共字即供养之供,共工以大无畏精神治水有功而被封为水神受人供养。共的本义为双手持方形供物(口),后从廿,廿为牛头,即以牛头作供物也。共的古字亦从心,即"恭",所有供养,心供为上,主敬也。共的古字又写作"龚",供奉龙神也,龙掌雨水,传说共工是人面蛇(龙)身。一敬则百事可做,故能成其大。洪亦通"鸿","鸿"从工、鸟(翼龙),工谓大人立于天地之间,飞龙在天,潜龙勿用,贯通上下,言其大也,如鸿儒、鸿生、鸿烈(大功业)、鸿均(天大而公也)。又,宇宙形成之前元气未分为鸿蒙,谓真元之气,广大无边,无所不包,以其大也,故言鸿;以其溟昧幽微,不可言说,恍兮惚兮,惚兮恍兮之象,故言蒙。洪鸿之别,鸿之大在天,洪之大在地。鸿字从飞鸟,喻飞龙在天;洪为大水在地,喻潜龙勿用。

竑 hóng

竑,从立、厷。立象大人站立之貌,即人;厷即厶,象一只显示强壮肱三头肌而弯成圆的大手。人、厶即仏,佛的异体字。厶即〇,空也,空人即佛。竑即得道而空立之佛,张开大手以示空,劝人放下。

虹 hóng

虹,从虫、工。古字像半月之环,为彩虹之象形,有龙头和龙尾,实为神龙之象形。工为顶天立地之大人,虹即人与神空合一者也。籀文写作"🐛🐛",从虫、申,申即神、电,龙与神合一为虹。龙为天子,古谶纬学认为虹为天子君王之气。一说甲骨文写作"🐉",即人类始祖伏羲女娲双龙合一,繁衍不息。有玉器按此字此意造型谓"双龙首璜"。

呼 hū

呼,从口、乎。乎即呼的本字,甲骨文写作"𠂉",象一个人向天呼喊。异体字为"唿",从口、勿、心,口为空,勿即光,心念之光向天空传递,即人向天表达内心的需求。异体字又写作"嘑",从口、雩,即从雨、呼,雨即需字,心灵之呼唤也。不少异体字如"謼""歑",从虍或虎,表示呼字的读音及呼喊声音大如虎啸也。古人认为出息为呼,自心为息,所呼者,人自心之息也。

湖 hú

湖,从水、古、月。古月夕照光如水,平湖映秋月,三潭印心月。月喻心、佛、本性,禅宗有《指月录》,十万八千法门皆为指,一律指向心月,故说"三潭印月"而不说"三潭映月",以心印心也。潭亦心也,静水流深为潭,心深故潭深,心静则潭静。心不生不灭、无始无终,故说"古月"。三潭印月源自观世音菩萨降伏黑熊精的故事。湖,又从沽、月,沽月者,举杯邀明月也。李白诗云:"举杯邀明月,对影成三人。"三人、三潭皆三身也,影即幻身(化身),月即法身,举杯者为肉身(报身)。兀人空坐为西,灵隐沽月为湖,于意云何,西湖月现何以沽?荷花满池待秋风。偈曰:"西湖如幻,灵隐若真;幻真一体,焉有浮沉。"

瀫 hú

瀫,从水、穀(从殻即殻、糸)。殻为壳(繁体字从殳,即去稻谷之壳的农具连枷)字,即表皮,水壳(皮)为波,糸为细丝。《康熙字典》:"一蚕所吐为忽,十忽为絲。糸(絲之半),五忽也。"水波如细丝,连绵不断,阵阵涟漪为瀫。从读音推断,瀫音 hú,縠(音 hú)应从殻(音 hù)、糸,其实水波因风起,无风不起波,故细丝之波亦空,口(口有两种读音,其一为孔)即空也。

虎 hǔ

虎,基本构件是虍(卜、七)、几(儿、比)。异体字写作"虝",勿表示古文带毒液之刀刃、光貌。七、匕(牝)、刀都象征女性,所以虎代表肺阴,亦阴中有阳,阴阳合一。龙(龍)字中的"己"与虎字中的"七(即刀)"合成色字。色,从刀(成年女人)、巴(为阳气极盛男人),本义为两性交合。古代修道人所谓"降龙伏虎"有降伏性欲之意,所谓"炼精化气,炼气化神,炼神还虚,还虚合道"之意。智者云:"人取法天地交泰,成为一个内外、天人、身心都合一的人。"虎为百兽之王,伏虎者为人中之王。

护 hù

护,繁体字"護",从言、艹、隹、又。言即口,空也;隹为鸟,艹隹为萑(萑,音 huán,结草衔环为报恩),意思是有神鸟看护的良药仙草。《康熙字典》说萑是益母草。又即手,护的本义是言呵和手防保护的药草。益母草主益母之子宫,益母即益子也。子为佛,则母为佛母。佛母化为鸟,言其飞护之速也。护字的本义是护生草、神护草,故称护。护生草,草护生也;神护草者,草亦护神佛也。草即中,生也,心也。

华 huá

华,古字"花",繁体字"華、蕐"。华的古字没有草字头,从木、三个十字(或五个人字),三个十字或五个人字为树木之花的象形,华的本义为树木之花(草之花为荣,荣、华义通)。华字形似古之"傘(伞)"字,五人共伞,花朵似伞也。五人即五佛,所有植物之花为五方诸佛所化,故花字从化,诸佛化身也。华的异体字写作"蕐",从厸、丂,厸即三个厶(○,灵),同灵字,丂为气,灵气为花也。汉字中有很多字都用"人"来表示,众生一体也。

化 huà

化,从亻、匕。表示一正一反两个人,本义是正人化度另一个颠倒之人。化的甲骨文" "," "(一个头朝上站立的"人")与" "(一个头朝下入土的"人"),表示人由生到死的变化。汉字之道在人生,一动一静皆与人生无异。一个人从生到死,经历胚胎、婴儿、儿童、少年、青年、壮年、老年,分分离离,健康与疾病,贫穷与富裕,其变化可用五千多个汉字来表示,其实都表示同一个人。因为人生是丰富多彩、变化无穷的,所以汉字也如是。人从空生,最后回归虚空,用汉字表示是从○到○,○里面一个化字,化表示一个人,也表示两个人,归根到底是一个人,就是你自己。化字加口(○)还是化,口字加在左边(吡)、下边(㕥)、外边(囮)都可以,减去立人旁为"匕"字,还是化,通"牝"(马字旁也通),意思是雌性生殖器(匕)连着子宫(○),人生于斯,动物如牛马也生于斯,所谓玄牝之门也。化字还可以写为"訛",訛通"吡",即化字,意思是引诱,在鸟为诱禽鸟即媒鸟,讹诈意思也通。吡,动也,口开也,牝牡交合成功,人类生生不息,繁衍不止。古人云:"天地阴阳运行自无而有,自有而无,万物生息为化。"躬行于上,风动于下为化。能生非类(人而羽化成仙、佛,所谓非类乎?)为化,至矣!化的异体字写作"愚",心之为也,一切唯心造,通作"伪",人为心为,一切皆幻化也。

话 huà

话,从言、舌,表示言从舌。话的古字写作"譮",从言、會,表示会合善言(说文)。话的古字写作"䛡",从舌、舌、舌,舌多即表示言多,舌与言都可以省略为口(口的古字中间有一点表示舌),三个口并列为灵字,话非干口(干口为舌,与口相干),而干于灵也。

怀 huái

怀,繁体字"懷",从忄、衣、目、水。怀的古字没有竖心旁,即"褱",从目、雨(☒),目水即泪水,泪如雨下,暗自伤怀,怀者伤也,怀的本义是以衣服遮挡泪水暗自伤心。以衣服遮挡,故怀引申为藏也、包也、私也。人身私藏之处指下腹,故坐怀不乱、正中下怀、怀孕之怀如是。伤之至者为心,故后人加忄为怀,伤怀、心怀之怀如是。

幻 huàn

幻,从厶、厶、乙。古字写作"𠄔",予字旋转180度。予为我,则倒我为幻。予为给,则反予为幻。幻者虚而不实,非予非不予。予的异体字写作"𠄏",从倒三角、三角、反乙,倒三角表示父母,三角表示子女,反乙的一勾表示父母的遗传基因传给了子女。倒予为幻,意思是子女不可能把遗传物质转传给父母。幻的古字写作"玄",从厶、厶,厶为○,空也,两空为幻。

患 huàn

患,从串、心。《精蕴》(《康熙字典》):"一中为忠,二中为患。"中为道为佛为主为仁,中则不二,二中则不忠。患的异体字写作"㥁",二申(神)一心,分神也;又写作"閌",分心在门内,心门内忿忿不平,故有患。心上言为意,意的异体字写作"𢤲",从立、患,立为人,人起意则患生,故禅宗心学皆云"不起意"。

焕 huàn

焕,从火、奂。奂,从人、穴、廾(大),穴即空,人在穴上即空人,空人即佛,佛即光,廾即大人拱双手跪拜。受众生敬拜之大日佛光,故焕的本义是光明。

荒 huāng

荒,从亡、川。亡,从人、乚(意为隐蔽),即无人之境。荒的本义为空、濛,空濛之境,无我相,无人相,不知心在何处,如同死亡(佛教谓之涅槃)。荒无人烟之境亦由心造,故荒的异体字为"慌",心中慌也。荒的异体字又写作"㠩",从口、一、川,口为空,一为水面,洪流之上空空如也,无人亦无草木,亦无五谷禾苗。亡的异体字写作"丿、匕",人乚(隐)或人化(匕),即化人在洪流之上为荒,心欲求归宿而无处落脚之象。天之苍苍,地之茫茫,真相无相,虚实难辨,故而心慌也。心空令人慌也。

皇 huáng

皇,从白、王。白即自,王即玉,自性牟尼玉为皇,佛谓觉皇。白亦白光,其光煌煌,故皇之音为煌("皇"是"煌"的本字),牟尼珠所自发之白光也。《说文》云:"皇,大也,从自、王。自,始也。"自性心王为皇,每个人从认识你自己开始(顿悟)即知皇,故玉帝号为清静自然觉王如来。皇的古字写作"㿩",上面有火光(小)之貌。异体字即"煌",从火、皇。煌即光明,心火光明也。皇的异体字写作"畠",从白、由,自由为皇,皇由自(自己)作也。由即油,甲骨文写作"㕕",为一盏油灯之象形,其心田如油,其灯长明(无尽灯也),其光纯白,故由(油光)白为皇。皇的异体字又写作"皐",从白、正。正,从千、山(武则天造字),千为一人,山上一人为正,自由之仙也,皇即自仙也。故心无挂碍、自由自在为皇,自由自在即自性,自性即天性,即佛性,人人具足。无门禅师云:"三十三天天外天,九霄云外有神仙。神仙本是凡人做,只怕凡人心不坚。"

黄 huáng

黄,从田、芡(光),《说文》所谓"地之色也"(古人认为天为黑色,地为黄色如"天玄地黄")。黄的古字写作"癸",从夊、芡。芡即"光",夊即终,光之终为黄。黄光者,心田之光、金色之光也,成为自己金色之光,即成佛成道,至矣。黄字又象一持箭之人。百步穿杨,正中靶心(口),指黄帝。黄帝就是最早教练射箭习武的首领。

煌 huáng

煌,从火、皇,即古字"皇"。煌即光明,心火光明也。参见"皇"字。

徽 huī

徽,从微、糸。糸为光(小为光)之所系,徽即微光之所系,故说徽为善也,光无不善。或拆字为彳、係、攴(夊),攴为教,教人心系于仙,修道成仙,故善。鹤发童颜、拂尘纶巾为道人标志,故徽有"标志"的意思。徽的古字写作"徽",从微、帀,帀为周遍,微光无所不照也。

回 huí

回,从两口。口为空,空中亦空为回,即内外皆空也。吕则上下皆空(吕祖即回道人)。《说文》:"从口,中象回转之形。"徐锴曰:"浑天之气,天地相承。天周地外,阴阳五行,回转其中也。"宇宙皆回旋(引力波由此而生),佛家作之如"卐"字状,道家图之如阴阳鱼,万物皆回也。囘的古文同"回",亦同"冋"。回、冋皆自性炯炯之光,因空而生,色空不异,天人合一也(我心即宇宙)。回的古字写作"囘",里面从巳,巳为阳气之极,其上为宙心,其下为旋臂,为阳鱼也(内阳外阴,地天合泰,降本流末,化生万物)。回的异体字写作"囧",里面轴心四旋臂也,通"卐"字,外面口字即〇,〇内卐字即月字。轮回本如月,清静圆满,非亏非盈。面字从囬,囬者本来面目也,人心宇宙皆如是,一也。回的异体字亦为"迴",从辵(彡为光貌,走)、回(囬)。囬从冂、巳,冂为空,巳为至盛之阳气(神),所轮回者空中之阳神也。成道者名为纯阳、紫阳、伯阳,知其阳神者也。回气出处有二:一是《无上玉皇心印妙经》的"上药三品,神与气精。恍恍惚惚,杳杳冥冥。存无守有,顷刻而成。回风混合,百日功灵";一是吕祖《百字碑》"不迷性自住,性住气自回,气回丹自结",皆炼丹之功夫。悟元子刘一明注云:"当性住之时,万虑俱息,是谓真静真虚,静极则动,虚极生白,先天之气自虚无中来,片刻之间,凝而成丹。"

悔 huǐ

悔,从心、每。每,从人、母,母之能在育(育即"毓",从每、流)。每的本义为贪(《前汉·叙传》:"致死为福,每生为祸。"),母亲执着于生子育子。悔字的意思就是忏悔心中贪生之念。

会 huì

会,繁体字"會",甲骨文"",异体字"㑹",为上下排列的三个口(口的异体字中间有一点),后来演化为中心一"口"中有光(小)。口为空,三空为灵(靁,〇),故会者,灵中有光也。"會"字中间有"小",口中有小为窗字,小为光,灵光心生,透窗而入也(人头顶有百会穴,以收天地之光)。日亦为曰,真空妙有,空灵能言,故智者辩才无碍也。会的另外三个异体字"㑹"(从合、日)、""(从乙、乙)、"佮"(从亻、合),本义为合。合日者,与日月合其明也;两乙者,一动为乙,两乙动而为卐,卐为佛性,亦为灵也;从亻、合者,亻为行,灵合而后行也。

晦 huì

晦,从每、日。每,从屮、母,屮为草为生,即心,生母、母心天下皆同故称每(一说中为母亲头发),生母为毒(厚),日毒则月晦不见,故以月末为晦(月初为朔,月逆行也)。月因日而明,月为阴(晦)。月无阴晴圆缺,对于日而言,每日皆晦,故晦字从每、日。

慧 huì

慧,从丰、丰、彐(音寄)、心。生生为丰,傲慢之山横倒为彐。心无傲慢,则智慧生生不息也。彐为手持,上边"丰丰"为扫帚之形,慧的本义为手持扫帚,拂去心上之俗尘,除妄去执,洞察宇宙人生之真相。慧的古字是叀(纺锤)心,通"惠",本义为女人专心纺织,有始有终。与人恩惠,惠泽众生也(六祖惠能取名之意:惠泽众生,能作佛事)。子曰:以一贯三为王。王字一贯而未能穿通,丰者以一贯三而穿透三才,跳出三界外,不在五行中也。丰丰而生慧,无穷之般若也。所谓心无挂碍,远离颠倒梦想,究竟涅槃者也。

婚 hūn

婚,从女、昏,本义是黄昏女子出嫁。婚者,昏时行礼,故曰婚。女即汝,昏即迷,汝迷而婚,汝悟则独,婚则轮回,独觉成佛!汝指心,故婚的异体字为竖心旁,写作惛。《尔雅》:"妇之父为婚。"父(岳父)为婚者,古时婚嫁乃父母之命也,父为婚之始作俑者也。郑玄:"婿曰昏(婚),妻曰姻。"婿为婚者,男方为提婚者,亦是婚之源也。婚的异体字写作"㥮""㥯",从经(古字从冖、土)、居(古字从尸、几即几)、止、巳、夂,巳为阳气,夂为终字,止为行,尸(土)为身,止为心,婚者双方身心合一,且居且行共同经历直至阳气终了(死亡)也。

魂 hún

魂,从云、鬼。《康熙字典》:"附形之灵为魄,附气之神为魂也。"魄,人之阴神;魂,人之阳神也。鬼,从甶(鬼头)、儿、厶(灵),儿即人,厶即私，说人有厶（私）为鬼，岂不闻人厶即仏（佛）字乎。所以，从汉字结构看，鬼不过是佛带一个鬼头的面具而已，其实亦然。《列子·天瑞篇》云："精神离形，各归其真，故谓之鬼。"鬼，归也，归其真宅。归其真宅者佛也。魂字的异体字写作"䰟"，从云、人，鬼亦由人做也！

火 huǒ

火，即光，从小（光貌，光的样子）、人（儿）。小为日月星三光之貌，神以光示人，故凡"示"字皆与神有关。光之貌除用"小"字表示外，还可用"彡""勿"，昜（阳）字从勿。心光为忽，即恍。老子《道德经》所谓"道之为物，惟恍惟惚。惚兮恍兮，其中有象，恍兮忽兮，其中有物"。道即光，《圣经》：要有光，于是就有了光。火，可能是最早创造的字之一。

祸 huò

祸，从示、呙。呙（音 wāi），口不正也，口有四恶（十恶其占四），即"妄言、绮语、恶口、两舌"四口业。妄语者，见言不见，不见言见，以虚为实，以有为无等，凡是心口不相应，欲欺哄于人者皆是；绮语者，谓无益浮词，华妙绮丽，谈说淫欲，导人邪念等；两舌者，谓向彼说此，向此说彼，挑唆是非，斗构两头等；恶口者，谓言语粗恶，如刀如剑，发人隐恶，不避忌讳，又伤人父母，名大恶口。人造口业则堕三恶道，其祸不小。祸的异体字"躷"（从身、灾）"魏"（从身、鬼），意思是自身有鬼，灾祸自召。又有异体字"齀""齀"，从呙、旡或㤅，㤅即古"爱"字，爱即十二因缘之现在三因（爱、取、有）之一，爱歪斜不正之言，则未来二果"生、老死"亦不得其正，如虽得人身，而受歪口之苦。呙字从口、内，口为空，内为空（冂）人，《证道歌》所谓"了则罪福本来空，不了还应还宿债"，祸福亦空，地狱亦空，然而需要各人自了耳。

76

霍 huò

霍,从雨、隹(鸟)。古字写作"靃",从山、雨及两个隹。《说文解字注》:霍,飞声也,雨而雔(音 chóu,双鸟相伴)飞者其声霍然。霍然,鸟快飞时的声音。霍的异体字写作"寉",从穴、隹,鸟归穴也。空山鸟语,"霍"谓山雨欲来,快速归穴。《字学》:"摇手为挥,反手为霍,动作极其轻捷为挥霍。""挥霍之间,便致缭乱"而名霍乱。黑云压城城欲摧,山雨欲来风满楼,比喻心烦意乱乎也。然而,"乱"与"治"的异体字是同一个字,都写作"乿"。空山鸟语,鸟声霍然快速,然人以为乱,实不懂鸟语者也。鸟语虽快而未尝乱。穴即空,飞鸟搏击长空为霍,抟扶摇直上九万里,逍遥而游,惟见于空,焉有山雨哉!

箕 jī

箕,从竹、其。本作"其",也写作"丌",箕星的象形。箕星有四颗,上边两颗为"踵",下边两颗为"舌",踵窄而舌广,主风,所以箕伯也叫风师。《康熙字典》:"箕者,万物根基也。《书》:好风者箕星,好雨者毕星。月丽于毕,雨滂沱;月丽于箕,风扬沙。"箕有舌,为天口,主出气,受物之去来。《庄子》:"圣人呼吸以踵。"古人模仿箕星而作簸箕,扬米去糠之具也。《礼记》云:"良冶之子,必学为裘;良弓之子,必学为箕。"箕裘,比喻祖先的事业。

吉 jí

吉,甲骨文"吉",从士、口。士为王,甲骨文像一个大人立于地上;口为曰、为言。吉的本义是大人之言、大士之言,故吉。吉的甲骨文又写作"吉",上边是箭,下边口表示箭袋,放箭归袋,得胜回来,故吉。还有一种解释是上边箭头喻阳,下边口喻阴,一阴一阳之谓道(天地交泰、男女交合之象),道无不吉。又,十为丨,士即上(上也),口为空,上空或大空为真空,真空见性,见性则吉。

极 jí

极,甲骨文"![]",从二、人,象一顶天立地之人,即盘谷开天地之象形。天地人为三极。极的古字为"![]",从二(天地)、人(亻)、口、支。口为空、为道,道、天、地、人、域中之四大也,即四极。极(極),从木,木从一、小,小为光、为根,一为地,木的本义是草木初生冒地而出,即生的意思。极字,四大(道、天、地、人)皆空而生万物也。老子所谓"三生万物"者,三即四,第四者谓道,四大化为五行八卦,宇宙成矣!

急 jí

急,从及、心,心之所及也。或拆字为从刀(化)、慧省。慧而化者,即佛。佛菩萨之急,如谷应响、如影随形,急众生之所急,急拔众生之苦,急与众生之乐也。佛心之所及者,无所不及也。心包太虚、量周沙界,至矣!急在佛菩萨者,众生不必急也。奈何众生太急:急于爱、急于取、急于有、急于生、急于老死!众生之所急,名色财食,皆空也,故曰空忙。忙了一生又一生,到头来一场空!岂不惜哉!诗曰:"急不得来慢不得,道法自然空自得。急功近利道阻隔,空城抚琴说诸葛。取不得来舍不得,寂然不动静真得。载物厚德我常乐,忧国渡河思宗泽。"

疾 jí

疾,从疒(音 nè)、矢。疒即"病",矢为快箭,表示病于快为疾。所谓"病来如山倒",意思是疾病之来,无期无迹,其来也速。疾的甲骨文作"![]",从大、矢,大为人,表示人中箭为疾,即疾表示外伤。外伤来得快,去得快,容易治,故疾也有快的意思。与疾类似的字是"病",病字从疒、丙，丙字从一、内，表示病由心内起，故丙为心火，意思是内患为病。

己 jǐ

己，同乙，像一之波动，古人所谓"乙者，一之动也"。一同丨，也是甲的古字。己字像脐带，故己为脐带未断之新生儿，通"巳"，从〇、乙（乚），亦像一条蛇，故巳为蛇，有头有尾。一为天，天好动（其动亦健），天为乾，乾三连为三，三之动为古字气字，《说文解字注》认为"己"字"像万物辟藏诎（曲）形也"。万物之曲如川，如气，如云，故川、气、云皆通"己"。己亦像一条绳子，古人结绳纪事，故己即"纪"。己的异体字写作"㠱"，从工、乚，乚为隐，工为顶天立地之大人，己者，其灵自隐、其动莫测也。

济 jì

济，从齐、水。心无分别，平齐如水也。慈母者，慈悲为怀，其视众生皆孩子；济公者，心如明镜，形似颠，心如莲也。近代医者裘法祖遗言："德不近佛，才不近仙者，不可以为医。"此言甚是！

寂 jì

寂，古字写作"宗"，从宀（音 mián）、朩。朩加"又"字为"叔"，"又"为手，亦写作"寸"。叔通"菽"，本义为豆（豆的形状如朩字，从上、小）。豆形为空（边豆之豆，祭祀用的豆形容器），豆意在生，一分为二（朩、豆皆从八，分也），故朩有空生之义。朩字从上、小，上即二，故朩通"示"，小为光，上天明示三光也。朩字从寸者，方寸心光也。寂者，心空合天，与日月合其明，寂而能照也。《清静经》云："观空亦空，空无所空，所空既无，无无亦无，无无即无，湛然常寂，寂无所寂，欲岂能生，欲既不生，即是真静。"真静即真常、真道，寂即真静、真常、真道，寂者应物，寂者得性，常应常静，常清静矣！寂的异体字写作"㝎"，从心、守、一。心能守一,自然成寂。

纪 jì

纪,繁体字"紀",从糸、己。糸,从幺(同玄,上下两个〇)、小,指子子孙孙代代相传,小为光,即所传系者为自性灵光;己的本义为脐带,同"乙",表示与母体相连,连绵不断,故纪的意思是子孙相续、世纪传承。

继 jì

继,繁体字"繼",从糸、四个幺、匕(化字,或反匕,同北字左右分开)。糸即系,即玄光,幺(音yāo)即玄,意思是细小,玄玄(玄之又玄)为幽,微小以至于不可见,即相互缠绕的双螺旋DNA,继即基因之光(简称基光,亦称玄光、元光)。玄玄亦为兹,念兹在兹。继者,上继于祖,下继于孙,故祖孙(孫)从玄(示即玄,二即二个〇,〇中有一点为遗传物质),不生不灭,不垢不净,不增不减。《易经》:"一阴一阳之谓道,继之者善也,成之者性也!"玄即道,一阴一阳之合体,即本性、佛性、自心。所继者佛性,故能继者为善。善继者,念兹在兹,时时觉知,自性之基光常保不失也。

稷 jì

稷,从禾、畟。畟(音è),从田、儿(人)、夂,夂即脚,表示行,田人为农夫,农夫耕田前行为畟。农夫前行播种为稷。后稷(即后弃,周文王之先祖)教人播种,被奉为五谷之神,受人祭祀。

迦 jiā

迦,从辵、加。辵为行(彡为光貌,光行),加行为迦。加,从力、口,力为强有力之手,口为空,空手为加,无可复加也。此加者,"不增不减"

也,诸法空相故。

佳 jiā

佳,从人、圭。圭即美玉,佳字的本义是美人温润如玉为佳。圭的本义是古代帝王或诸侯在举行典礼时拿的玉器,上圆下方,象征天圆地方,人法天地故佳字从之。圭字从两个土,土者度也(土字古音动五切,音义同度),以土圭用于测量日影而度量时间的意思(《周礼》:"土圭以致四时日月。")。佛性人人具足,人人自度(土即度)为佳。佳者,一切都是最好的安排。水镜先生司马徽人称"好好先生",因为他"有以人物问者,每言辄佳"。对一切发生的事都全然接受,对一切存在称是为佳。

嘉 jiā

嘉,从壴、加。壴即鼓,加意为用手(力)加力和用口欢呼。鼓空故能响,人空故有力。孙悟空的师父须菩提,名空生,又叫善现,为解空第一,释迦牟尼十大弟子之一。传说须菩提禅定证悟空性之时,天女散华,钟鼓齐鸣,以嘉庆他无我无人之境,无法可说之说,菩提不可得,心亦不可得。嘉的本义是有嘉宾来访,击鼓欢庆的意思。嘉的意思为美、善。嘉,又从喜、力。喜的古字写作"憙",从心,心中有喜事,其击鼓便有力也。嘉的古字写作"𠱫",从又、龠,龠为排箫,表示手持箫用力吹,都是表示庆祝喜事。

贾 jiǎ

贾,从西、贝。西即襾(音 yà),从一、冂、凵,一为天,襾字的意思是天之所覆、天无私覆故无所不覆。贝为真宝贝,即牟尼珠。贾字的意思是坐卖售也(《说文》),认识自己是真宝(圣人被褐怀玉),然后待价而沽,《礼记》所谓"儒有席上之珍以待聘"也。贾的异体字为"贴",从古、贝,牟尼珠不生不灭,无古无今之谓古,古即"沽",卖售也。如来真宝之卖售,以心传心也,心不可得而人人可得,认识自己是佛,成为自己之光即得。

煎 jiān

煎,从前、火。前的古字写作"歬",从止、舟(不是月),止为行,即小舟在水中前行。本义是煎药。药物如小舟在沸水中荡漾,飘忽不定,比喻人生在三界火宅中煎熬,却依然驾舟前行而不自知,不知前路波涛汹涌起伏也。煎的异体字从止、舟、人(刂,刀即人形),意即人停止前行,所谓"苦海无边,回头是岸"也。

俭 jiǎn

俭,从人、佥(音 qiān)。佥为全、众二义。俭的本义为节约。俭是老子三宝之一。俭者,心之俭也,心不外驰,六神有主也。俭通"险",人心之危也。古人云:"道心唯微,人心唯危,惟精惟一,允执其中。"俭的异体字为"㑒",从合、人,俭者合人。《道德经》:"是以圣人方而不割,廉而不刿,直而不肆,光而不耀。"《庄子》:"适来,夫子时也;适去,夫子顺也。安时而处顺,哀乐不能入也,古者谓是帝之悬解(也作解悬)。"

简 jiǎn

简,从竹、间(闲)。间表示时间和空间的变化,古人纪事于竹简。竹,从个、个,个即心(忄),简即心与心之间距(空间)。间的本义表示把门开一条缝隙,白天日光可进门,夜晚则月光可进门,故间即"閒"。《礼记》:"一动一静者,天地之閒也。"闲的异体字写作"閒",从门内一仆,仆从人、卜(卜亦为光貌,人闲则光生,知主而仆),占卜之人可谓闲人也。闭门而占,六根清净,自然知几。简的异体字写作"簡",从竹、冏,心在门内而不外驰,每人固守自心,闲邪存诚,自得其乐,何闷之有？心字变形为木,故闷作闲。大道至简,闲人真素。

见 jiàn

见,繁体字"見",从目、儿。儿即人,人目为见,见以人目也。儿,繁体字"兒",从臼、儿,意为囟门未合之婴儿(儿者子也,赤子)。赤子之心尚未被世俗污染,故纯真、圆满、湛然,其见乃真。孟子云："大人者,不失其赤子之心者也。"大人而不失赤子之心者,觉者、真人也,亦可见道。

建 jiàn

建,从阜、乚、又(手)、丨、土。阜字如台阶,表示步步高升,乚(即廴,音 yín),表示地基与墙壁,丨字此处表示夯土之工具。建的本义为人们用手建房,方法是殷商武丁时代傅说(yuè)发明的夯土版筑(筑土墙时,夹板中填入泥土,用杵夯实)。古人认为"北斗所指"为建(斗建),斗建星移：斗柄东指,天下皆春;斗柄南指,天下皆夏;斗柄西指,天下皆秋;斗柄北指,天下皆冬。宇宙(时空)皆因"建"起,道教认为人生性命皆属北斗(《太上玄灵北斗本命延生真经》(北斗经))。北斗为一切生命之源,宇宙众星运行之枢纽。《尚书》云："建用皇极。"皇极即太极,太极即道,道即心,一切唯心造,一切皆"自建"也。

鉴 jiàn

鉴,繁体字"鑒",从臨(临)、金(皿)。临表示人的眼睛,鉴就是人眼睛看金属器皿(盘)中的水,水清可以照人。鉴即"览",《道德经》所谓"玄览"也。玄鉴者,内心之光明,为形而上之镜,能以智慧照察事物,故谓之玄鉴也。臨,从臣,臣为纵目,亦臣服之意,臣服者如菩萨,纵目照见五蕴皆空也。

江 jiāng

江,从水、工。异体字写作"泛",中间一竖写成"乙",表示蜿蜒曲折的长江,乙为丨之动,水即川(忄),心之变动也。江者,天地间一心也。心若银河,洁白如练。

将 jiāng

将,从爿、夕、寸。爿,即半木,木为心光,即忄,心光八向,故忄从丨、八(向即尚,亦从忄)。爿为心光向左(片为光向右,同"卜"),左为西方,上北下南,引而上为西北方,引而下为西南方。夕为半月,寸为手(手腕寸脉故称寸),手足皆心。将者,心月光向西,心有所偏向,真人不为,庄子所谓"不将也"。

降 jiàng

降,从阜、两足。阜为山,表示以两足从山上往山下走。夅即降的本字,夅从夂、反夂,夂为足,两足相对而静坐;夂即绥,安也,身心两安,知足常乐。降的本义为降伏其心而安然晏坐。

骄 jiāo

骄,古字写作"驕",从马、高。《说文》:"马高六尺为骄,或曰骄为野马。"马喻意(心猿意马)也,乔从天、高,骄者意比天高也。马长八尺为龙,龙马之意在自由,天马行空为骄。骄的古字又写作"憍",从心、天、高,即心比天高。《诗》云:"骄人好好(喜悦貌),劳人草草(忧伤貌)。"骄人心高志远故无忧,劳人心卑志迩故多忧。噫!骄人又何妨!

焦 jiāo

焦,从隹、灬(火)。隹为鸟身,同"集"。以火烧鸟为焦。焦,亦从两个隹（雔）、三个隹（雥），亦同"集"字，火中而现身中身、三身也，三身即三位一体。古之传说，谓凤凰火中涅槃而后重生，每五百年一轮回，焦之意也。集为"亼"，即倒口，口者空也，三空为灵，为合，火中灵合亦曰焦。凡含"焦"字的字均可通假，如憔、醮等。憔者心焦，心者入火不焚，何焦之有。醮者从酒，酒后见真。醮的古字写作"禤"，从示、焦，神示以焦也。《正字通》："凡僧道设坛祈祷曰醮。"

矫 jiāo

矫，从矢、乔。矢为箭，乔从天、高，原意为箭行直道而其射高远。矫者，直也，正也，使曲者直为矫。佛曰："十方如来同一道，出离三界以直心。"直心无邪曲，直心而行直道。直道如矢，一去不回，跳出三界，面见如来。强哉矫！强哉矫！所谓矫情者，矫正有情也，以有情众生之心不正，俯而就之，矫而正之。

较 jiào

较，从车、交。交即爻，即吾光，吾心自性之光相互交错为爻，车即日车（由羲和驾驭），故"車"从日、一、一、丨，一表示车轮，丨表示车轴。较的意思为比较心光与日光之高下。心光胜日，即大日如来。较的金文写作"較"，从车、爻，教人心光高亮以胜日也。

教 jiào

教，从爻、子、攴，教子布爻以占天意（天人合一）也。《易经·系辞》："爻也者，效天下之动也。"學，从两手、爻、子，人子两手布爻，故教与学通，教的一个异体字即"学"。学者觉也，觉的繁体字"覺"，从两手、爻、目、儿，目观人子双手布爻，觉知天下之动也。教人以觉学为教。爻字从乂（易，易经即乂经）、乂，即五、五，即吾、吾（吾的古字为"㕦"），教人知道吾上有吾也，身外有身，易中有易也。爻即交也，从上下两爻,上交于天,下交于地,与天地精神相往来者也。故六爻者,天、地、人三才而二之。教者,觉悟天地交泰、阴阳合道也。老,从爻、匕,匕为化(化身、演化),阴阳二爻化为先天八卦,爻之化可谓老也。伏羲为老。先有"老",然后有"教",故教字从老省(化人之匕隐)、子、攴,攴即教,老子之教也。子以承老为孝者,继往圣之绝学也,故说"真孝者,善继人之志"。

杰 jié

杰,从木、灬(火)。耐火之木,非同一般也。杰的古字写作"朩",从木、一,木下之一为本,知本性不生不灭者为杰。本写作"𠱠",三个口横排为灵(〇),折圈为一,木之灵性为本。万物有灵,天下大同,圣凡皆具,人人具足。杰者,火中见己之本灵也。知本则知至,子曰:"君子务本,本立而道生。"杰的异体字为"傑",从人、舛、木。舛为人两脚分开站立,表示站在树上之人,站得高,望得远,即特立独行的人。又舛为两足相背,故舛有相背、不顺之意,如命运多舛,欲成大事者必有诸多考验,所谓"天将降大任于斯人也,必先苦其心志"也。唐僧师徒西天取经成佛,必先度过九九八十一难也。古人曰:"材过万人为傑。"生当作人杰,人杰则地灵。此心能转境,彼意自然清也。

捷 jié

捷,从手、屮、又、止。又为手,止为足,手足并用为捷(古字写作"疌"),形容做事快捷。太极拳之捷,敌不动则我不动,敌欲动则我先动,后发而先至者,知几而后动,捷也。

婕 jié

婕,从女、疌。疌,从屮、又、止。屮(音 chè,彻底究竟之意)为心,又为手,止为足,手足并用而有心为疌。疌即"捷",形容做事快捷、敏捷。

女子做事勤快者为美,故婕者美也。一说婕从妻、止,妻指抢妻,妻字像一只手抓住一个女子,止为足为行,表示快跑,婕字的意思是抢个美女做妻子、然后快捷地逃跑。

解 jiě

解,从角、刀、牛。角即角,坚而尖之牛角;刀即人,牛即心,心即佛,乔达摩(释迦牟尼的名字)即牛的意思,人佛合一、心直如角为解。解指心的状态,故通"懈",松而不紧也。解即心之解脱,心解即佛,自在而无碍者也。人佛合一、心如坚角则无坚不摧,能解一切物,能断一切是非。所谓独角兽獬豸之"明是非,触不直"者,獬即"解"。《周易》第四十卦为解卦,象曰:"雷雨作,解。君子以赦过宥罪。"乌云解而成雨,坚冰解而成水,君子宽宥、解冤消仇,可化敌为友也。

颉 jié

颉,从吉、页。同"翓",本义为向下飞之鸟,空士羽化者也。吉,从士、口(空),士为推十合一者也,证空之大士为吉。页,从一、自、八(分),理一自分殊而来,分殊(十)而合一,识一体不分者,得一者也。仓颉者,可谓得一之大士,羽化登仙也。仿鸟兽之迹而作象形文字,需人意会也。古人形似兽(禽),皆有大功德,以其知己之性也(有蛇身、牛身、鸟身,而皆以人面为首,目不变,神在目也)。龍从立(大人为立),凤、虎从几(儿),禽、鸟(隹)从人,獸从大,鱼从刀(匕),皆人身之化,仓颉造字之道不离人也。

戒 jiè

戒,从戈、廾。廾即两只手,两手持戈,故戒的本义表示戒备森严。古人云:"洗心曰斋,防患曰戒。"《朱子·本义》:"湛然纯一之谓斋,肃然警惕之谓戒。"戒即界,四界为国,国同"或",本义为持戈守国也。戒即

"诫",双手持戈以告来者,此国不可侵犯也。

今 jīn

今,从亼、乙。乙为动态的"一(丨)",得一之人也。得一之人皆活在当下,故今为当下之意。亼本义通"口",即太极"○"、佛性牟尼珠、道家金丹,无中生有,有无合一,同也。古、今、后三个字都从一(丨)、口(后字从反乙),阴阳合一,生生不息。古今无时,真阳(佛性、金丹、太极)不生不灭,空中妙有为真阳,妙有真空归太极,无古、无今、无后也。

金 jīn

金,从人、王(玉)、丷。丷为沙(丷即小,小即丫即光),王为玉。金的本义为人从沙中淘金(石中觅玉)。王为心王,玉为牟尼珠,为自性。金之意思是人认识自己,觉证自性金丹(牟尼珠),则金华(华为光,日月光华也)盛开,人与日月合其明也。

紧 jǐn

紧,繁体字"緊",从臤、又、糸。臣为纵目下视,表示臣服;又为手,即忄的字变形,为心(忄)字;糸,从玄、小,玄为空,小为心光,心光如细丝;内心臣服,心光普照,光线如细丝合成一道心光,紧密不可分,故紧。光紧故坚,臤即"坚",坚如金刚不坏。收心不外放即紧,孙悟空嗔心重,好打天下不平,故以紧箍咒收之。

荆 jīng

荆,从艸、刑。本指行刑之荆条,即一种落叶灌木,叶有长柄,掌状分裂,开蓝紫色小花,枝条可编筐篮等,即荆棘之荆、负荆请罪之荆。荆一指荆璞,楚人卞和从荆山得到的未经雕琢的璞玉,即卞和玉或称和氏璧,故荆也比喻具有美好资质的人才。三国曹植在《与杨祖德书》中即有句云："人人自谓握灵蛇之珠，家家自谓抱荆山之玉。"韩非子云："有眼不识荆山玉。"真正的宝贝非肉眼所能识别之。

经 jīng

经，即古"坙"字，从一、巛（川）、工，本义是织布机上的纵向的丝线，先经后纬，经线比纬线重要。经字引申为人体行气的通道。坙的异体字写作"㞷"，从壬。壬即妊，能妊娠的人，指女性。巛即水，壬水即阳水（也叫羊水。癸水即阴水，月经），坙的意思是怀胎须经十月，故壬字从十。此事必须亲自经历体验，他人无法代替。孕期之经如修行，如龙养珠、如鸡伏卵，无时不觉也。经者，亲自体觉也。

惊 jīng

惊，繁体字"驚"，从敬、馬。驚为馬敬，馬易驚，故从馬。马受刺激（攵即攴，轻打）而自我急敕（苟）曰驚（《说文》：驚，自急敕也）。敬字从攴（用戒尺敲打）而苟（不是草字头的苟字，从羊头或羊、句，苟音为 jí，自我急切诫敕或慎言的意思）。马为意马，意为心音，意马易动，因为心中有欲念牵之，《清静经》所谓"人心好静，而欲牵之"也。因有贪欲，故"步步惊心"也。

晶 jīng

晶，从三日。本义是日光明亮，故异体字写作"晟"（从日、成）或"朤"（从日、明）。日月同光明，故晶的异体字又写作"朤"。晶由日生，日生为星，故星的古字写作"曐"，从晶、生，亦从晶、生，光明深白，白之甚也，表明亮度很高。白即自，三自即三身，三身合一，明心见性则佛光普照也。武则天造星字为〇，〇者灵也、空也。空灵则光生，亮晶晶也，〇字真空可生妙有，故〇字圆心有一点，在口成曰（内一为舌），在天成日（内一为光）。三个〇合成晶字，三星为晶，心之晶也。

精 jīng

精,从米、生、丹(古字从日、月、井,皆空也,即"口"字之演化结果)。米,从上下两"小",小即光,米即光照八方,金丹生时光照八方为精,故说精光。《康熙字典》:"日光清明为精。"《易经·系辞》:"精气为物。"精为灵也,阴阳精灵之气,氤氲积聚而化万物也。《道德经》:"道之为物(丹道成时,化生万物),惟恍惟惚(光照八方)。惚兮恍兮,其中有象;恍兮惚兮,其中有物。窈兮冥兮,其中有精;其精甚真,其中有信。"精即真空之妙有。道生一,一即精(灵),炼精化气、炼气化神、炼神还虚、还虚合道。

劲 jìng

劲,繁体字"勁",从巠、力。古陶文"劲"的左边象一张弓,表示劲的本义是强有力的弓,需要用大力才能拉开,即劲弓,如古代之轩辕弓。劲字的古字写作"勁",从圣、力。力即手,表示圣人大力之手有劲,才能拉开强有力的弓。轩辕弓的主人是黄帝,黄的古字的本义是一支箭,所以黄帝轩辕氏是造弓箭的祖宗(蚩尤被黄帝用轩辕弓三箭穿心而亡!《封神演义》中此弓为托塔天王李靖所拥有,被哪吒三太子拉开过)。

净 jìng

净,古字写作"瀞",从水、青、争。丹(月即丹字)生为青,双手为争(即寽字,同"捋",三只手,争同净,言为空,故争空为争),争者彼此同竞也。净者,心如止水,彼此同竞而证真空,真空而生真丹,炉火纯青者也。故"净"中有"青"为真净,心静如水为净也。争的古字写作"事",即"事"字上边不出头,吾佛出世为一大事,其事在内也,所谓"佛在灵山莫远求,灵山就在汝心头,人人有个灵山塔,好向灵山塔下修"。人人自修而成正觉,则三界皆净土矣。经云:"心净则国土净。"至矣!

靖 jìng

靖,从立、青。立即大人,同太字,为知道、识太极之人;青,从丹、生,丹即金丹,金丹生而炉火纯青,得道者也。得道者心安,故靖字本义为安、定。靖通"清""静",清静为天下正。人神好清、人心好静,神清心静则无欲,无欲则知常,见性成道,故得道者常清静也。

镜 jìng

镜,繁体字"鏡",从金、立、日、儿。日为○,镜之貌,立、儿为对称站立之人,表示人看到金属(铜)镜子里面的自己,即照镜子为镜。镜中景为影子,故镜者景(影)也,影即光影,镜中人为自己之光影。无光则无影,难以成镜像,故人欲照镜,先须有光。人之照镜,照心也。镜子之功,物来顺应,物去不留。佛学有大圆镜智(《大乘庄严经论》四智:镜智、平等智、观智、作事智):"谓离一切我、我所执、一切所取、能取分别,能现能生一切境界,如实映现一切法之佛智。"如是之镜,可谓究竟,心究竟则生金华,金、竟为镜,汉字之妙如是。

静 jìng

静,从青、争。争,从两手(爪、又)、一竖钩(亅),亅即拽,两手同拽一物为争。青字从丹、生,静者同争生丹也。丹即井(丼)、口(音 kǒng,空也),丹如井源,源源不断,以其空也。静以争丹,即争空生,空生则善现,无中生有。须菩提(孙悟空的师父)的梵语意思就是空生、善现。静的异体字写作"竫",从大、日、十、彡,大即人,日为天,十为交(阴阳合一,十即丨字),彡即光,天人合一而生光,其光大日(大日如来),真静也。

究 jiū

究,从穴、九。九为一只手的象形,手有九部分,即肩、大臂、肘、小臂、手掌五指,故手有数字九的意思。究,以手探穴,穴即未知之境,一探究竟。穴有空义,空为高深之貌,故究有高深之意。研为细小、究为高深,极深研几为研究之道。究的古字写作"叝",从宀(穴)、九、攴,九为阳数之极,比喻极多,探究高深学问,必然经历多次失败。败字从贝、攴,教人求贝,贝为至宝牟尼珠,牟尼即心,心不可得,故败。知不可得谓之得,故败即胜,大败敌军与大胜敌军是一个意思。

九 jiǔ

九,古字"九",从一、八,八加一为数字九。九即整只手的象形,手分肩膀、大臂、小臂、手掌、五指共九个部分,故称九。九即"又",手形叉头如心字,九即"心"。乙为一之动,心本一体,动则分化为九,九转还丹,九九归一。心如金刚不坏不灭,故称久,其音为久。心之官则思,心动则九思(九狮、久思),《西游记》所谓九头狮子也。九的大写为"玖",从玉、久。玉为本性牟尼珠,久为无始无终、不生不灭。久的本义为人之两胫,悲智双运,福慧双修,缺一不可,自能长久。

酒 jiǔ

酒,从水、酉。酉象酒坛,原意是酿在缸中之酒。酒的本字为"酉",酉与卯相反,天门开为卯,天门关为酉。秋天,万物皆已成故天门关,人法天,故宜秋收冬藏,关闭六根,内视反听,自饮长生酒也。酉者,就也(《说文》),从一、儿(人)、口、一,口为空,天下一人见空中妙有谓之成就(成道)。酒,又从氵、一。悟道者得一而知灵,如吕祖所谓"白云朝顶上,甘露洒须弥"之洒也,一即甘露,故酒字从水。由吕祖《百字碑》"自饮长生酒,逍遥谁得知"可知饮酒之真义:能长生、逍遥千古。《圣经》所谓"我即酒,饮我者可得永生",人生来都为喝这个酒的(we are all made to drink of one spirit)。酒,即 spirit,与精神、神灵同义,庄子所谓"独与天地精神相往来",可谓善饮者也。酒,又从水、酉、一。酉的本义为鸟巢之形,一为归巢之鸟,倦鸟归巢,自饮长生酒者也。酉为西方净土观音之净瓶,一为净瓶中水无穷无尽、能活万物者(《西游记》:观音以净水人参果树死而复生)也。酒者,久也,先天地而生,不随天地而灭,无始无终,不亦久乎!酒者,救也,自救救人,以慈悲故,闻声知苦,救苦救难,人皆谓"久旱逢甘霖"也。诗曰:"天门秋合之谓酉,酉水美酒忘闲愁。对月自饮天地久,面佛常观道心幽。都摄六根出三界,全空五蕴游四洲。酒可救人人成就,师能指月月自留。"

咎 jiù

咎,从各、人(卜)。各从夂(脚形)、口,夂为行,口为目标,表示一个人先有目标然后去实行。人各有志,目标不同,不能统一,各各不同,故咎。与"各"同义字为正(上面一横为口)、是、足,只是正、是、足之口在上,各的口在下,所以向上行足(顺行)为正,知足者也;逆行为各,侵略者也。各为"略"之省,略为各有心思,各欲侵占思想阵地,不亦咎乎?

菊 jú

菊,从艹、勹、米。勹(音 bāo),即包,包着如米状小花的草为菊,谓小米菊花。米字像阳光向八方照耀,菊花之光向四面八方扩散。菊字从勹、艹,表示隐藏、低调,光而不耀,而芳香四溢。菊的古字写作"蘜",从艹、幸、匊。幸即侥幸之意,所谓"不可得而得,不可免而免",侥幸获得天地精华之人为幸,侥幸获得天地精华之草为菊。饮菊可以清心、可以延年,故道人多以此物为茶而清修。心光与菊光融合,人菊一体,可谓菊也。菊的异体字为"鞠""蘜",均从革,革者改也(改革)、新也(革新),本义为去毛之皮焕然一新,故菊又意为饮菊者常饮常新、长生不老也。

聚 jù

聚,从乑(众)、取。取,从耳、又,又为手(同中字变形),以手执耳(古人教训孩子,多执耳,耳根圆通真圆通也)为取,又亦心,众心冥取为聚。日取为最(最字从日、取),最者聚也,聚者会也,日取而不知,无明如醉者故称最。最的古字"冣",从冖、取,冖即冥,冥取而醉聚,无明也。因爱而取,因取而有,然后有生、老死之业果。丵(音 zhuó,丛生草也)取为叢(丛),丛即聚,丵巾为业(業),巾即心,心无明则妄动,妄动则缘起造业,其共聚者亦共作共受也。取即娶,汝(女)自取也;取即趣,行(走之底)入六趣(六道)轮回也。据《长阿含经》载:"缘痴(无明)有行,缘行有识,缘识有名色,缘名色有六入,缘六入有触,缘触有受,缘受有爱,缘爱有取,缘取有有,缘有有生,缘生有老死。苦恼大患所集,是为此大苦因缘。"

娟 juān

娟,从女、口、月。女即汝,你自己;口即空,月喻自性。汝自性空,真空妙有,妙不可言,故娟为美好之意。一切学问、创新皆出自自性,如娟娟(涓涓,同音通假)细流,源源不断。口为子宫,空故能生;口为大肚(肚者度也,自度度人),空故能容,能容天下难容之物即弥勒。娟通"嬽",从女、双目、乙、大,乙为一之动,大人(善女人)双眸善睐,美妙动人,娟也。

觉 jué

觉,繁体字"覺",从学省、见。学见(即观)为觉。异体字写作"惄",从见、父,父即吾,真我也,见真我(即观自在)为觉。父为交为文,故异体字写作"竟",从文、见。吾心与空交,天地交泰之交也。觉者悟也,见吾心光者也,吾心为悟,觉字与悟字为互为转注。

绝 jué

绝，从糸(音 sī)、刀、卪(音 jié)。卪即节，本义是以刀断丝为一节节，表示决绝之意。糸为心之光线，刀为人，心自绝于人，不与人交心为绝。水流如丝，抽刀断水为绝，故《说文解字注》以"绝河横渡"为绝。绝的异体字为"𢇍"(反"继")，反刀分四玄为绝，玄为空，空能绝乎？绝的异体字又写作"𦃇"，从继、勹、包(勹)一(丶即一)为勹，一即一切，心包太虚，绝不可绝也。

军 jūn

军，异体字写作"䡇"，从勹、车。勹即包，本义为以车包围敌军。車，从上下中、田(古字两个田)，古代军车的象形字，田为两个轮子，中表示有中轴，两端可以固定。车字从亘、丨，丨表示天地一贯，亘古不变如日(日字传说为车，由三足乌驾领)。军的异体字又写作"䓮"，从勹、芫，芫即光字，以光围敌，则敌无从遁逃矣！光为人之光，故军的古字写作"𥪰"，从见、大或网(横目)、大，大者人也，大人有光，与日月合其明为大人也。

君 jūn

君，从尹、口。本字为尹，表示手握权杖、发号施令，故君子一言，驷马难追；君无戏言，一言九鼎。口亦国(囗)字，君表示一国之牧(国君)；口亦三界，则君为上帝，三界之牧，上帝即牧羊人，众生皆羊。君的异体字写作"𠈌"，从一、人(八、儿)、同。一人为寡(寡的异体字写作"天"，古代君王称寡人，即是此意)，同"兀"字，表示天下一人；同，从凡、口，众生也。天下一人在众生(凡人)之上者，君也。

钧 jūn

钧，繁体字"鈞"，异体字写作"銞"，从金、匀。匀，从勹(包)、二(两横等长,上短下长为上,上长下短为下),二为天地,包罗天地为匀;匀,也写作"旬",旬字从勹、日,包罗日月为旬。金即金华,天地精气、日月光华也。大钧或鸿钧即天,造化也。《康熙字典》:"陶者(古代甄陶制瓦器者)名转者为钧,盖取周回调匀之义。"钧者均也,即古"匀"字,造化弄人,亦有大平衡。大钧者即所谓"天道无亲"也,故说天公、天平。古代一石(音担,百二十斤)四分为钧,即一石四钧,为三十斤。

俊 jùn

俊,从仏(佛)、八、夂。夂为行,即佛八行为俊。佛之俊,三十二相,八十种好也。俊的异体字写作"俊",从仏、友,佛友为俊。友即慈悲而爱人,长辈护佑小辈为友。友者佑也。八即分,佛法身为一,化身分行也。夂字亦表示幼儿蹒跚学步,两足彳亍分行、令人忍俊不禁也。

开 kāi

开,繁体字"開",从門、开,古字从門、幵。开,从双手(卝为两只手),双手开门也。門为空门,本来就是开着的,不着一物。空门,梵语即桑门,又叫沙门,即僧。僧即空门,所谓息心、削发、绝情欲,归于无为也(《前汉·郊祀志》)。开,即解也,即始也,所谓知空亦空,心无挂碍,无门之谓也。无门之开,唯留一双手之开,一卝(拱字)向佛而已。《礼记》云:"君子之教,开而勿达。"达至门内为"闑",即门屏之间,入门之谓也。

凯 kǎi

凯,繁体字"凱",从岂(豈)、几。豈即鼓,几即鼓架。凯的本义是击鼓奏凯,得胜而归,军队得胜所奏的乐曲都称凯。鼓即空之貌,空故声发如雷,几即微(微字从几)。道心惟微,微则不可见而可以觉知。动静之间之谓几(非动非静,动极而静,静极而动),证空而知几,觉者如佛也。成就无上正等正觉（成道、成佛）方可谓奏凯也。

恺 kǎi

恺，繁体字"愷"，从心、豈。豈，从山（彡）、壴（豆），本义是一面大鼓，大鼓中空故能发声故，恺字即心空如鼓，其声（乐）如雷。日、豈为曖，照也；目、豈为瞠，明也；心、豈为恺，乐也、康也。

康 kāng

康，从庚、米。庚的古字写作""，从中、一、又，又为手，中为古代打稻去壳的手工农具连枷。康通"糠"，表示稻谷被连枷敲打后分为糠和米。糠为空虚、干瘪，故糠之义通"漮"，空也（《康熙字典》）。人空如糠，心康则慷，慷慨解囊而功成不居。康者，健也，乐也，和也，人心空故。

科 kē

科，从禾（即和字）、斗。斗为量，和为稻，本义为衡量稻谷之数。斗为北斗，心之所属，斗转星移，心转星移也。《康熙字典》："科，木中空也。"心空之谓也。心包太虚，量周沙界，和心无量为科，此谓科学。

嗑 kē

嗑，从口、去、皿。去，从大、厶（○）。大为人，厶为口，去的古字为"厺"，通"合"。盍通"盒"（合、盒亦同）字。嗑的本义即合口。口合能咬，故嗑字有用门牙咬硬物的意思，如嗑瓜子之嗑，象声词，像嗑物之声。合口能吸，故通"呷"，呷字即哈字，呷然有声。口为空为灵，空灵之合为嗑，会心一笑也。

克 kè

克，从十（丨）、口、儿。十为丨为棍棒，口为虎头、儿为虎足（《康熙字典》:"虎足似人,故从儿。")。克的异体字写作"尅",寸即手,故克的意思是伏虎。所谓"降龙伏虎",龙指心火,虎指肾水,谓以真意使心火下降而济肾水,肾水上润以制(制即克的意思)心火,则水火交合无间(龙虎斗),性情自伏而助丹成。《性命圭旨全书》:"降之者,制(克)其心中真火。""伏之者,伏(克)身中真水。"克的异体字又写作"㲼"(从古、水)、"㐬"(从吉、尸),古、吉皆龙虎交合之貌,十、士为丨,龙(阳)之貌,口为虎(阴),色凶(兇,兄者兇也)如猛虎,古水即真水,真水即自(白)水,真精,故克的另一个异体字为"泉",伏虎制精,自水为泉,源源不断,故能够传宗接代,生物繁衍不息。克的异体字又写作"㫖",从旨(从匕、口)、尸(或尸上尸,两个尸字,写作"㫖"),尸上尸(亦龙虎合、阴阳合之意),即身外身,肉身外有法身也。克还有一个异体字写作"𠭖",从旨、巴,巴即巳,表示阳气最盛,阳气最盛之旨在于克,即伏虎。

客 kè

客,从宀、各。各,从夂、口,夂即终,宀、口皆空,从空始行而终于空为客。客为旅行而不知住(主人为住),主人常住则知主。各者,各自行足,无人可以替代也。

空 kōng

空,从穴、工。穴即孔,故空通"孔",古人云"天地之间唯一孔耳";工,从丅、一,丅即示,工即天地间一道光,空字本义为天地一大孔有一道光。一光分为三光,工字化为丕字,天地之间唯有光,故丕为大。丕为胚,即胚胎,为一切生物之始,故万物生于光,光生于空。

崆 kōng

崆,从山、空。空山无一物故称崆,古字一般写作"崏",上山下空。空即孔,《说文解字注》所谓"天地间亦一孔也"。空,从穴(孔)、工,工为顶天立地一人,空的本义即人在虚空中。从崆字结构看,人因于虚空之内(篆文"穴"字把"工"字包含在内,写作"崆"),而虚空之外有灵山(空山无一物,故称灵山),人能粉碎虚空始能上灵山。崆亦作空,崆峒亦作空同。

恐 kǒng

恐,古字写作"恐",从工、心。工,从二、丨,丨即十,工即王,王为大斧,心上大斧为恐。古代有皇帝为警醒自己责任重大,床上睡觉时头顶用马鬃悬挂大斧或利剑(达摩克利斯之剑)。心王为恐者,心空不可得故恐,故恐的异体字写作"恐",从口(后改为凡),口(音 kǒng)即空。有个异体字写作"恐",从匚、彡、心,匚即方(口),彡即光貌,心虽空而其中有光,又有何惧? 觉知恐惧则心无恐惧,心无恐惧则远离颠倒梦想,究竟涅槃!

口 kǒu

口,古字写作"囗",口内有、。、为主,口中有主,言由心生也。、为烛为光,空中有光也。口,又音孔,空也。空即妙有,有即是空。口,从凵、一。凵为水,源源不断之谓也,一为舌,龙泉剑也,可以杀人,亦可以活人。

苦 kǔ

苦,从艸、古。古,从十、口,倒"子"也,象子初生头朝下之貌,子可谓古也。古与子皆从口、十(丨),口为空、为〇,十字相交为一(即丨),十字打开为两个一,一阴一阳之谓道也。道从十、目,目通口(二生于一,一生于〇,一二皆乾),故道即古字。口为道,先天地生,独立而不改,周行而不息,故说"古"。阴阳之交,无始无终,生生不息,轮回不止,故称苦。古隐于艸中者,道隐也。道隐于众生而众生不知,则谓之苦。

如穷子穿破衣要饭作乞丐而不知衣中有珍珠也。圣人、佛、真人，皆知"披褐怀玉"者也，故其自身不苦。

快 kuài

快，从心、夬。夬通"决""诀""玦"，夬字上下为两只手，甲骨文两手中间有"U"形的玉玦，原意为赠玦纪念分别，表示决断之意。无常迅速之谓快，所谓诀别者，与己诀别也。《证道歌》："上士一决一切了，中下多闻多不信。""莫将管见谤苍苍，未了吾今为君决。"与自我诀别，"吃掉自己"，古有"衔尾蛇"，自噬龙也（2016年诺贝尔生理学或医学奖以"细胞自噬"而获奖），"吃掉自己"者，无我之谓也。佛经千万卷，一言以蔽之曰："无我。"至矣！

宽 kuān

宽，繁体字"寬"，从宀、十、十、见。儿目为见，十目为自字，十即光向十方（四方等十方），宀为室为空，空室自见己之光为宽。十同乂（五），光交也。心神交于空，空空融合，光光融合，人空一体，万物皆备于我。我与天地万物融为一体为宽。两个十字即爻字，见爻为觉（惢），觉空（宀即空）为宽也，爻即吾，见吾自性为觉也。宽的古字即"完"，人成为自己之光为完人。

葵 kuí

葵，从艹（花省）、癸。癸为十天干之终，意思是向日葵始终向日，《康熙字典》所谓"天有十日，葵与之终始，故葵从癸"。癸，从癶、天，癶为行，天行为癸。天行有常，故可以揆度，故葵通"揆"。百事皆可揆度，故说百揆。天行健，地法天，地上万物皆法天，葵亦然。古人认为向日葵向日倾花叶以蔽其根，即保护其根。根为木之本，即木之灵（本字写作"㽦"，下面三个口为灵字），故需常护佑（《说文》："葵，卫也，倾叶向日，不令照其根。")。天为空,日亦空,空中妙有为日,为阳光,葵亦知空灵之根,故向日而行,天人合一,葵亦无我相者也,有词语曰"葵顺""葵心",臣服于日也。葵的本字写作"羉"从艸、两木,两木相交为癸,两木相交不是《说文解字》所谓"像水从四方流入地中,水土平而可揆度",木字上下为小(↑,心也,木本为灵),心(灵)光也,光射向八方,天地万物皆明,故可揆度也。

坤 kūn

坤,从土、申。申即神(《说文解字注》:"申,神也。从臼,自持也。"),土地之神为坤,故坤为地、为母。八卦中云"坤六断",故"巛"字中间断开,类似川字,故坤为水、为柔。坤也写作"甴",从臼、乙。乙为动态的一,即"丨"。丨代表阳,臼(臼字为在石器的内壁上嵌有齿状槽纹之象形,用以增加舂磨时的摩擦力)代表阴,阴中有阳,阴阳合一,龙(龙字古文从立、电)凤呈祥为坤。《易经》:"地势坤,君子以厚德载物。"

昆 kūn

昆,从曰、比。曰为床铺之象形,比为两个人,本义是睡在一起的兄弟,日日比肩接踵。《说文》:"昆,日日比之,故同。"昆的意思是相同,同吃同睡,环境相同。比字从匕,化也,曰为说,两个化人所说皆同,心通也。曰字结构同日字,比日为昆,与日同辉也。人之心光与日同辉者,佛也;佛所在之处曰灵山,故昆通崑崙之"崑"。昆山有玉,真玉牟尼珠也,故昆字从玉而通"琨"。日(曰)皆通口,空也,佛即空人,空则牟尼现,光明生,灵山到。

困 kùn

困,从囗、木。木从十、小,十即丨,小即↑(小为心光之貌),故木即↑,困的意思是心受限制,其光不能透出虚空。木字改为米字,米字为心光射向八方之意,"口"内一个"米"字(困)为迷,人之心光被困故迷而不觉。口为空,虚空无限,故觉知虚空则粉碎虚空,心光长明,光照八方而自由自在也。十四岁的沙弥道信前来拜师,说:"愿和尚慈悲,乞与解脱法门。"僧璨说:"谁缚汝?"道信答:"无人缚。"僧璨说:"何更解脱乎?"于是道信大悟。心之困也,皆需自解,一念觉知而已。

腊 là

腊,繁体字"臘",从月、巤。月即肉,巤即猎,本义是用田猎的野兽肉祭祀神灵。巤,从巛(即川或坤字,表示头发柔软如水)、囟(表示头,由即鬼字头,意同)、倒羽、乙,倒羽和乙字表示野兽身上的毛,巤的本义即毛发。野兽之毛发有光泽而美,众生平等,有光则美。腊即肉身光华也。

来 lái

来,繁体字"來",从三人、十。十为交(通卝字,一动而为乙)为合,三人合为來。三人者,夫(阳)、妇(阴)、天(神、灵);圣父、圣灵、圣子;肉身、化身、法身,三合而人來也(古人云:独阴不生,独阳不生,独天不生,三合然后生)。

赖 lài

赖,从朿、负。朿即束口之布袋,负即人(匕、化人)背负宝贝。赖意为表示人用布袋(或皮囊)背负宝贝,即有所依赖(恃)。圣人有所恃者,知自己"被褐怀玉"(老子语)也;凡人之所以无赖者,所谓"穷子衣珠而不自知"(《妙法莲华经》)也。

兰 lán

兰,繁体字"蘭",从草、门、柬。柬,从束、八,八为分。门、柬为阑,原指把树木细分成片做成栅栏。兰的本义是叶如栅栏之香草。栏为门遮，防外物入内。兰为香草，为正、为诚、为善，防邪、防伪、防恶，故兰即拦，即古文闲字，所谓"闲邪存诚"(《周易》乾卦)也。净土印光大师引为开示众语，以教化众生，云："敦伦尽分，闲邪存诚；众善奉行，诸恶莫作。"

岚 lán

岚，繁体字"嵐"，从山、風。山从人、凵，山高人为峰，故山即仙。凵（音 kǎn）为受物之器，高山所受者天地日月精华，故山即灵山。風，从凡、虫。凡为大众，众生皆在林下，凡人皆天上八骞林而下凡者也，故众生皆有佛性。虫喻动，一切动物皆为虫，分为五类各有 360 种，据《大戴礼记》记载，有羽之虫为凤凰类、有鳞之虫为蛟龙类、有毛之虫为麒麟类、有甲之虫为神龟类、有倮（裸）之虫为人类。岚者，灵山林风吹，万物动而生也。

浪 làng

浪，从水、良，本义为水之波也。良从畐（富）省、亡（《说文》），畐即类似酒坛之古容器；亡从人、乚（隐）。良即人器双亡，隐而不见，无我相、无物相而见本相（本相陈现），故善。本相之善性，非善非不善、无善无不善。良的异体字写作"㝵"，从囗、三，囗为空，即畐，三为乾，即天。本相如天之空，真空而妙有，良知良能也，故善。良的异体字又写作"皀"，从白、亡（良字现在写法即拆为白、亡）、白为自，自亡者即无我相。良水为浪，浪由心生，心本无相，因浪而显，心本自在而无我，故放浪形骸之外也。浪不能独立存在，依海而生，终归于海。海者，如来性海也。

劳 láo

劳，繁体字"勞"，从火、冖、力。《说文》："剧也。从力，熒省。"冖为空,火中空,无从着力,故徒劳无功。劳的小篆写作"",从心不从力,心空(冂)不可得,心火炎炎亦徒劳,故心不宜劳,亦不宜动,劳动以手(力),勤靡余劳。劳的异体字写作"勞",从比、卯。比为两人相较,卯为我,我心比人,与之相较则劳。劳动节莫劳动,给心放假。吕祖云:"动静知宗祖,无事更寻谁!"又云:"坐听无弦曲,明通造化机。"陶潜云:"但识琴中趣,何劳弦上音。"

老 lǎo

老,从人、毛、匕。匕即化,人之毛发发生变化(变白)为老。老的异体字写作"囜",从二、囡(囡的异体字为"因",里面从"火"),二囡为老,即气血两亏为老。气虚即脏腑功能衰退、抗病能力差,血虚则面色无华、老眼昏花。囡,从囗(围)、大,意为一个大人受众人包围,古代老人学问大受人尊敬,所以被众人围住之人往往表示人老了。

乐 lè

乐,繁体字"樂",从丝、白、木。白、木为古"身"字(枲),丝为系,身之所系为乐。身心合一,乐由心生,故乐的异体字写作"㦡",从心、乐。心安为乐、事吉为乐,故乐的异体字写作"䝽",从身、安、吉。喜乐之乐,《康熙字典》所谓"喜者主于心,乐者无所不被"也。丝亦为丝竹,指五声八音,为音乐之乐,如《礼记》所谓"大乐与天地通和"。

勒 lè

勒,从革、力。革即马的辔头(《尔雅·释器》:"辔首之谓革。")。革的本义为生牛皮(熟牛皮称韦,孔子所谓"韦编三绝"),故革字从牛头(廿);力字像一只强有力的手,能够勒住狂野之马。众生皆野马,信马由缰,不知归处,故须未来佛弥勒出世来悬崖勒马,回头是岸也。马者意也,心猿意马,天马行空也,心能悟空则成佛(悟空是斗战胜佛,战胜自己者也），故悟空是弼马温，本心能勒住"意马"也。

雷 léi

雷，从雨、田。雨即霝，田即空，空灵为雷也。田的古字写作"畾"，四个口乃至十六个口，雷声响彻虚空。四大皆空为雷。田即古字雷字，田即方寸心田。田，从口（空）、十，十为交（乂即五亦交），心光交错普照十方故称。十字为光，光如电闪，故雷的古字又写作""，两个田加一个电，表示雷电交加。雷由心出，心大而空，故其声大。吕祖云："阴阳生反复，普化一声雷。白云朝顶上，甘露洒须弥。"心即道，道为太极，太极分阴阳两仪，阴阳相搏如雷而为精，精化为气，气化为神，神（心藏神）生万物。《易经》八卦之雷即震（《封神演义》有"雷震子"），震在节气即惊蛰，此时天门开，雷始震，万物复苏。

累 lèi

累，从田（畾）、糸。田同囟，指脑，四个口或四个田表示大脑、小脑、间脑、前脑等；糸，从玄、小，同系，小即光，脑之玄光为累。玄字同数字8，即字母S与反S合成一体，从○、○。○字同口，古字中间有一点，同中字（中的古字上下不出头）。玄字同道家阴阳鱼，一阴一阳之谓道，玄之又玄，众妙之门。玄的意思表示生生不息之物质、能量和信息。此玄妙之物即道、即心，不在脑，不可说。脑中一切所思所见乃道心之相，故系于脑则累。越积越累，如丝如麻，越绕越乱。累的古字写作""，为大索，由细索缠绕而成，越绕越紧，交织成思网，难以斩断。

冷 lěng

冷，从仌（冰）、令。令，从亼（倒口）、卩（与卪同）。卪即节，为瑞信，古代调兵的虎符。冷的意思是听到用虎符调集军队时心中发冷，即被当作"炮灰"前的感觉。《说文解字注》:"令,灵的假借字也。"灵从三个口(口,空也),令字上下皆口(亼厶为倒口),本义为善。真灵之善也,令人心不热,安分守己也,以空对空也。梁启超号饮冰子,出自《庄子》的"今吾朝受命而夕饮冰,我其内热与?"内心焦虑不安而热,故须饮冰而冷,冷却焦虑化为清凉,冷之意如是。

骊 lí

骊,繁体字"驪",从馬、麗。麗即美丽之鹿。骊的本义是天子之千里马,亦称盗骊,一说为周穆王八骏之一。夏商周三代,夏尚(崇尚)赤,殷尚白,周尚黑,故周时亦纯黑之马为最骏。马之骏即丽,故骊从马、丽。骊的异体字写作"駲",从马、利。利,从和、人(刀即人),故人马合一为骊。

礼 lǐ

礼,异体字"礼",从示、乙。示为上天之光,乙即一之动(太乙、两乙交合而轮转为卐)。一亦天,天主清、动,《清静经》所谓"清者浊之源,动者静之基"。天行健而生三光,即天示人之礼,礼以敬天也。繁体字"禮",从示、曲、豆。曲、豆皆受物之器,以其空也。老子云:"曲则全。"《易经》所谓"曲成万物而不遗"。礼即以空对空,人空对天空也。人若空则心曲生,人能真空而无求,是为真祈祷,亦为真礼。

李 lǐ

李,从木、子。木为呆省,分子也,子上分子,言其子多也。李树果实多,故称李。子为仁,木之仁即灵,万物同灵,牟尼珠玉也,故李通"理",古代法官叫司李,即司理。理,从玉、田、土,心田净土如玉之洁,可知真理无染,不染一物,玉之里(仁)即木之子。古代弟子以桃李喻者,一谓弟子多,二谓保(呆)子,子孙长保也,恰如传灯,薪火相传也。

禅宗之师徒代代相传曰《传灯录》,以此。

理

理,从玉(王字旁皆为玉)、里,本义为治玉。里,从田、土,心田净土为里,内在之仁为里也,即众生之金丹为里。里者,内在也,人生之本来面目也。众生之本来面目为金丹,即玉,此即万物之理也。心外无理,理外无心,治心如治玉。所谓"如切如磋如琢如磨",玉不琢不成器也。真理不生不灭、无始无终,万古自在也。观自在而察其真理,亦为人之理也。道家以"三关九窍"为田,所以古人说人身有"丹田"。土即中、一,中为心,一心为土,心田为理也。

力

力,从丿、乙。丿为一而左引,乙为一之动,一为太极(太极一圈,折圈为一)。力,象一条胳膊之形(一只大手),意为胳膊中蕴藏力量。力字的意思为转动太极之手,佛手也、道也。《说文解字注》:"凡精神所胜任皆曰力;力象人筋之形,其条理也。"佛即心,佛手之力,心力也。心不可得而空,空生之力也。证空即菩提。菩提力、智慧力皆空觉(即正等正觉)之力也。道有动有静,人能屈能伸,一也。

立

立,甲骨文"",异体字"",从大、一。本义为地上一人,大人也。夫大人者,与天地合其德,与日月合其明,与四时合其序,与鬼神合其吉凶。立,得一之人,故可看作上"六"下"一"之形。老子"六一论"云:"天得一以清,地得一以宁,神得一以灵,谷得一以盈,万物得一以生,侯王得一以为天下正。"《说文解字注》:"立,侸也。"侸,即"树"的古字,人立如树,可谓立也。侸,从豆,空也,中空为器。

丽 lì

丽,从两"、(主)"、两"冂"(空)、两"一"。丽的繁体字"麗",本义为一对漂亮的鹿角或一双漂亮的眼睛,现指光明,通"离"。《小尔雅·广言》:"丽,两也。"通伉俪之"俪"。"丽"的异体字写作"丽",天下两空,唯留炯炯之光也。

利 lì

利,古字写作"秎",从禾(和省)、勿,和光同尘也。利,銛(guā)也(《说文》),莫邪为钝,銛为利。銛,从金、舌,舌如龙泉剑。《易》:"利者义之和也。"佛教尚和,故称和教,合掌称和南。勿即光,易字即日之光。合而言之,利者佛光也。勿即物,光即空,物即色,空即是色,空不异色也。

莲 lián

莲,繁体字"蓮",从艹、車、辵。車从二、申。二为天地,申即神,天地以神连如车轴;申从中、一,中者心也,空也,一心藏神,一空藏佛,神连即心连也,即心即佛。艹从中,中即彻底之彻,究竟也。辵为光(空)行。莲者以心神连接天地万物为一体,以究竟彻悟之心行于天地。莲者怜也,慈悲之谓,慈悲故莲生。"应如莲花不着水,亦如日月不住空。"念念不住者,莲心也。

濂 lián

濂,从水、廉。廉,从广、兼。广为古代堂屋,廉为与堂屋相连的旁边狭窄处。濂的本义是清浅狭窄的小溪。有人问宋濂"濂"字为何意,宋濂说:"濂者,水之清浅者也。"小溪清浅,源源不绝,亦终归于大海矣。小溪清而濂,喻示做人也要清廉,廉洁奉公也。小溪无欲无求,不忘初心,保持清纯,任人取用,表示慈悲奉献之菩萨心肠。濂者,莲也,出淤泥而不染者。

炼 liàn

炼,繁体字"煉",从火、柬。柬即拣(揀)择,炼的意思是以火烧炼,拣取火化后留存之物。柬的字形为上中下三"小",小即光,内外皆光为炼。锻是利用物理变化使之成器,炼是以化学变化提炼真器。物理变化只是形状变化,化学变化是形状和成分内外皆化,唯本性不变。

良 liáng

良,古字写作"㠯",从口内三横,即第三目也。三横为乾、为天,口为空,天空为良。乾即一,故今之良字从日、亡,日为天空,亡为逃离,逃离天空者,粉碎虚空,跳出三界也。《尔雅》:"良,首也。"首行即道(衢)也,良知良能即道心之能知。良心即天理,即真相。

梁 liáng

梁,从水、木、刅。刅(音 chuàng),从一、刀。一刀判木成二,梁的本义是水上的木桥。梁的异体字写作"渿",从水、木、一、木,表示木木相连成桥,供人行走。"十"的古字即"丨",故木即↑,木桥连接此岸与彼岸,即心与心相连。桥是通道,是心桥,所连者人与人之心也。

亮 liàng

亮,从高(省"口",口为空故可省)、儿(不是"几")。高处之人为亮。高字从三口(冂亦空,通口)、亠(音头,人也),即三体轮空之人为高。高者妙高山,即灵山,灵山之人即佛,佛光普照故亮。点亮自己,照亮别人,所谓"自觉觉人、自度度人"也。山(山峰)人为仙,谷(山谷)人为俗,仙俗一体,高下相倾,和光同尘,可谓亮也。高亮光明,人皆见之,故信。亮之本义为信。

量 liàng

量,从口(日,异体字写作"囗")、一、里。里为内,内在一空,可以为量,商即量,心包太虚,则量周沙界,全体空故。

聊 liáo

聊,从耳、卯。卯的金文是两个半圆铆合在一起,或两扇门(应该说两个户,单门为户,柳的古字写作"桺",从木、户、户)合在一起(酉也是两门关合,卯酉同一),或两个"片(半木)"合在一起,意思是交合。《博雅》解释聊字,谓"苟且也"。聊的意思是耳朵铆合在一起,即耳鬓厮磨,聊点情话。汉字柳、留从卯,表示情人在柳树下依依不舍留下点东西。卵字从卯加两点,表示父精母血合成受精卵。卯,从卩、反卩,右边卩通㔾、巴,表示男精男阳,故爸、爷、郎(阝即邑,从巴)三字从卩。卩通巳,巳为蛇,为阳气之极,也表示中午9点至11点。一说卯通窌(窖),即"中"字形地窖,地窖即子宫的意象。卯字中间两竖合一成"中"字,为阴阳和合之象。古文印字与卯字类似,印信或兵符也分成阴阳两半。夗字与卯字相反,夗表示两人侧卧背靠背分开,卯字两人面对面合抱。卩也是节(莭,即字同卯)字,表示男女情欲要有节制。节者戒也,戒者解也,遣欲则心静,心静则神清,解脱之道也。聊的异体字从耳、牢,聊愿(聊者愿也)成婚,终入牢笼,十二因缘皆牢也。

劣 liè

劣,从少、力。力量微少为劣。力即手,故劣的异体字写作"㧪",从亻、爪、寸,表示一手五指,即"㝵(将)",古文以"㧪取其子"为㧪。劣的意思是心有偏爱,把孩子搂在怀里。劣的另一个异体字写作"忙",从亻、匕,匕即牝,牝即母,母心为劣。生、母为毒字,毒者独也,生母独爱其子也。独爱则有偏心,故为劣。少即光,力即手、即心,心光为劣,何劣之有?

邻 lín

邻,从令、阜。令,从倒口、卩。卩即叩,令即命,倒口为天(天空为口),令表示臣服于天,向天叩拜。邻的意思即在山阜边向天叩拜。邻的古字为"叩",表示相邻,同喧字,表示吵架,亦同讼的古字。两个口或三个口都是灵字,同"零(〇)",零表示一无所有,空。邻的繁体字为"鄰",从舛、米、邑(阜)。舛为两只脚,米为光向八方,表示两脚相背即双盘静坐而灵光炎炎,故邻的另一个异体字写作"鄰",从舛、炎、邑。

林 lín

林,从木、木。《圣经》谓生命树、善恶知识树,佛经谓枯树、荣树,道家谓八薵林,皆以木为生命之源也。《礼记》:"盛德在木。"天地之大德曰生,故盛德在于木位。木为五行之一,木在德为仁(仁为盛德),在五脏为肝(肝藏魂),在八卦为震(动故能生,木者静中有动也)、巽(风,木可以曲可以直,顺如风)。肝(古字即干)为木而藏魂,开窍在目,故目、木同音。目能生光而显相,故相字从目,在"木"之上。

灵 líng

灵,繁体字"靁",从雨、三个口。三个口横排即灵字,灵雨即甘露。吕祖《百字碑》云:"白云朝顶上,甘露洒须弥。"凡是雨字头皆可作灵字解。故白云即灵云,甘露即灵露。口即空也,空之别名:无、寂。《清静经》云"观空亦空,空无所空,所空既无,无无亦无,无无即无,湛然常寂",故三个口合为一个口,灵也。灵通"零",即〇,〇即"口",大方无隅即圆也。合的古字即三个口竖排,现简化为两个口,合字上边是倒

"口"。万物有灵,从汉字看:木有灵为"槑",草有灵为"蘦",龙有灵为"龗",鹿有灵为"麠",车有灵为"轠",火有灵为"爧",酒有灵为"醽",雨有灵为"霻",女有灵为"嫛",鸟有灵为"鸖",山阜有灵为"酃",心有灵为"憽",神有灵为"禮",教(攴,表示动作)有灵为"斅",坐有灵为"𡊁"。灵的异体字有20余字,多与"巫、电、申、弓、启"有关,如霝、霧、零、龗、靈、嫛、蘦、檽、醽、爧、麠、澪。弓从两乙,即佛之弓,佛的古字为"仏",厶即"〇",人灵(空)为佛。巫通"坐",静坐生灵,申(电)即神,电有灵为電。灵之为物,能幽能明,能小能大,变化万千,唯觉者能见。见灵之法在静坐合一(坐、合皆"灵"字)。

龄 líng

龄,从齿、令。齿代表年纪,中医肾主牙齿(骨),肾强则齿坚固,肾衰则齿脱落。令即命,表示天命,人之寿命决定于天。龄的意思就是上天所令之万物寿命。令,从倒口、卩,倒口表示空口向下出口为令,卩表示一个跪着的人,故表示所有人跪着听候上天命令。

领 lǐng

领,从令、页。令,从倒口、卩。卩表示一个跪拜的人。令字即一声令下,众人膜拜。页即首,跪拜时低头,前额着地,后领凸起,脖子前面成为"颈",后部成为领。领者高也。群山连绵,一个个山峰如同众人低头跪拜时后领凸起,故领通"岭"。令的古字即"命",页的古字写作"𩑋",从一、自、儿,命由己造也。领者,导也,导字从道、寸。寸为心法,心法引导为领。

令 lìng

令,从倒口、卩。倒口表示空口向下,出口为令,卩表示一个跪着的人。令表示所有人跪着听候上天命令。令的古字也写作"命"。命,从口、令。口为空,空即虚空、神佛、道,命与令的基本意思是跪坐臣服于空,聆听上天之令。令字本义在于众生臣服聆听上天之命,故异体字写作"聆"。聆者谛听也。佛经记载佛说法时云"汝其谛听,我当为汝说"。

刘 liú

刘,繁体字"劉",从卯、金、刀。卯即两扇分开的门,即卯时开的天门,刀即分,金为金色光华。一刀分开天门而金光普照,刘也。刘者,留也,即天门开后留下金光,故刘的异体字写作"鎦",从留、金。金光由心生,故刘的异体字又写作"熥",从留、心,心田之天门开也。心由己造,一切皆你自己,故刘的异体字也作"婜",从女、卯。女者汝也,就是你自己。刘字从刀,有杀之义,杀六贼(即六根:眼耳鼻舌身意)也。六贼死则天门开,而自心留者,刘也。刘的另一个异体字写作"對",从罜、寸。罜即挂字,寸即心法,一切由心造。心不可得,而挂(八卦之卦,亦挂也)示以心光,光芒万丈如挂白练也。

留 liú

留,从卯、田。卯是天门,卯时天门开,对应春天时节,人间正好播种,留种在田故称留。卯字也象两个人跪坐之形。田即心田,两个人相互留恋,心田开辟,心花怒放,少女怀春,男子钟情,难舍难分,故称留。柳,即两个人留恋于柳树下;聊,即两个人耳鬓厮磨、卿卿我我之象;卿,是两个人一起共餐。

柳 liǔ

柳,从木、卯(留省)。卯,表示两扇门将要分开,天门将开,日月交替之时,即晨月将隐,朝日将升之时,即卯时(早上五点至七点)。卯字也像两个有情人即将分别,柳字的意思即两个有情人依依分别聊情话之树木,即柳树。所谓"昔我往矣,杨柳依依。今我来思,雨雪霏霏"

(《诗经·小雅·采薇》)也。柳者,留也。留字从卯、田,心田有念情投意合,希望恋人留下别走之意,故恋人或挚友分别多选择在柳树下。然而,人生之生离死别,皆不得已而已矣!留恋亦无益,分别或许是为了更好的相聚。故古人造卯字,既像不分开之两人或两物,如榫卯卯合;又像将分开之两人或两物,如卿我对饮。柳枝如水,随风摇曳;柳絮随风,随风而飘;全然随顺,心同妙高。佛教观音左手净瓶、右手柳枝,柳枝亦表示"恒顺众生、慈悲救度"。

六 liù

六,甲骨文为房子的象形,即"穴"。一个穴洞兼具六合,东南西北上下也,故上下四方之谓宇。庄子《齐物论》云:"六合之外,圣人存而不论;六合之内,圣人论而不议。"

龙 lóng

龙,繁体字"龍",异体字"竜""䰱""苹"等,其基本构件有立(人、辛、帝、儿都代表不同的人)、卜(牛、一、丨、乚、己、匕,表示阳)、电(巛、曰、申、月表示阴)。巛,实为"坤"字,坤六断,"巛"字中间断开,写作"巛"。坤字也写作"申"或"电",通"神"。电,从曰从乚,乚为动态的一,即"丨"。龙代表心阳,阳中有阴,阴阳合一,龙凤呈祥。曰,金文"",像在凵形石器的内壁上嵌有齿状槽纹,用以增加舂磨时摩擦力。造字本义:舂磨谷壳的带齿纹石器。龙的异体字还写作"䰱",左靈右鬼,灵鬼即佛性,龙树菩萨解佛性为"非大非小,非广非狭,无福无报,不死不生"者也。

泷 lóng

泷,繁体字"瀧",从氵(水)、龍,龍能行水也。龍,从立(辛)、月、匕、乙、三,立为人,匕为化,月为心,乙即太乙,三即彡(光貌),心光闪闪之太乙化人也。龍的古字有雨字头,即"龗"(即同泷),龙主雨水也。龙字的异体字为"竉",即古"灵"字,从霝、龍。龍即灵、即心、即佛、即真人、化人,能幽能明,能细能巨,能短能长,上可飞天(飞龙在天,能布雨水)、下可潜渊(潜龙勿用,养珠生息)。泷的异体字写作"渔",从水、立、电。立为大人,电即申,神字,神人为龙而行施雨水者为泷。泷的本义就是闪电如龙,雨水泷泷。

隆 lóng

隆,从降、生。降从阜(山)、夂、反夂。夂与反夂皆象脚形,表示行走,心行也(不出牗知天下),心行下山(妙高山)为降。降生为隆,隆者大也、盛也。

卢 lú

卢,繁体字"盧",从虍(虎皮即虎之纹)、田、皿。本义为饭管酒器,因其中空可以装物。心空如皿而能虑,故以"心"换"皿"即"慮"。盧字从虍者,空不仅能装酒,亦能伏虎也。

鲁 lǔ

鲁,繁体字"魯",从魚、日。古字写作"鲁""鲁",从鱼、口或白,本义指鱼尾。鱼尾控制鱼的游动,任性随意,故称鲁,有鲁莽冲动之意。鱼与龙一体(鲤鱼跃过龙门化为龙),故有鱼龙混杂一说。鱼尾即龙尾,神龙摆尾,横扫一切,威力无穷,扫到之处,唯留空无,故鲁字从口,口为空。鲁字之鱼,从刀(即人,化人)、田、火(鱼字繁体,一横写作"灬,即火")、口,火为心,口为空,心田真空之人,即佛。吾佛随心所欲,从容中道,所谓"率性之谓道"。率性为鲁,亦佛之道也。率性为直道,一达之谓直,鲁者直达彼岸,顿悟真源,故称鲁达。达者为佛,佛智深不可测,故称鲁智深。

陆 lù

陆,繁体字"陸",从阜、坴。阜表示山和土;坴即陆的本字。坴是品字形三个圥的省略写法,圥(音 lù),原意是地蕈,即地菌。陆就是山脚下一片长着地菌的绿茵茵的平地。圥,从屮、一、儿,屮即小(心),圥同"光",三光互照,故称光怪陆离,表示绚丽而阜(阜有多的意思,如物阜民丰)。

路 lù

路,足、各。足、各两字皆从口、脚(止、夂都是脚形),口为目的地,表示各人走各的路,目的地相反,有的去天堂,有的下地狱。口字即一字(如天、子、正等字),故足即正,各是反"正"。反正亦正,故路无不正,在人心一念耳。路字上下两个"口",口为空,故目的地皆空,止、夂为行,空行为正。天地正气者,一气(精气神合一)空行也。空则不二,无天堂地狱之分也。

吕 lǚ

吕,从口、口。口为空,空生万物妙有,故"口"可代表万物。口表示骨,即脊椎骨,吕字表示脊椎骨上下紧密相连(《说文》:"吕,骨也。")。口字表示一口人,则吕即伴侣之侣。吕的异体字或篆体写作"呂",中间有"丨"相连,表示藕断丝连,似断似续。"口"表示子宫,"呂"一说是子宫连着产道,"丨"表示脐带,"吕"表示生子。口空同〇,即"厶",则吕通"台",灵台也。台从厶、口(子宫),为"胎"字。妇孕三月为胎,妇怀胎而内心喜悦、宁静也,故台(怡)为和悦的意思。口为〇,〇为太极一圈,为金丹、牟尼珠,故修道人亦宁静而喜悦,内怀金丹,被褐怀玉者也。道经云:"太上老君,怡然默坐。"怡然默坐则契合本性,自见灵性。

律 lǜ

律,从彳、手、丨、二。律谓均分(《说文》),手执一而分(二为分),均分之法示于道路十字路口。《释名》:"律,累也。"累人心,使不得放肆也。《说文解字注》:"律者所以范天下之不一而归于一。"此注甚是。法律者,神律之也,天律之也,终归于自律。

鸾 luán

鸾,繁体字"鸞",从戀省、鳥。戀(恋)从丝、言、心,心上言为意(意的异体字),意如丝连而不断,绵绵不绝,表示思(丝)念,心有所爱恋。陶渊明诗云:"羁鸟恋旧林,池鱼思故渊。"旧林,故乡也。伊甸园生命树、八骞林、枯荣双树林,皆林之源也。"鸞"或从變省、鸟,鸾凤为玄鸟,善于变化,所谓"北冥有鱼,其名为鲲。鲲之大,不知其几千里也。化而为鸟,其名为鹏,鹏之背,不知其几千里也"。鲲鹏皆鸾之变。中国象棋变化多端,有书名为《金鹏十八变》,言其变化之多也。然万变不离其宗,化身千千万,法身岿然不动也。诗曰:"意如丝连心上言,王母坐骑谓青鸾。大鲲金鹏十八变,时念旧林思故渊。老子王母道清静,心心相印口口传。故乡老家无多路,青鸾殷勤为探看。"

伦 lún

伦,繁体字"倫",从人、亼、册。亼为集,简册卷集有序有理如轮之行也。伦、仑、论互通。人如书简,卷则成轮,浑然一体,故伦以比道;舒则成册,有条不紊,故伦以类理。伦同道、理,大道有常,故伦即常,万古不易。

轮 lún

轮,繁体字"輪",从車、侖。車即古代战车的象形,上下两横为轮子（○），折圈为一，中间为申，即车轴。又，申为雷、电，上下两横为天地，雷电（申）从天降地为车（古代神话雷神推车布雷）。车行如雷电，雷厉风行，其行如电光火石，稍纵即逝也。侖为乐器排笛，表示车轮辐条有序。老子云："三十辐共一毂，有车之用。"《释名》："轮，纶也，言弥纶周匝也。"所以说，轮者，车行有序、雷厉风行、弥纶天地、周遍世间也。

罗 luó

罗，繁体字"羅"，从网、糸、隹，本义为鸟（隹）被网系住。《说文》："罗，以丝罟鸟也。"罗鸟之网为罟（亦可罗鱼），从网、古，古字从十、口，十为交为五（乂），乂口为吾（吾亦古，造字原理相同），网中有"吾"也。吾心为网，心网即法网、天网，心外无法，法外无心。心不可得，则网无所系，知天网、法网皆空网，然而虽是空网，却无漏，所谓"天网恢恢疏而不漏"也。应无所住而生其心，又孰能网之。心有所系，则一切被网罗其中，故"羅"亦从心作"罹难"之"罹"，所罗者心也。

络 luò

络，从纟、各。纟为光（光如丝线故），各字从夂、口，夂为行，口为目的地，各人各行各路，纵横交错而为络。人皆光（老子等真人光强而紫，故可见紫气东来），络者，人行光成路也。络的异体字写作"絡"，从索、各，索字从中、冂、纟，即心空生光，光如丝线而成索。观音有化身为不空绢（罥）索菩萨，心光如丝索，故不空。象征观世音菩萨以慈悲的罥索救度化导众生，其心愿亦不会落空的意思。

马 mǎ

马，繁体字"馬"，本义是一匹马的象形，主要特征是马四足和马鬃毛。异体字写作"影""影"，从昜、彡或日、勹（音 rén，即人字变形）、巾、彡，巾为心，彡为光貌。昜字象一个人，日为头为空，勿即光，即人心之光为马。同"意"字，立为站立之人，人心如日空，则意光从心出。至静则生光，即成觉，马字四点为足，亦火字，心为火，马字鬃毛为光，亦为乾，乾三连，故《易经》八卦类属乾为马（异体字日为头，头亦乾属）。

脉 mài

脉，异体字"脈"，从月（肉、血）、反永（反永即派字）。派的古字写作"𠂢"，没有三点水，本指水之支流（斜流）。脉是血液周流之血管（血脉）。派即别，每派皆有别支。心主血脉，心有分别故血脉斜流，五分而流经五脏。心藏神，故脉的古字写作"䘑"，从贝（牟尼珠），血为自心宝贝也。心即灵山，十万八千里（此处指公里），故人身血脉总长10万公里。脉的异体字写作"覛""𧖴"，从永、见或永、面，意思是此心不灭可以永远见面，需要内观而见。

满 mǎn

满，繁体字"滿"，从水、廿、两。廿为二十，十为光向十方，廿亦同义；两为再入（二人）虚空（冂，即人字变形，人而无我相即法身如来），二入即二人，两即肉身、化身与法身合一。满者，三身合一，心光如水，遍照十方也。法身心光即灵山，故满的异体字写作"㟂"，从山。灵山之光为自心之光，故满的异体字写作"䨪"，从白（自）、巾（忄）、彡（光貌）、囗（三界）。

慢 màn

慢，从心、曼。曼，是嫚的本字，表示舞女目光在纱巾的半遮半掩中流转，即不用双眼正视。心中傲慢故不以正眼瞧人为慢，即怠慢、傲慢之慢。慢字右上不是"日"，是"冃（冒即帽）"，纱缦之类遮眼（目），手

（又）为舞，其舞姿曼妙。舞者因头上有帽、面上有纱，故动作宜慢，快则帽、纱容易掉落。

芒 máng

芒，从艸、亡。人隐（乚）为亡（亾），人隐于草下为芒。人隐（无我）则真我（佛、真常）显现。众生皆有佛性（真我），故芒的异体字从麦、艸、禾、竹、木等字与"亡"字组合（䒾、莣、筅、杧）。佛性隐于草木禾竹稻麦等万物而光芒生。芒通茫，光无处不在，无时不在，一望无际，如苍茫云海也。芒即草，草可作鞋，故草鞋亦称芒鞋。春神勾芒之象，足履芒鞋也。

梅 méi

梅，从木、每。异体字写作"楳"，从木、母，即木之母为梅。元《湖海新闻夷坚续志》载，宋神宗问大臣叶涛说："自山路来，木公、木母如何？"叶涛答道："木公正傲岁，木母正含春。"木公，松也；木母，梅也。每，从人、母，故梅亦比喻女子到了婚嫁之时，或称"摽梅已至"。《诗经》所谓"摽有梅，其实七兮！求我庶士，迨其吉兮！"母之德即梅之德，其德在于能生、能养、能容、能慈、能忍，表示源头，可喻道（老子：道，可以为天下母）。梅的异体字为"某""呆""槑"，表示梅能生果（呆字之口为果之象形），其果甘甜。梅之能容、能忍，故能受雪冬之苦寒。在禅宗，梅子熟了也表示成就道果，明心见性。附《五灯会元》"梅子熟也"公案：大寂闻师（大梅法常禅师）住山，乃令僧问："和尚见马大师（马祖道一）得个甚么，便住此山？"师曰："大师向我道：即心是佛。我便向这里住。"僧曰："大师近日佛法又别。"师曰："作么生？"曰："又道：非心非佛。"师曰："这老汉惑乱人，未有了日。任他非心非佛，我只管即心即佛。"其僧回举似马祖，祖曰："梅子熟也！"此公案系马祖道一考察大梅禅师是否真正悟道。

美 měi

美,甲骨文象羊、人。羊即祥,表示人的神情安详。在造字时代,羊常用于祭祀,因而"羊"具有"祥"的含义。造字本义为古代修养深厚的高人所表现的安详、平和、宁静。美的异体字写作"媄",汝本安详也。也写作"嫐",女微为妙,汝之妙也;又写作"嫰",从女、徵,汝自证也。

昧 mèi

昧,从日、未。昧字应该为昧字(读音相同,结构相似),《说文》:"并无昧字。"未与"末"的区别是:未字从二、小,二字上面一横短为古文"上"字,小为光,上光为明,通"昧",昧字的意思是空光,老子所谓"味无味",即品饮空性之光;末字从二、小,二字下面一横短,为古文"下"字,表示幽冥,故昧为冥光、黑光(昧字换成口字旁意思相同,《康熙字典》解释为"空光",甚是)。冥光或黑光犹如黑洞地狱之光,其光不外现(黑洞的意思,光不能逃逸而出),故称无明(暗)。故昧字也写作"吻",小、勿皆光之貌,吻为阳光,故太阳升起之处为旸谷,太阳下落之处为昧(其实应该是昧)谷。三昧即三摩地,意思是正定,息虑凝心,一念不生之境。定而能照,其光如日,故为三昧(三昧真火的三昧也对)。昧良心、不昧因果等表示无明、欺骗含义的"昧"字,都应该写作"昧"。昧字金文写作"",从未、心,上下结构,表示心无明。

萌 méng

萌,从艸、日、月。艸象小草初生之貌,象征顽强之生命无处不生。日月为明,明在地下(《易经》有"明夷"卦即是此意),金华未开,故萌即始,开始积蓄能量,等待小草长成开花而大明。萌的古字写作"鋂",从金、每。每从人、母,人知母则金华(光)始生,本源为母,即道。老子云:"天下有始,可以为天下母。"母者,道祖也。吕祖云:"动静知宗祖,无事更寻谁。"凡事知道而动,其动亦健如天。明如日月,则动非妄动,动中有静,萌亦不萌矣,故萌有"不动"之意。所谓"鸥鹭忘机",无机心也。萌者皆心,故异体字从心,写作"惪",心明而隐于草,萌而未动,君子遁世而无闷也。

猛 měng

猛,古字写作"㞳",从厂(音 hǎn,岩岸也)、坐。人独坐于危岩,故称猛。猛者,健也,勇也。《周易》:"天行健,君子以自强不息。"

梦 mèng

梦,异体字"㝱",从宀、梦。宀为空,夕夜无思无念之时神游空林也,以无念故所见皆真。梦从林、夕,林为双树林、伊甸园生命树林,林中景象乃人类之源头,亚当、夏娃以及蛇的生活。美梦成真,梦中生活比现实更真实。夕为半月之形,一弯新月初升为夕。月以喻心,故梦为心月之上双树林(或道家所谓八骞林),皆为净土莲乡之地,完美无缺。梦的繁体字写作"夢",从艹、目、宀、夕。艹为草(莲)、宀为冥,冥夜闭目而梦见莲乡也,造字原理相同。梦的异体字又写作"㝱",从倒子、目、宀、夕,颠倒之人夜晚所冥见,梦的本义是不明。明白人生如梦,则梦可醒而成为觉者。

孟 mèng

孟,从子、皿。子在皿中为孟,表示第一个新生儿放在器皿中沐浴清洗。子,从〇、中。〇为灵、为空,中为清澈之心,故心灵清澈为赤子。孟子云:"大人者,不失其赤子之心也。"故孟为大,古代子即先生、大人,孟子即孟先生。

弥 mí

弥,从弓、尔。尔即你,你自己的弓,安心放一边,故弥的本义为一张松弛的弓。弓字即两个"乙"字,两乙相交弓同弝,故佛字从弓。佛字结构是一人背一弓佩两箭。尔字从人、小。小为光,故尔字的意思是你自己的光。繁体字"爾",从一(人)、小、冂、爻、爻。一为天,冂为空,爻即光辉交映的样子。尔字即天光交相辉映,布满空间,故弥字有满的意思。你自己的光无处不在也。总而言之,弥字为佛光普照,故弥陀(阿弥陀佛的简称)的汉语意思是无量光、无边光。

迷 mí

迷,从米、辶。米谓光照八方,辶为行。迷者面向八方,所见皆白光,如沙漠中行脚,不知如何迈步,故迷。

米 mǐ

米,从十、两个"八",十即丨,直(十方如来同一道,脱离生死以直心)也。八为分,太极生两仪,两仪生四象,四象生八卦,八八六十四卦,皆上天垂示也。米同"采"(不是采),古字同"辨",米加心为悉(恷),心而能辨故无所不悉。悉的异体字写作"恖",从囟(炯,囟从口、八)、心;也写作"惢",从朮、心。

密 mì

密,从宓、山。宓,从穴、必,必即杙,杙即木桩,表示定住;穴为空,山为灵山,即心,心住灵山为安,故密的本义为安。宓通"伏"(伏羲同宓羲),伏心为密,《金刚经》所谓"如何降伏其心"即如何安心也。诸佛密意,即如何安住众生躁动不安之心,释迦牟尼诞生后第一句话是:"天上天下,唯我独尊,三界皆苦,吾其安之。"安心之法,在于觉知心空不可得,觉知在己,不可言说,故说密。惠能所谓"与汝说者,即非密也。汝若返照,密在汝边。"(《坛经》惠明问云:"上来密语密意外,还更有密意否?")

面 miàn

面，从一、囗、自（异体字写作"靣"）。囗为空，独一无二的自己在空中也。囗即〇，〇为太极为道，面就是道生一也。本来面目就是外面没有别人，只有你自己。

妙 miào

妙，从女、少。女即汝，少即光貌，妙者汝自性之光也。异体字为"玅"，从玄、少。玄，妙也，甲骨文写作，从两厶（〇），形同8（吕）字，阴阳空灵合一也。老子《道德经》第一章："无，名天地之始。有，名万物之母。故常无，欲以观其妙；常有，欲以观其徼。此两者同出而异名，同谓之玄。玄之又玄，众妙之门。"妙、徼、玄，皆空也，真空生妙有（先有光），亦无亦有，故说妙。又，少为损、减少，老子所谓"为道日损，损之又损，以至于无为"，至小无内，汝至极少为妙，即无我之意也。

民 mín

民，甲骨文，从目、十。十即丨，上下贯通也，上下贯通之目为天眼。《左传》："民者，神之主也。"民主者，开天眼之民能主宰自己，主宰一切。一说，民的古字象纵目视下，故民即神、即主也，亦通。十为五（㐅，交也），五即吾，吾谓真我，真我之目为佛眼，民为六眼俱通之人。众生平等，人人皆怀玉之民也。民的异体字写作"兇"，同"光"，一横写作"凵"，"儿"写作"几"，意指人心之光也。民的异体字又写作"喕"，从山、囦、巾，巾是山字的倒写，都是忄字变形，囦字即渊字，水字也是忄字的变形，心水也。民的意思是内心如止水、外心如艮山，内外皆禅定，定而后生慧光也。

旻 mín

旻，从日、文。日即空，文即交，悟空者神交于日（日即神，故神从日),遂能神光普照三界。《尔雅·释天》:"秋为旻天。"《疏》:"秋,万物成熟,皆有文章,故曰旻天。"《释名》:"旻,悯也,物就枯落,可悯伤也。"万物皆空,慈悲不空。诗曰:"旻如秋日清光耀,亦如吾心孤月轮。除去心贼不是人,神交于日化天文。旻天皓月千里照,方寸灵台三身存。万物皆空慈悲在,三生有幸清静身。"

敏 mǐn

敏,从每、攵(支,音 pū)。每的本义是母亲梳头,攵(支)即手持一簪。敏的本义是初为人母(人妻)梳头盘发要快速,故敏者疾也。古代梳妆打扮见公婆,头发快速梳顺、头簪要正,故敏的意思为快速、正顺。敏字金文写作"敏",手(又)写在下边,表示孕妇对于外部手抚摸下腹(下腹即怀)很敏感,对肚子里孩子的举动(胎动)也很敏感。孕期是女人一生最敏感的时期,故敏字从人、母,如是之"敏"难言也。子曰:"君子敏于事而讷于言。"意为处事要保持高度的警觉,虽难于言说而有知觉。女人天性敏感而男子天性迟钝,以"敏"字知之。然圣人(佛、老子)除外。佛、老子之常知常觉,可谓敏也,故参禅打坐之功夫,一般用"如鸡伏卵、如龙养珠"来比喻,敏而觉,寂而通也。另,敏者悯也,母亲悯腹中之子,故敏;圣人悯天下苍生,故敏,即悲天悯人可谓敏也。老子《道德经》第四十九章云"百姓皆注其耳目,圣人皆孩之",敏(悯)之功也。

名 míng

名,从夕、口。本义是晚上天黑互相看不见自己开口告诉别人名字,《说文》所谓"自命"也。名的异体字为"铭",从金、夕(半月)、口。金为光华,口为空,空月金光为铭。自性心光(金华),谨须铭记也。名的异体字写作"顡",从冥、页。冥的古字写作"冝",从一(冖)、日,与旦字相反表示太阳在地平线之下,暗无天日。页表示头,头脑黑暗而有名,名由人取,人为非自然,为圣人所唾弃,故大道无名。

明 míng

明,从日、月,日月合明也。异体字为"朙",从囧,炯也。月以喻心,心月炯炯有光也。异体字又写作"眀",从目、月,明代开始用此字,心月之光从目而发也(中医认为肝藏魂,开窍于目)。异体字又写作"湖",从氵、明,月光如水,心如止水则能照物也。异体字又写作"曐",从两个"冂"内"日",冂为空,空中有日而明也,二日共照,其明倍增。一言以蔽之,明者心也。明心见性,觉知心源可谓明也。

鸣 míng

鸣,从口、鸟。鸟口能鸣也,泛指众口所言。鸟的小篆写作"鳥",从羽、匕,鸟足像匕,不是四点(马字四点为四只脚,鸟非四脚也)。匕即化,化羽为鸟,羽化成仙。口,即空即灵即佛,故佛字从人、〇(自环为厶,厶即〇),人空为佛,鸟空亦为佛也。

铭 míng

铭,从金、名,谓书之刻之,以识事者也。《礼记·祭统》:"夫鼎(金)有铭。"《说文》:"夕,从月半见,《徐曰》:夕,月字之半,月初生则暮见西方,故半月为夕。"口为空,空则满,月本无亏盈,半月照乾坤。月为心,故铭记于心也。刻骨铭心,骨亦腐朽而真金不腐,故后人刻金以铭心也。铭之从空口者,虽铭而不住于心也。金为光华,口为空,空月金光为铭。自性心光(金华),谨须铭记也。

命 mìng

命,从倒口(人)、口、卩。卩象臣服下跪之人,口为空,人空为叩,人悟空而拜天空,空空交融("叩"也是口的异体字)为知天命。人能证空则成佛,方知生于娑婆世界之大事因缘。人生之意义在于知天命,不知天命则妄为人也。《中庸》云:"天命之谓性,率性之谓道,修道之谓教。"性的古字写作"生",天命、人生、大道,合一而不可分也。性命双修者,身心两安,知永生者也。天长地久,人生亦长久,不生不灭,无始无终,先天地而生,不随天地之灭而灭,自心也。

摩 mó

摩,从麻(磨)、手。麻从广、林,林之广者,伊甸园、八骞林、枯荣双树林之类。林下之手,即上帝之手、老子之手、佛祖之手。手即心,故其手无形无相,非大非小,转万法之轮,磨无明之石。九九八十一难,不离如来大手,磨石成玉,化为牟尼珠,自性光照也。佛手摩顶授记,诸罗汉、诸菩萨皆次第成佛也。木字亦忄(心)字,三心合一而广者摩也。摩者心也,故异体字写作"懡",从心、摩。心如磐石,金刚不坏,故异体字又写作"礦",从石、摩。心光细如丝,故异体字又写作"纚",从丝、摩。心光照八方如非字,故摩的异体字又写作"攈",从非。摩的异体字又写作"礳",从石、森、手,石为焚烧炉,森形容木多,以手投木于石炉焚烧为摩。

魔 mó

魔,从麻、鬼。鬼,从由、儿、厶。由即头,同囟,表示思考,儿即人,厶即私,人思为私为鬼;麻即心乱如麻、杂念丛生。魔者人思为私已而心乱如麻也。林,从二木,即二忄(心),人有二心则魔生,故《西游记》有真假悟空,假悟空即悟空之心魔。魔由心生也。

默 mò

默,从黑、犬。黑如地狱,阴森静寂,两犬对吠(两犬对吠即狱字)而益显其默。异体字写作"嘿",从黑、太,本义是黑如墨(《康熙字典》:"黑甚。")。太即大,人得一为大,人有主(丶)为犬,非狗也,所以默的异体字又写作"墨",没有"犬"字。黑土生金,沉默是金,光华满地。默的本义为极黑极静,如黑洞,连光线也不能逃出。引申为不可见不可说,即寂默。静极见真常,名为得道,释迦牟尼的意思即能仁寂默。静极即真空,真空然后生妙有。思默者,冥思寂默也,思悟道成佛者也。

母 mǔ

母,从女加两点,两点为乳子之貌。母即发育成熟之女,能哺乳者也。《说文》:"母,牧也。象怀子形,一说像乳子也。"牧,从牛、攵(支),即牧牛者。牛即忄(心),十即丨,两个牛角即两点,故牧牛即牧心。禅宗牡牛图即牧心图。心即佛,牧佛即佛母。母者,牧心成佛者也。女,女跪之貌,臣服者也。臣服如水,可以为天下母(道)。

木 mù

木,从一、小。一为地,小为树根。又可拆字从十、八,呆之省。呆为木之果,其实为襁褓中刚出生的孩子,形如呆子,需要保(即呆)护。木还保留呆的意思,如呆若木鸡(浙江兰溪有"木大"的说法,形容一个人很笨)。笨从木,义同。《韵会》:木从丨(不能写为丿)。即木拆字为丨、一、人,一人丨如,上下贯通也。篆书木字从中,一而能曲,故《易经》说巽为木,巽为顺,木可以揉曲直,大丈夫能屈能伸,巽顺之谓也。木字亦可拆字为一、忄,木即一心,心即光,故木的古字写作小字底。心光谓木,双木成林,诸光融合为一体也。故佛生菩提树下,涅槃于双树林下,老子在八骞林中。诸佛菩萨身处梵天,故梵字从林。一心故直,直心为正,故木以直为正。

沐 mù

沐,从水、木。水即雨水,树木因有雨水而得以生长称沐,词语称沐雨,成语有"沐雨栉风"。沐的甲骨文写作"𣴴",象雨水洒落在树木上。

雨水先润泽树木之巅,故沐的引申义为洗头。雨露均分如阳光普照,如沐日浴月,全然享受上天之润泽,沐也。

墓 mù

墓,从莫、土。上古时期凡掘塘穴葬棺木,盖土与堆平,不植树者称墓。莫者没也,日没草中为莫,没土为墓。又,《礼记》云"古也墓而不坟",即古人只是掘墓而不作坟,不欲人知也。墓即暮,看暮时彩霞满天,又焉知墓内不是星光灿烂?墓即幕,只因为幕前幻影精彩挡住幕后,又谁知真正放映者(主人翁)藏在幕后?墓即慕,到底谁羡慕谁,土在外为墓,心在内为慕,墓内人看世人,一清二楚,墓外人看故人,神魂颠倒。墓即募,向天地化募一点精神,成就一生,终归还于天地,还虚合道而已。如是四幕(墓、暮、慕、募),可谓一曲终了!

慕 mù

慕,从心、莫。莫为模之省,模范、模子也,即心中有爱慕的模范。古字写作"",从日字周围四个"屮",表示太阳落入草丛,日暮了。夕阳象征成熟、温暖、慈悲,故令人爱慕。日即口,空也,代表心。《说文》:"(慕)习也,爱而习玩模范之也。"《史记·司马相如传》:"慕蔺相如之为人,更名相如。"

哪 nǎ

哪,从口、冄、邑。口为空、虚;冄即冉,异体字作"舟";邑即都市。哪字的意思是虚舟所至之处,即"无何有之乡"(庄子语),不知何处,古称哪。冄,从冂、二,冂为空,二为上,向内行为冄。舟即周,虚空周遍,无所不在、无时不在,不可定指而称哪。哪通"那",即彼岸,彼岸者即非彼岸,故称彼岸,不分彼此者也。邑字从口、巴,口为空,巴为阳气极至之已,无我之境也。

南 nán

南,古字写作"𡴞",从山、人、芈。山、人为仙,芈为羊之气,阳气也。羊通"阳",故南即纯阳真仙(庄子号南华真人),修仙者图南。《前汉·律历志》:"太阳者,南方。南,任也,阳气任养物,于时为夏。"任,从人、壬,壬为大肚之人,通妊娠之"妊"。大肚能容,容天下难容之事。南字从冂,即空,虚空以受物,阳气也。佛教有"和南(梵语:vandana)"表示普敬,虚以受人也。

难 nán

难,繁体字"難",从堇、隹(鸟)。堇从〇、大、土,本义为地上一个饿得脸浮肿的人,即饥馑之馑。"难"的本义为饥荒之年鸟都找不到吃的。

能 néng

能,从厶、月、匕、匕。厶即〇(自环为厶)、空,故仏("佛"的异体字)字从厶;月即肉(肉身),亦喻心(月清静故);匕即化,幻化之身,亦法身。能者,肉身空化成佛(三身合一)者也。异体字写作"䏻",三个口即合、即灵,能者亦鸟之灵也。异体字又为"熊",从能、火(灬),心为火,心火熊熊也。《说文》:"谓熊兽能坚、能强故称贤能、能杰。"心之能者坚如金刚也。心即佛,故心之能谓佛之能也。能的另一个读音为 nài(能字作姓时亦读 nài),其意即能耐、能忍。佛之异称即能忍(亦称能仁)、十力。

尼 ní

尼,从尸、匕。尸为身,匕为化,化身为尼也。尸为横卧之身,以示普敬臣服,卧佛也。化者,一人正立一人倒立,正者为觉者佛,倒者为众生。众生颠倒故须解悬而化之。尸者如死,无思无念而涅槃,然后可以重生而化。昔有鹦鹉问达摩:"西来意,西来意,请赐出笼计。"达摩云:"出笼计,出笼计,两腿长伸眼常闭。"两腿长伸眼常闭者,卧如尸也。尼身即肉身化身一体,故尼有近之意。亲昵也,道不远人也。

倪 ní

倪,从亻、兒。亻(音 rén)即脸朝左侧立之人,"兒"像囟门未合之孩,指能站立的小孩。倪字就是一个囟门未合之小孩跟在大人后面学走路,引申为开始,如端倪之"倪"。囟门位于百会穴之前,一切智慧由此出,故聪明的聪字(繁体字"聰")从囟。囟像天窗,心如天窗一样放开,耳根圆通,聆听天籁为"聰"。倪的异体字同睨、婗,意为小孩子开始学步用眼睛看大人,故从目;小孩多由母亲带,故从女(母)。女又同汝,小孩率性而为,听从自己也。

年 nián

年,甲骨文"",从禾、人,象一个人背禾稻回家,故谷熟为年。异体字写作"秊()",千即得一之人,意思相同。禾即"和",人和为年也。人得一为千,千心即"恁",仁(人者仁也)也。人(神)得一以灵,仁也,仁和之谓年。年的古字又写作"䄗",从厶(口)、口、口、十,即品、十,三口合一团聚为年,三者众也,故年乃众人团聚之谓也。品十亦是"师"字,年高德劭为师也。师者众也。口即和之省,天地人和,三和合一为年。

捻 niǎn

捻,手、念。菩萨手印(莲花指),掐指一算也。今心为念,心不可得,故以无念为念,心算也。故捻通"惗",音捏,从心、念。心念无时不至、无处不至,心包太虚,量周沙界也。《康熙字典》:"惗,爱也。"菩萨以真爱慈悲心而念，故其念无所不至，不可思议也。

念 niàn

念，从今、心。今字从倒口、一(乙)，一心真空而后因缘而动，即性空缘起，缘起生妙有为念。乙为一之动，一为静之动。静亦动，动静一如。心动则生念，有念即乖，六祖惠能所谓"空念为正念"，无念为宗也。古字写作"念"，中间没有"乙"，即心口为念。心口合一，心有所动，则口有所吟也，今即"吟"。念亦"意"的古字，写作"意"，从心、言。言为心声，心言为意念。

涅 niè

涅，从水、日、十、一。日即白，白十为皂的异体字(皁)。皂即黑，黑水为涅，能染万物。十即一(丨)，一即一切，一切皆白，心无分别则黑白不分，无所谓白，亦无所谓黑，明暗一体。智者云："此心光明，众生皆佛。"又云"只因自己不相识，不识己者是自己"，故"常沉苦海、永失真道"也。此心光明，不生不灭，不垢不净，不增不减，故"涅而不缁(涅即古代黑色染料，缁为黑色，用涅染也染不黑，出淤泥而不染也)"，所谓"心能转境，相由心转"也。

臬 niè

臬，从自、木，同身的古字"枲"。木，下为小，光也，故此木字通米，意思是光芒四射，自性之光为臬。成为自性之光乃人生之的，故臬的本义为"射的(箭靶)"。自性之光为法身，故臬的意思为法为身。法即法式、标准，词语为"圭臬"。《尚书》："外事，汝陈时臬。"法外无心，心外无法，身心合一，故射的为自身。《大学》所谓"壹是皆以修身为本"，《中庸》所谓"射有似乎君子，失诸正鹄，反求诸身"，《孟子》所谓"仁者如射，射者正己而后发，发而不中，不怨胜己者，反求诸己而已矣"。射为古代六艺之一，《礼记》云："射之为言绎（陈，述也，故射的另一个读音为绎）也，各绎己之志也。故射者心平体正，持弓矢审固，则中矣。"射，从身、寸，寸即方寸、法度，方寸即心，心即法，身心合一为射。臬者，极也，臬极即标准，太极无极也，古文所谓"其深不测，其广无臬"，臬极即心，心为一切标准，心包太虚，量周沙界，心不可得故无臬为臬，无极为极，至矣。臬和射的另一个读音都是绎，绎者意也。意由心生，箭由心射，臬之意也！

宁 níng

宁，繁体字"寧"，从宀、心、皿、丁。心到家如酒贮（宁本是"贮"）于皿为宁。丁即钉，心像钉子一样钉在家里，不再外放为宁。孟子云："学问之道，收其放心而已。"收心是灵魂安宁的条件。吕祖《百字碑》云："不迷性自住，性住气自回。气回丹自结，壶中配坎离。"宁者，性住也，不迷而应物，心之用也。故宁的异体字写作"甯"，从宀、心、用，空心之用也。宁者，安也，安众生之心也。宁者为贮（异体字写作"㞼"，从宁、者），贮为藏，所藏者贝，贝即牟尼珠，故宁贝为贮，以其知如来藏也。简化字贮字从一，空中唯一牟尼珠也。宁的甲骨文（金文、篆文）像四周隆起之形，即贮藏室（一说抽屉），贮藏室辨积物为宁（《说文》），室中空而不空，空中妙有令四周隆起也，一似如今不断膨胀之宇宙，故宁字下边的"丁"即同"于"字，宇宙我心皆同此皿，宁也。

牛 niú

牛，从屮、十。中即心，十为交，心交于物为牛，故牛为大物。物字从牛、勿，勿为光（易字从勿），心交于物而成可见之色（物质），心不可见故空（能量），空即是色，质能一体。

女 nǚ

女，甲骨文像一个女子席地而坐（跪坐）、双手交叉放在胸前。女子此形象柔顺、臣服、从善如流,故通"汝",从水、女。汝即你自己,每个人都有柔顺臣服的一面。臣服无思,随顺一切因缘,无怨无尤,才能认识你自己之本性。

沤 ōu

沤,从水、区。区,繁体字"區",从匸、品,匸即方字,品即灵,灵隐于方内为区,沤即浮沤水泡(浪花),意思是每一个水泡都藏着灵魂,每一个水泡都是大海的一部分。灵即光,故沤的异体字写作"緼",糸字即玄光(小即光),沤为海之玄光也。

藕 ǒu

藕,从草、耦。古代耒耜犁田,两人同耕为耦,故耦字从耒。藕即莲藕。藕的异体字"蕅",意为藕为水中之草,荷(芙蕖)之根茎也。《康熙字典》:"凡芙蕖行根如竹行鞭,节生一叶一花,花叶常偶,故谓之藕。"《续博物志》:"藕生应月,闰月益一节。"中医认为藕的功效:养神益气、生肌益血、补益脾胃、清热生津。莲藕有"节",内在多孔,空故生香;出淤泥而不染,象征僧佛净而不染。

潘 pān

潘,从水、采(古"辨"字)、田。以米水(米水易除面垢)洗心田,从而明辨是非,辩才无碍。潘通"翻""幡",道家谓色、空、观三者最易摇荡人心,故以三幡为喻。

攀 pān

攀,从棥、大、手。棥即共(龚),同"樊",樊即篱笆,四周都是木桩子,即樊笼,亦称三界火宅,故其字去杂草丛生,林木葱茏。攀者,登也,一登即达,自性灵山人人具足,一念即到,故说"佛在灵山莫远求,灵山就在汝心头"。见性之人,见佛不拜,一拱而已,一指而已。庄子:"天地一指也,万物一马也。"憨山大师所谓"天地蜩双翼,乾坤马一毛"也。

槃 pán

槃,从般、木。般,从舟、殳。槃的意思是一人独自操木桨划木舟驶向彼岸,自得其乐也。般者,乐也,安也,以其独觉也。其心安如磐石无转移,故通"磐"。般的造字原理与本义同"朕"。般若之般,音波,行船之人,劈波斩浪,心无挂碍、无有恐怖,即观自在之"般若波罗蜜多",亦三世诸佛之"般若波罗蜜多"也!

泮 pàn

泮,从水、半。古代泮宫(现在之大学)一半为水,古称泮。古代泮宫以西南为水,东北者为墙。半字从忄(心)、二,二心为半,心之分也。心之体为道,道心之用谓"道生一,一生二",李白所谓"妙有分二气"也。半即判,一辟为二也。二本为乾为阳,中分(被忄丨分)则为坤为阴,坤为东南,故泮宫东南为水。乾坤一体,阴阳合道,所谓"独阴不生,独阳不长",故半即全,分即合,两面而一体,一体而两面也。水(氵)全为泉,泉即泉字,自性之水也,故源源不断,如来性海,岂可分焉。

培 péi

培,从土(坤省)、立、口(音孔,空也)。土为地、基业,立为人,培的意思是人法地之空(四大皆空),方能成就万世基业(土,有"基业"的意思)也。

彭 péng

彭,从壴、彡。壴即竖(丨),樹字从壴,直也。彡为光貌,心直

（丨）则光生也。壴，从十（丨）、豆，豆为祭祀之容器，空如鼓（〇）。上"丨"下"〇"，合为道字（道、德、直三字皆从丨、目，目通〇，〇即口，口的古字写作"囗"，口与曰、日、目字皆通）。彭者直心成道者紫气（光）东来也。壴亦古文鼓字，鼓空故能发声，彡亦声扬之貌，故彭的意思即彭彭之鼓声。

鹏 péng

鹏，从朋、鸟。即凤（鳳），知几之鸟也。凤生九雏（金凤、彩凤、火凤、雪凰、孔雀、大鹏、雷鸟、大风），"雄凤雌凰，天地交合，遂生九种"，亦即鹓鸟。鹓，从䜌省、鸟。鸾凤为玄鸟善于变化，所谓"北冥有鱼，其名为鲲。鲲之大，不知其几千里也。化而为鸟，其名为鹏。鹏之背，不知其几千里也"。鲲、鹏皆鸾之变。中国象棋变化多端，有书名为《金鹏十八变》，言其变化之多也。金鹏，即大鹏金翅鸟，其光如金也。然而，万变不离其宗，化身千千万，法身岿然不动也。大鹏为佛教大护法（大鹏明王），不离七佛（过去七佛：毗婆尸佛、尸弃佛、毗舍浮佛、拘留孙佛、拘那含牟尼佛、迦叶佛、释迦牟尼佛）左右，故鹏的异体字写作"䳜"，从七个"个"，即一个勹（包）加六个"个"字。

品 pǐn

品，从口、口、口，表示众口。口为空，三口生万物，故万物皆有品。万物皆空，空则同，故品的意思为齐、同。官品有二义，九品官阶不同而品德则同。《康熙字典》中与品字相关的字有 80 个，三个口一字形排列即"㗊"（雷）字。雷、靁、雲等雨字头的字都可以省略雨字头。三个口可以任意排列，如品的异体字写作"𠱠"，倒品字。也可以写成一字形，典型如本字，即森，异体字写作"桑"，从木、品。品的异体字写作"𠯤"，从口、中（中的古字上下不出头），灵即中空，空中生灵也。草木鸟兽和人都含靁，木下有靁为森（本字），人身有躯干，躯字从品（軀）。老板的板繁体字写作"闔",从门、品。品之空有三:阴、阳、天,三空然后能生万物。古人云:"独阴不生,独阳不生,独天不生,三合然后生。"

平 píng

平,从八、于。于为圆(〇)之半径(十即丨,丨如金箍棒,可贯天地,越三界),即宇宙之宇(从空、于),上边一横为圆心(折圈为一),下边"十"字即"丨"为半径,通天彻地。八为分。上天至公,宇内均分,故为平,平分也。平亦从一、小、丁。一为天,小为光,丁为下。平者如天光普照宇内下界,无处不照,无时不照,故曰平。平的古字写作"乎",从采、丂(音似)。丂即乙,一之动也,采的古字也写作"辨",分辨太乙之动本为一之谓平。知宇内太乙金华遍一切处,则知平也。太乙金华宗旨在于回光返照,自性之光,众生皆具,故亦平也。心平故,众生平等。《华严经》云:"心常平等普能遍入一切法界。"

萍 píng

萍,从艸(草)、氵(水)、平。萍谓叶与水平之草,即浮萍,俗称"漂子"。《周礼·萍氏注》:"萍之草无根而浮,取名于其不沉溺。"(《康熙字典》)无根者,六根清净也。六根为贼,杀贼务尽,故孙悟空保唐僧西天取经必先杀六贼(即眼见喜、耳听怒、鼻嗅爱、舌尝思、意见欲、身本忧)。六根清净则岂止能水中飘浮,三界亦任尔游行飞升也。《庄子·达生》云(蹈水有道):"吾始乎故,长乎性,成乎命。与齐俱入,与汩谐出,从水之道而不为私焉。此吾所以蹈之也。"萍水相逢,随波逐流,与水谐行,亦萍之道也。

破 pò

破,从石、皮,石蕴玉(牟尼珠)也。石不见金光,为其有皮,石皮为破,破则牟尼玉现而光生,光生即佛,其光无量。皮字表示以手(又)持刀，本义为剥皮。破字的意思是用手持刀把石头剖开，引申为一切物质从从中剖开为破。破的异体字写作"䃺"，从启、户、又，又字为手为心，户为门，启开心门为破。启户同灵（扉、屌）字，万物剖开皆心灵也。

攴 pū

攴，从卜、又。卜为教鞭为戒尺，又即手。攴为教师持戒尺之象，故攴为教。攴的本义为轻扑，即教师用戒尺打小孩手心，慈悲故轻而扑之，以示惩戒。课子为教，牧牛为牧，牧羊为养（异体字为"羖"），皆攴之意，凢意在于牧心（禅宗有牧牛图。上帝为牧羊人。牛、羊喻心，猴、象亦喻心）。手持戒具或鞭子（或说权杖）之象用另一个字表示为"尹"，教化一方为府尹，教化一国为君主。君，从尹、口，口字中间有一点即日，尹字造字原理同攴字。

菩 pú

菩，从屮、屮、立、口。屮，本义是草木从地下通彻地上，表示草木初生；屮字从丨，丨为多音字，此处读 xìn，要从下向上写。立为人，即站立之人。口为空，空人即佛，了生死之人。菩字表示彻彻底底了悟生死之人，即菩萨（菩曰了，萨曰见），菩提萨埵的简称。菩萨的意思是觉（菩提）有情（萨埵）或有情觉，如同草由根从下向上生一般，觉由心从内向外发，自觉而后觉他也。草木之生，其种子已死，化而为百草千树，比喻法身不灭不生，化身千变万化。菩亦树亦人，"身如菩提树"亦然，"菩提本非树"亦然也。

普 pǔ

普，从并、日。并的异体字"竝"，从立、立，立为人。两人并立日之上为普。《说文》："普，日无色也。"注曰："日无色则远近皆同。"（《康熙字典》）日无色者，人有色也，光从人发，其光胜日而使日无色也。普者，遍也,其光无所不照,而日光有所不照(阳光不能照覆盆之内),故普照者,大日如来也。普之意,人人佛性具足,众生平等,人人在日之上,皆有大日如来之本性。普者,自觉觉人,其觉圆满,故其光胜日。

齐 qí

齐,甲骨文写作"𖤍𖤍𖤍"。三个〇(〇即厶,厽字并排),本义为三颗种子一起发芽,后写为厽下面加二(叁,帘),表示平齐。厽,《尚书》以为参(叁)字,二、三皆乾字故可换。齐亦同"品",品,齐一也,〇即口故。《说文》解释为麦穗平齐,有的甲骨文也写作"𖤍",四个菱形表示麦穗。齐者,正等也,无有贵贱,万物一体也。四个麦穗形成一个空十字,即屮字,即七字,万佛即七佛。

岐 qí

岐,从山、支。支即枝,山如树丫分两枝为岐,故岐的古字写作"枝",从山、枝。山即屮(灵山),心为一体,其用殊途多枝而同归,故《易经》云"天下一致而百虑,同归而殊途"。心体周遍而不遗,所谓"心包太虚,量周沙界",心之岐路即心光之道,故能周。枝同"杖",从木(屮)、支(支),心王权杖,能决生死者也。岐的异体字写作"崎",右上有一点,一点为主,觉歧路而能自主也。《康熙字典》:"岐者,周也。"一语双关,古春秋西周之地为西岐,故岐为周地。周王(周文王)仁心,故天下归周。

其 qí

其,即"箕",古字写作"𠀆",从廿、乂、丌。"乂"在"廿"中间,箕星(二十八星宿)有四颗,成方形分布,所以箕从廿,形同簸箕,中间"乂"字表示相交,相互吸引交流共存亡。廿即"口",乂即"五",五口为吾,口为空,吾交于空内,"其"即吾心也。吾心动则风生(六祖:不是风动,不是幡动,仁者心动)。箕星为风神,箕星明亮则兴风,风行天下。"其"亦写作"门"(风字壳,亦人字变形),四颗箕星的象形,上边两颗为"踵",下边两颗为"舌","踵"窄而"舌"广,主风,其即风字,所以箕伯也叫风师。《康熙字典》:"箕者,万物根基(基字从其,一心为土)也。"《尚书·洪范》注:"好风者箕星,好雨者毕星。"《春秋纬》:"月丽于毕雨滂沱;月丽于箕风扬沙。箕有舌,为天口,主出气,受物之去来。"古人有箕坐,即《庄子·田子方》所谓"解衣般礴",指画家创作时不拘礼节、旁若无人,如意之坐,两腿长伸,其形如箕,顺其自然。

奇 qí

奇,从大、可。大为人,得一之人,独一无二,故奇的本义为不偶。可,从口、丂(巧省),古字同"哥(歌)",得一之大人吹竽而歌为可也。大为道之别名,大即"道"。大可即道可,道可,则无可无不可也。《道德经》开篇云"道可道非常道",有一断句为"道可、道非,常道",即道可以道或不可以道(非即非可),皆是常道。道法自然,绝是非善恶、弃仁义智愚也。

琦 qí

琦,从玉、大、可。可,从口、丂,古字同"哥(歌)",吹竽而歌为可;大为人;玉即牟尼珠。琦字的意思就是得牟尼成道之人(佛)独自欢歌。琦者,奇玉,人与牟尼合一,无我无物,惟留天籁之光在世间也。奇即不偶,佛之证道在己而无对(绝对),佛皆自觉者也。自觉然后觉人,达到觉行圆满。

祺 qí

祺,从示、其。示从二、小,二为上天,小为光,上天显露日月星三光为示。其即"箕",古字写作"丼","乂"在"廿"中间,箕星(二十八星宿)有四颗,成方形分布,所以箕从廿,形同簸箕,中间"乂"字表示相交,相互吸引交流共存亡。廿即"口",乂即"五",五口为吾,口为空,吾交于空内,"其"即吾心也。吾之心天发出三光为祺,祺者吉也。人生而成为自己的光,自然无不吉利。箕星为风神,箕星明亮则兴风,风行天下。

启 qǐ

启,繁体字"啓",从户、口、攴(攵)。启者开也、教也。独门为户,真空为口,日攴而教之以空门,以启民智。子曰:"不愤不启,不悱不发。"朱熹解释说:"愤者,心求通而未得之状也;悱者,口欲言而未能之貌也。"愤为满,满则不得,启为空,真空则得。启之功,在放下,心无挂碍,自然通达。

气 qì

气,繁体字"氣",从气、米。米,由两个乂乂交叉合成,表示射向八方的光,显示出光的粒子性;气,如波浪状的三横,表示光波,显示出了光的波动性。故氣的本义是光,光具有波粒二象性。米字两个乂可以省略为一个乂,氣字可写作"気"。乂即五,五的古字写作"㐅",意为交,交于空(口)为吾,心交于空为悟,故氣者吾自心之光也。心属火,心为体,光为用,故悟空为火,火的古字写作"灬"。气为光波,波为能量而不可见,故真氣从无,道家认为真氣之氣字写作"炁"。炁字是无字加一点,一点为主(造字方法之"指事"),表示不是什么也没有,无中生有(能量、波),空中有色,色空不异。炁即既,一切成就为既。氣即道,道生一,波粒二象合为一体,一生二,二为阴阳两仪,阴可见为色,阳不可见为空(波),二生三,"一气化三清(太清、上清、玉清)",故氣字从三。三生万物,万物皆道也,万物皆氣也,万物皆心也。内观其心,心无其心,知心之有无不二则得。不二合道,太极一圈为〇,圈(空)中有光为囵(音wěng,本义是圆洞,可见之宇宙,形似一洞,亦可称白洞),光即二氣交合,即卐字,光芒四射。〇内卐字为月(㊉),月即心,三界唯心,至矣!

弃 qì

弃,从云、廾,用双手丢弃逆子("云"为倒子)为弃。弃的甲骨文为"𠔃",从子、其、廾,其即簸箕,用双手把孩子装在簸箕里面丢掉。

千 qiān

千,从亻(人)、一(《说文》云从十,十即丨,亦一也)。得一之人为千,造字原理同"大"。人得一则灵,知道(佛、心)者也,故为千人拥戴。千者极多也,所谓"一即一切",即一切众生所拥戴为千人。一切众生所拥戴者,佛也。即佛即心,故千心为仁(仁的古字为"忎"),仁即牟尼珠,万物之内核真元也,释迦牟尼亦称释迦仁佛。仁而能生(天地之大德曰生),生生不息,故"千"立于地为壬(即妊娠之妊),能生之人堪任大事,故任字从千。千字的古音为rén,故仁、壬、任字皆为读作rén。

谦 qiān

谦,繁体字"謙",从言、兼。言即口,故谦字通"嗛"。口为空,谦言皆空也,故《庄子·齐物论》云:"大廉不嗛。"《注》:"至足者,物之去来,非我也,故无所容其嗛盈。"谦者,歉也。谦的小篆写作"𬀩",从两个"秉",从又(手)、秝,像一手持两棵庄稼。本义为一手执两禾。禾即和,谦即两和也。《周易·谦卦》:"地中有山,谦。君子以裒(减)多益寡,称物平施。"即谦者把多余的粮食让给别人,非歉收之歉。老子所谓"天之道,损有余以补不足"也。谦可谓天之道也,人法天故宜谦。

骞 qiān

骞,从寒省、马。古字写作"𡩋",为一个人独坐在地上空林(四个中字)中之象。马喻意(心猿意马)。骞者,独觉静心时意游广寒空林中,冰消地亡,惟见于空,故骞有"飞举"之义。道经所谓"尔时,太上老君在八骞林下,七宝台中,怡然默坐"。注:八骞林,传说中的月(广寒宫)中树林。《云笈七签》卷二三:"〔月晖之圆〕有七宝浴池,八骞之林……比十七日至二十九日,于骞林树下,采三气之华,拂日月之光也。"诗曰:"意马独觉游广寒,心猿归正颇肃骞。八骞林下采三气,七宝池中浴九元。怡然默坐冰消散,口吐莲花法演宣。常应常静入大定,随时随机道因缘。"

牵 qiān

牵,繁体字"牽",从玄(后改为"大")、冖(音幂)、牛。玄为牛绳,冖为牛鼻桊。牵的本义是一个人牵着一头穿鼻牛。牛即物,"牛为大物,万物之数起于牵牛"(《康熙字典》),故从牛。牵者,人被物欲所牵也。《清静经》云:"人心好静,而欲牵之。"人被物欲所牵,故心不能澄清而生妄念,沉沦苦海而不能出。禅宗有十牛图,意为十个步骤牧牛,摆脱物欲之牵累,走向自然之境。牛即心,心物不二。牛的古字写作"ψ""ψ",同↑。

乾 qián

乾,从倝、乙。倝的意思是日光初出金光灿灿,乙为一之动,表示阳光闪烁。倝的异体字写作"𣅥",从三个日,日字同口,即〇,三个日为晶,也同品,都是〇(灵)字,上下的"十"字表示光,同"小"或写作

"木"或写作"卜"，下边"十"字也写作"丂"即"于"字，表示光在波动中远行，到达宇宙任何之处。乾的意思是人之灵光四射，按光的波粒二象性，有直行（十即丨），有波动（丂、乞）。乞同"气"，古字同"三"或三个"乙"，即乾卦之乾三连。乾字之"于（丂）"即"宇"为天，天人合一为乾。天得一以清，一即天人之共灵、〇，亦即道。

强 qiáng

强，异体字"強"，从弘、虫。弘为大声。强的本义是大虫（如龙、虎）发出强大的啸吟声（龙吟虎啸），威慑一切。强的本字为"彊"，从弓、畺。畺即"疆"，表示疆界，畺字从三、畕，畕亦疆字，三表示疆界的界限。彊的意思是弓强有力，其箭可越三界，故说强。天行健为强，故《易经》有"天行健，君子以自强不息"之说。《礼记》云"四十曰强而仕"，意思是人到四十岁是强健的年纪，可以去当官走仕途。因为四十不惑，智虑强，气力强。强者心也，心如龙（如意金箍棒，丨、乙，皆虫之变形），能长能短，能粗能细，能显能隐，如金刚镯、乾坤圈经久不坏，故说强。

蔷 qiáng

蔷，从艸、啬（墙省）。啬，从来、回（廪省，从亠、回，穑物回仓廪），本义为来来回回爬满墙的草。众生皆蔷，轮回多次为众，故名众生。艸即中，心也，轮回指心也。异体字从四个中，四方皆草，四方皆心也。蔷的异体字写作"僑"，从人、啬，来回者人也。蔷的异体字写作"㯿"，从彳、两个刃、两个止，刃即倒止表示脚，两刃两止表示四足相对，寸步难行，意味着难脱轮回，涩止在苦海中也。

亲 qīn

亲，繁体字"親"，从立、木、见。立即人，木即小（小为心光），人见自性心光为亲。异体字写作"敫",从亲、攵,攵为教,教人见性者亲。亲的异体字又写作"親",从士、示、见,士即㞢,心生如草也,示即上天日月星三光,见心光与日月同辉不二者亲。亲的异体字写作"嬠",从女、亲。女即汝,汝自心为亲也。亲的古字从辛、木。辛为倒立之人,即子,母生倒子为顺产,为真亲。

勤 qín

勤,从堇、力。堇,古字写作"蓳",从黄(堇字上边是黄的省略写法)、土,本义是站在黄土地上的人。力是一只手。勤就是在黄土地上靠自己双手辛勤劳动的人。黄,从田、苂,田即心地,苂是光的古字,心地之光为黄,心地放光者谓之黄帝。黄帝之光如箭,号为轩辕箭,心箭也。土,从中、一,中即心,故勤的古字写作"懃",从心。心之勤为正精进,真修行者也。心不可得,心无挂碍,心上一丝不挂、一尘不染,故不可着力,老子所谓"无为",释迦所谓"不作",故心勤亦是病。勤的异体字写作"瘽",从疒(病),修行者宜知之。

琴 qín

琴,从二王、今。王象琴弦,今象琴身,古"琴"字即七弦琴之象形。琴的异体字写作"珡",从人;瑟字从心,琴瑟皆人心所作,欲以"禁制"也。《白虎通》(东汉时诸经解释之标准答案):"琴以禁制淫邪,正人心也。"正人心故,伏羲氏削桐制琴,师法天地(《琴论》:面圆法天,底方像地)。人心多欲多思,充满颠倒梦想,故古文制琴以伏自心。音由心生,琴即人,故琴以无弦为高。琴的异体字又写作"鏧",从亦(腋)、二王、令、正,二王为琴弦之貌,亦是琴之八音,令即命字,臣服于天命,琴的意思是人心正则率性听天命,然后八音出于胸臆也。琴字的异体字"鏊",从金,既是表音(同"今"),亦是金人,身生金华之人即诸佛,佛即心王,故金即心。金光强耀而伏魔,禁其乱也,故琴从金。

沁 qìn

沁，从水、心。心行如水，心如止水，随形就器，随缘不争。沁的甲骨文写作"⊂⅁⅁"从心、乙（之），表示心如弯弯曲曲之江水，曲则全，无所不至（《曲礼》之曲即此意）。有妙顺师太造字作上"水"下"心"，谓心上之水如春雨滋润，"润物细无声"，沁人心脾，故读音为滋，兹心如水也。水至柔而成波，心波也，乙即万物之波动性。古人"以物探水为沁"，物即心，心外无物故，心波不离性海，心水合一也。

青 qīng

青，从丹、生。丹即井（丼）、口（音 kǒng，空也），丹如井源，源源不断，以其空也。空则生光，上照为中，下照为十（巾），皆为心光。青的异体字写作"苧"，同草，而少一个中，草字头为艹，青如草之生，生生不息，下生灵根，上生花叶。中，澈也，心光清澈，一尘不染也。中省略写作｜，丹省略写作日（古字丹即日），｜、日合为"白"字，故青即白，丹青而生白光也。青的异体字写作"夻"，从大、中（或山），大为人，中为心，青者人心也。

轻 qīng

轻，繁体字"輕"，从車、巠。巠，本义为把丝线拉直。轻为纺车，即纺织机。巠，从一、巛（川）、壬（工），一为地，地下川流，直波为巠。轻车如水流。"巠"上一为天，巛为光线，天下直光为巠，日车载光，轻者莫过于光也。壬（妊），怀也，人怀光也，不亦轻乎。《道德经》："圣人终日行不离淄重；重为轻根，静为躁君。"佛心无分别，故一轻重，即不分轻重（佛心无时，即无古无今）。

清 qīng

清,从水、生、丹。小篆写作"清",从氵、生、井。井即"丹"(井的古字写作"丼",中间有一点)。清字的本义为井水涌生,其水清澈可照人也。清者神也,神宜清也。《清静经》谓:"夫人神好清,而心扰之,人心好静,而欲牵之。"老子《道德经》云:"天得一以清。"一即道、即丹、即本源自性也。清的异体字写作"圊",从囗、青,丹生于空,空为道,庄子所谓"道在屎溺",故圊的意思为厕,厕为清,不亦可乎? 清的另一个异体字写作"清",从辶、青,丹生而青,悟道而行,无处不至也。

情 qíng

情,从忄、丹(非月,同青)。性由心生,故丹心生情。丹为道,《清静经》云:"夫道者,有清有浊,有动有静,天清地浊,天动地静,男清女浊,男动女静。"心为阳而好动,动则生情,情者,喜怒哀惧爱恶欲,七者不学而能,本能也。古人云:"丹可磨也,而不改其赤。"丹至青至纯,情者清也,"清者浊之源,动者静之基",故情之生也清静、纯洁、真实不虚、纯粹自然,来不得半点虚假,伪则非情。情字古文作啨,从口,空也。心空故情亦空,空生妙有而现金丹,情之至也。

晴 qíng

晴,从日、青。青为丹生之炉火纯青,金丹生光如日照,晴空万里也。晴的古字写作"姓",从夕、生,夕为夜,夜生皆星也,故晴即"星"。星即〇(武则天造字),空也,灵也,金丹也,牟尼珠也,太极也,道也,佛也,名异而实同。空故能明,其光胜日,晴之至也。

庆 qìng

庆,甲骨文"庆",象一个眉开眼笑的人手(止)捧宝贝(心),心即宝贝牟尼珠,佛光普照。繁体字"慶",从鹿省、心、夂(行),心即佛,无始无终,久比天长。心者,所谓"有物先天地,无形本寂寥。能为万象主,不逐四时凋"也。《康熙字典》:"吉礼以鹿皮(鹿字无比)为贽(见面礼)。"有四义:休、善、赐、福。庆的本义是一个拿着贺礼去庆喜的人。庆的古字写作"㥳",从双、了、心。心已了,道已成,举双手庆喜,伏双脚顶礼也。庆的另一个异体字写作"廌",从庚、心,上下结构,庚为西方主谷,像秋天时万物庚庚有实,心知秋收故堪庆也。

磬 qìng

磬,从声、殳、石。殳(音 shū)为手持工具敲击。磬表示手持工具敲击砭石发声,产生美妙的音乐。作磬的砭石以徐州吕梁为佳,尚书有"泗滨浮磬"之语,训诂大师孔颖达解释"泗滨浮磬"说:"泗滨,泗水之滨。石在水旁,水中见石,似若水上浮然。此石可以为磬,故谓之浮磬也。"击磬之五音入五脏,可以治内病,此为乐疗。音乐使人快乐,故乐(繁体字"樂")字义同。药的繁体字即"藥",艸加乐为药,令人快乐之草。

穷 qióng

穷,繁体字"窮",从身、穹。穹即空,苍天之空也,穷即身空,两袖清风、一无所有。异体字"窮",《说文》:"窮,极也。"窮,穴、口皆空,身心灵三空。佛家云:"真空缘起。"古人云:"穷则思变。"《韩诗外传》:"兽穷则啮,鸟穷则啄,人穷则诈。"禅宗有种令人开悟的方法,就是把人逼到穷途末路,比如黄檗的"一律三十棒",如木叉禅师之木叉不管"道与不道"叉人咽喉。富贵之极亦曰穷,佛家之大彻大悟成道者都是太子出家,如释迦牟尼。

琼 qióng

琼,繁体字"瓊",从玉(王)、夐(音 xuàn 或 xiòng)。夐,从旻、目、攴（通扑），求也，视也，远也。瞿，目攴以诚，双目焕然，孜孜以求真玉牟尼也。

秋 qiū

秋，从禾、火。禾即和、穗（口字为穗之形），秋表示成穗之日。稻穗之成，满园一片红火，故秋字从火。火者，一喻秋收红火之象；一喻天干物燥，正好收割之时。秋的异体字写作"龝"，从秋、龟。龟者归也，稻谷归仓，亦秋收之象。稻者道也，秋者就也，成道者之成就，回归自性也。汉字之美在会意，一个秋字，离人心上秋，曰秋者愁也。道人见之曰："秋者就也，一切天成，道法自然。"佛家曰："秋为和火，和光同尘，万物一体，四大皆空，三界同归也。"

仇 qiú

仇，从人、九。九指一只手，包括大臂、肘、小臂、腕、五指九个部分，人手为仇。仇本义指左右手相匹配，故仇者匹也（《说文》）。相互匹敌，相反相成，一阴一阳之谓道。恩怨皆仇，佛经所谓"诸佛皆有提婆达多"，佛魔相仇，互为导师。手即心，九字头即忄（心）字变形，乙为一之动，心动则成仇，如量子纠缠，阴动则阳动，独阴不生、独阳不长也。仇的异体字写作"扴"，从求、九。九求即心求，心动则求，所谓"窈窕淑女，君子好逑"也，仇与逑亦互通。仇的异体字写作"雠"，从隹、言、隹。隹即鸟，雌雄双鸟相对言为仇，仇即应，上鸣下应，"只羡鸳鸯不羡仙"也。

囚 qiú

囚，从人、口。口者空也，人桎梏于空为囚。虚云法师开悟后云："杯子扑落地，响声明沥沥；虚空粉碎也，狂心当下息。烫着手，打碎杯，家破人亡语难开；春到花香处处秀，山河大地是如来。"即为"跳出三界外，不在五行中"，所谓人脱于囚也。人口为佛（仏，从人、〇。〇即口）字。故囚与佛本为一字,众生平等也,要之,在于觉知自己乃系于空也。不知成囚,知之即佛。空掉一切,人亦成口(空),则囚变为回字。回归自然、回归真家也。

裘 qiú

裘,从求、衣。求的古字写作"",从手、毛。本义为手感不错的毛衣,即皮衣。毛感于手,则亦可粗可细,故裘同衰(从冉,二毛),粗毛之蓑衣也。手即心,感之以心,则毛非毛、衣非衣,故为法衣。裘即球,从玉、求。玉即牟尼,故为法衣。僧裘即僧衣、佛衣、法衣。法衣即心,心不可得,故法衣亦不可得。当年惠明追赶六祖惠能来抢法衣,却拿不动,法衣同三界,包含自己,人衣不可分,故不可拿。六祖随即问"汝为衣来,为法来",惠明答"为法来",然后才有惠能的开示"不思善,不思恶,哪个是明上座本来面目"。

躯 qū

躯,繁体字"軀",从身、匚、品。身即孕,从乃、子,象一个大肚如弓的女人。身的异体字写作"㑑",故女子有孕称有身。匚即"方"(囗)、即空;品即"灵",灵隐于匚内,故不可见。躯者身体,身心合一而有灵,身为形,灵为体也。躯的意思是身中有灵,灵体而身用。身者躬也,不仅是大肚身如弓,也是身体力行、以身作则也。躬也写作"躳",从身、吕(宫省),身体子宫变大而挺立,挺立而显弓形曲线。躯的古字"軆",有心字底,从身、區、心,谓身心灵合一也。躯亦通"身",身亦通"軀",弯腰的老人。人之身心灵合一者,则臣服于天地,身屈如弓者,普敬一切众生也。

觑 qù

觑,繁体字"覷",从虚、見。虚即虚空、空寂,见即照见、觉照,空寂觉照为觑。虚,从虎皮、业,虎皮为空,业空为虚,所谓"了则业障(因果)本来空,不了还应还宿债"。虎因吃人而造业,轮回不息,则称黑虎。虎皮与人(几即人)合一为虎,非虎吃人,人吃人也。虚的异体字写作"㦚",从上(下一写作"乙")、六,上为光(光字头为小,小之半为上),六为六合,六合皆光为虚,虚空皆光也。見,从目、儿,儿即站立之人,大人之目为见,二目归一,一归○,心空一切所见为见。

权 quán

权,繁体字"權",从木、雚。雚即鹳鸟,甲骨文"",象一只鹳鸟,中间两个"口"表示眼睛。眼用来观看,故观(觀)字从雚、見。木表示秤杆,古代秤杆用木质坚硬的黄花梨木制成,称重量时眼观杆秤之星、手握秤锤以决定平衡。权的本义是黄花木,后来表示秤锤,因为决定平衡的是秤锤。称重时通过调整秤锤在杆秤上的位置来表示不同重量,所以权的主要意思是权衡、变通。佛教中诸佛菩萨根据众生根基不同而说的适宜于一时一众的教法叫做权教,所谓因材施教也。

全 quán

全,从倒口(人)、土。倒口为阴,土为阳,阴阳合一故全。全的古字写作"仝",上全下丣(酉),丣为天门关闭之象,与卯(卯)相反。全亦从工,即"仝"(同)字,全则同。

泉 quán

泉,从白、水。白即自(自白),自水为源,本源之水也。老子造字"自家水"合为药(藥)字,长生不老药也。吕祖《百字碑》云:"自饮长生酒,逍遥谁得知。"此酒即泉(酒泉),自家水也。《圣经》云:"我即酒,饮我者可以永生。"酒的英文为 spirit,即精神,"上药三品,精气与神",可谓泉也。

佺 quán

佺，从全、心。全，从人、王。人与心王牟尼合而为一为佺，全心则全知全觉，成就无上正等正觉。据妙顺师太说，全心应作上"全"下"心"，心正则全。全的古字写作"仐"，从全、亓，亓即酉，表示天门关闭（卯，表示天门开），亓表示万物已成就，作物已收割，可以做酒，故酒字从酉。

群 qún

群，异体字"羣"，从君、羊。君为真君、主宰，羊即众生，故群的古字写作"𦏯"，从君、众，统御众生者也。君，从又（手）、丨、口，手执一棍教化四方也。真君者，真我也，禅家谓之真主人，道家谓之元神。浙江兰溪有牧羊者名黄大仙，因牧羊而成仙，有"叱石成羊"之能。羊者，阳也，心为阳，牧羊即牧心。心如猿猴而好动，如牛羊性野而难驯，故须常牧之，乃至人羊两空而证道，倒驾慈航而普度众生，方谓之群。群者群主，主群者也（校长，长校者也），众生之共主也。群的异体字又写作"䭴"，从马、牛，群者，牛马也。

燃 rán

燃，古字写作"然"。"然"的古字又写作"難"，从难、火，上下结构。火即心光，言心光难生，生光不易也。难，从堇、隹，堇（菫）从口（〇）、夫（大），为识灵得一之大人。难，古字写作"𩀱"，从上下三个口、隹，三口为"灵"（也是"合""会"字，灵会合，一也，心领神会），故"难"为灵鸟，大鹏金翅鸟也。《康熙字典》："难（木难），珠名，金翅鸟沫所成碧色珠也。"碧色珠者，牟尼珠也。难即牟尼珠，"然"即牟尼珠之光，佛性之光也。佛光长明而普照，故称"燃"。以心传心，一佛之心灯点燃众生之心灯也。

让 ràng

让,繁体字"讓",从言、襄。《说文》:"相责为让。"让的本义即相互责备、互不相让。"襄"从衣字分开,汉令"解衣而耕为襄",从吅(音喧,义亦喧)。吅者,两人高声吵架也。襄的异体字写作"㐮",从土、手(中)、爻,表示争夺土壤,吵架不成,各让一步,以手布爻而用占卜解决。让字从言,亦空也。让的古字又写作"𩫞",从双手(彐)、古、月、两撇两捺(光貌),双手尊奉古道则心月生光也。喧闹皆空,让道(一切以道为圭臬)为真。

热 rè

热,繁体字"熱",从埶(藝)、灬(火)。火之艺为热,本义为手执火把取热也。执(執)为手被拷(幸为枷锁),火为心,心火旺而生热,心有执着故。心若无执,则天不能热。

人 rén

人,古字写作"冋",从冂、冂。内外结构,即冂内有冂,冂为空,故内外皆空为人。冂即炯,自性之光也,故内外皆光为人。冂字其实是人字的变形,同"儿"字,一儿(大)为天,天的古字写作"兂",上下两个"兀"字,天为人上人也。人为万物之灵,灵为空,故人为灵中之灵也。"冋"右转九十度,加"丨",为"囙",即"因"的古字。因,从囗、大,囗为空,大为人,人空为因,佛亦此因,人亦此因。太极一圈,折圈为"丨",一人为大,因之义亦大也。因的古字写作"煛",从囙、火,心为火,火空为因,心空故也。《证道歌》:"了则因果本来空,不了还应还宿债。"人心为因,一切唯心造,至矣!

仁 rén

仁,古字写作"忎",千心为仁。一人为千,千字即一个人的象形,即得一之人。一即仁,即金丹,即牟尼珠。儒家得仁者谓圣人,道家得金丹者谓仙,佛家得牟尼珠者谓佛。仁,从二、人。二为正等、全等,即君臣等、父子等、夫妇等、长幼等、朋友等。故,二为齐、均,均齐从二,人同尸,尸下二亦为仁的异体字(𡰥)。人坐入大定如尸不动,而仁心能觉,非麻木不仁也。定而能觉者,佛也。二心亦为仁(忈)字,二为上、齐、正等也,心能正等则成正觉,佛家所谓"阿耨多罗三藐三菩提"即"无上正等正觉"。

忍 rěn

忍,从刃、心。刃即倒止字(如"涩"字,表示两脚相向而难行)。止字为脚形,脚趾向外,能止能行。刃字即脚趾向内,向内走,心止为忍,心如止水、亦如流水(行云流水)。静水流深,如来性海,水深难测,亦止亦行,皆心也,故忍字从心。忍的异体字写作"靭",从韦、刃。韋上下两只脚,古文四周四只脚。故忍即"韦",即"囗",空行也。

认 rèn

认,繁体字"認",从言、忍。忍,从刃、心,刃即倒止字,心止为忍。忍辱者即面对侮辱无动于心。认者,心止而后有所言也。忍辱为六度之一,释迦牟尼本生曾为忍辱仙人,修忍辱而成佛,即《金刚经》所谓"昔歌利王寸磔如来"。忍辱成佛而后之言,所语皆菩提也。觉悟后体认之人生宇宙真相(真如法界),所认为真,如是认者为真认。

任 rèn

任,从人、壬。壬为大肚之人,通妊娠之"妊"。大肚能容,容天下难容之事。大肚即大度,能容故能生,能容者空如子宫。壬,从人、土。原意是离不开土地的人,土生万物为母,人不离母,义同。任的古字从亻、工。工乃顶天立地之人(挺立之挺,从壬,意同),故有容人之量,堪为大任。能容者莫过于心，心包太虚，量周沙界，至大无外也。

日 rì

日，从〇(口)、一。甲骨文写作""，即☉，同口字，空也，空中有主也。丶音主或烛，日字意思是心中一点灵光由内照外也。一或丶者，空中之妙有也。〇象其形，一象其实。实即太阳之精，其精不亏，故言实。日字有七个异体字，皆从〇(口)，即其形不变，而对其实的描述有不同：一之动为乙，故日的异体字写作"囜"，从〇(口)、乙；传说乙为鸟，即三足乌，故日的异体字又写作"圖"，从口、乌；太阳之精实而不亏如同赤子(刚出生之婴儿，肤色赤红，故称赤子)，故日的异体字又写作"囚"，从口、倒子；或写作"圆"，从口、流省，流字即刚出生之婴儿，与羊水一起流出之象；日之实为光明，孟子所谓"大人者不失其赤子之心也"，故大人可与日月合其明，大人即圣人、真人、诸佛菩萨，证空者也，亦称"无人"，无人合为古字"丐"(匄)字，故日的异体字又写作"囮"，从口、丐，丐之意为取为与，三体轮空也；丐为两个乙字交转，即卐字，丐为乞取，乞取于空(口)者，佛也。佛为托钵僧，三体轮空而乞，无人相，无我相，亦无丐取相。空人丐空人，太乙金华生，光芒照万丈，真空有真神，日也。光明即孟子所谓"浩然正气"，故日的异体字又写作"囸"，从口、正。正的古字从〇(折圈为一)、止，止即脚形，兼具行与止之意，且行且止，如来如去如天上白云，故日的异体字又写作"囩"，从口、云。汉字表意之妙如是！

荣 róng

荣，繁体字"榮"，从火、火、冖(门空)、木。本为草木开花。火为开花之貌。花即华，华者日月光华也，故从火(光字从火、儿)。草木的生命在开花，人亦如是。《太乙金华宗旨》国外翻译为《金色花的秘密》。榮亦写作"栄(日本汉字亦如此)"，冖为空，栄字从觉(古字觉字头即觉字)、木，木觉则开花，人觉则成佛，一也。木为枯荣双树，释迦牟尼成道之所在，东南西北皆有枯荣双树，共八棵树。木有枯荣，人有生死，自然之道也。

融 róng

融，鬲、虫（蟲）。鬲为古代炊具，炊气（蒸汽）上升如虫飞，最后融入空中，融化之融也。鬲者离也，离为火，火中虚空故离为明。祝融即上古火神，故融之义为大明，《康熙字典》所谓"明之盛也"。融通"彤"（即彤），其光彤彤也。虫从中、一、丶（烛），虫即烛之省，火虫能烛照，故以虫表"明"。三个虫字为"蟲"，形同彡，光之貌也。吕祖《百字碑》云："气回丹自结，壶中配坎离。"鬲形如壶，下火上水，水火相济，丹结光彤。

如 rú

如，从女、口。女即汝，你自己；口即"空"，汝空为如。女为母，口为空行，如即空行母也。空行母之行也，如如不动，因空故不动，真空无风、无色无声无香无味。《康熙字典》："本觉为如，今觉为来。"觉者即证悟自性为空，空而不空，空生妙有。空空如也，古今一如，动静一如。女，本为跪坐之象，臣服者也。从水（氵）为汝者，臣服如流水，念念如流水而不住则空（口），故汝通如字。全然臣服，汝即如来！《说文》："如，随也。"女子在家从父、出嫁从夫、夫死从子，三从者，随顺众生之谓也。

辱 rǔ

辱，从辰、寸。"寸"也可以写作"心"字，辱即忍，手（寸、又）足（止）皆心字之变形也。辰，从乙（厂即反乙）、二、匕，二为古字上字，上乙即太乙，心之异名；匕字音 huà，本义即化，化人也，太乙行化之谓辰。乙即心字之"斜月一钩（乚）"，乙谓一之动，心动则震，故震字从雷（雨）、辰。心动而念起,念起即乖,故自取其辱。寸(手)即方寸,方寸心动则辱。人心之动始于晨,故"晨"从辰,谓人睡觉而苏醒之后开始生念,念念不绝。《说文解字注》:"辰为房星。"房星是天驷(四颗星),即天马,心猿意马。马喻意,起意即动念。故房星起,为春天播种之时,人们开始下地劳动。

瑞 ruì

瑞,从玉、耑。耑为物之初生,即开端之端。"山"为物初生之形,"而"为物之根貌,故耑即物(揣即以手度物之高,故说揣度)。物之初生也,未失初心,纯洁如玉,故可为信物。瑞即信也,圭璧宝玉而成之,故瑞从玉。人若不失初心则成圣成佛,天降祥瑞,百花非季而开,大地非时而动,所谓瑞应也。"而"形像篆文天字,下面"冂"内两"丨"为古"人"字,天人合一为"而",天上之山为"耑",灵山也。灵山之玉为"瑞",心之应也。耑字象老人之貌,"山"像老人头发,故瑞字为老子怀玉(披褐怀玉),玉伴人老也。

睿 ruì

睿,从壑省,即古之"壑"字,从目、谷省。本义为深壑(科学上所谓"黑洞"),应物无穷。睿,古字"叡",从睿、又。又为手,黑洞(Black Hole)在一掌中,外暗而内明。诗云:"一花一世界,一沙一天堂;无限掌中握,霎那成永恒。"《说文解字》:"叡,深明也,通也。"异体字"𪛊",从睿、圣,圣人深明大道也。老子《道德经》云:"谷神不死,是谓玄牝。玄牝之门,是谓天地根。绵绵若存,用之不勤。"谷神即道之别名。有无相生故不死。有化为无,可谓善逝(佛十号之一);无中生有,可谓如来。有无相生,无始无终。圣人师法天地大道,明通造化生生不息之机(吕祖《清静经》:"坐听无弦曲,明通造化机。"),故称睿智(般若),文殊师利之智也。

若 ruò

若,古字写作"𦰩",为两颗苗(艹)一只手(右)的象形,没有"口"字,表示"以手间苗(踢出劣苗以扩大苗间距,使留下来的苗有很好的存活空间),去劣留优"的意思。后来若字加"口"字,表示指导间苗之法;口亦为空,表示加大苗间距的意思。《说文》:"若,择菜也。"苗之若生若死在于人一念之间,有"空"则生,无"空"则死,若乃"留空"之道也。若字在般若、阿兰若诸梵语音译中读音同惹,三祖僧璨所谓"至道无难,唯嫌拣择",手即心,手择即心择也。若古音读 rú,义同汝,汝心为惹之因也。

萨 sà

萨,繁体字"薩",从中、㞢、阜(阝)、产(產)。阜为山,产为生,本义是产于山边之草。山边生众草,故萨即众生。萨的梵语 sattva,即有情、众生之意。中即彻,㞢即心字,自心彻悟为中。中(丨)即不二,《中庸》所谓"天地为物不二故其生物不测也",诸法法门八万四千,一言以蔽之曰不二。产字从立、生。立为人,彻悟人生者即菩萨。

三 sān

三,三即古"乾"字。乾为天,在阴阳两仪中写作"一"(一为阳),在四象中写作"二"(阳中之阳),在八卦中写作"三",天地之大德为生,故老子云"道生一,一生二,二生三,三生万物"。气的甲骨文亦写作"三",孟子所谓"我善养吾浩然之气,其为气也,至大至刚,以直养而无害,则塞于天地之间。"天、气皆心,心为三星洞,即三个〇,折圈为一则成三也。心空故不可得,梵语"三"(sam)即空的意思。三的繁体字为叁、参(參),厶为〇(灵)为空为星,彡为光为气,三字表示人心空如星而光生。

丧 sàng

丧,繁体字"喪",古字"罜",从哭、亡,人亡当哭也。哭,从两口、犬。叩为喧,犬为"獄"省,地狱门前两犬对吠为"獄",哀众生之亡也。丧曰失位,位为立、人,失人之位则成鬼成神,不失其灵(〇)也。丧的异体字写作"噩",从噩、亡。口为空,天地间四大皆空也,空得空丧,何得何丧?古人云:"知得丧者,其圣人乎。"

骚 sāo

骚,从马、蚤。本义是马因马蚤咬而骚动。骚者,扰也。马为意马,心神也。人神欲清而心扰之,人心欲静而欲牵之。蚤字从叉、虫。叉即心(叉同又,又为手,皆心字之化,形同巾,巾可朝向八方),心虫善动而不安,故多骚扰也。

色 sè

色,从刀、巴。刀即匕,化人也;巴,从巳、丨。巳即阳之极、纯阳者也,丨为天地一贯。色者,化人纯阳一贯,故紫气东来,如道德真人(太上老君)。紫气者,可见光能量之最高者,凡可见者皆称色。物色者,即光之色也。色的异体字写作"𦘴",从匕(化)、矢(箭)、一、自、止(行)、彡(光),化人得一而自行如箭,紫光可见也。

啬 sè

啬,繁体字"嗇",从来、回。来即"麦"的古字,回即"廩"的古字。啬的本义为农夫将收割的麦子放入粮仓。农夫一般称啬夫。老子《道德经》所谓"治人事天莫若啬",意思是修身养性莫过于农夫。"天下第一等人是农夫"(郑板桥语),因为农夫顺应天时,道法自然,上承天命,随时耕耘。农夫之要务在藏,多入而少出,故啬有节俭之意,"俭故能广"。

稼穑者，农夫家事也，故稼从家。啬从回、来，回家者，心在家也，故不必外觅。孟子曰："学问之道，收其放心而已。"汝（女）心在家则安，心安则定，心定则慧，慧则见如来藏，此谓真啬夫。

瑟 sè

瑟，古字写作"瑟"，从琴省、心。心上无弦琴为瑟。吕祖所谓"坐听无弦曲，明通造化机"也。瑟的古字也作"琹"，象琴之形，其实是象大人两翼双飞之形。瑟的异体字写作"奔"，从大、非，类似古文"舞"字。伏羲氏制瑟为五十弦，黄帝使素女鼓瑟，哀不自胜，乃破为二十五弦。弦多声碎，瑟瑟如秋风落叶，沙沙作响。瑟即"箫"，箫即"籁"，庄子所谓"人籁、地籁、天籁"之籁。人心如箫瑟之多孔，参差不齐，长短高下，故宫商异律，音声万殊。佛以一音演说法，众生闻之皆不同，体（佛性）一而分殊也。庄子云："（天籁）夫吹万不同，而使其自己也，咸其自取，怒者其谁耶？"（怒者即发动者，原始动力也）天籁即自然之箫声，风声、雨声、虫声、鸟声，乃至花开之声。天籁之音，音声相和，和之至也，天人合一，如是则声无萧瑟（形容声音冷清凄凉）、亦无哀喜（竹林七贤之一嵇康著有《声无哀乐论》）。萧瑟之声或天籁之音皆由人心造也。

僧 sēng

僧，从人、曾。曾，从八、囟（窗、田）、口（曰），八即人（古字亦写为刀）；八即小（光），古字亦写为小，口为空，同厶，人厶为仏（佛），僧即心光外照之佛。囟（囧）字从口、小，小即心，故读音 xìn。心即光，心光内含而不露为囟，故黑字从囟。光相交为乂、十，分而为八，故曾字亦写作"曾、曾、曽"，分别从八、十、乂。

沙 shā

沙，从水、少。少字四点象四粒沙子。少即小，即忄、忄，心光一体，示照三界,心水觉照为沙。自心为息,勤息为沙门(Shramana,勤修息烦恼而证涅槃之义,即出家者)。沙门者,空门也,心空为沙。

山 shān

山,甲骨文"(图)",象地平线上起伏连绵群峰之貌,有三座峰头,本义为起伏叠嶂的峰岭。篆文写作"(图)",从凵、人,所谓"山高人为峰"也。山即灵山,妙高峰也,山因人(心)而高,故说妙高。古德云:"佛在灵山莫远求,灵山就在汝心头。"

珊 shān

珊,从玉、册。册为古代书卷竹简,本义为状如书卷、泽如玉的珊瑚。册的小篆字写作"(图)",象五根树状物束成一圈。五竖表示五行,玉比喻牟尼宝珠,"玉"在"册"外,表示珊瑚美玉不在书册之中,亦"不在五行中"也。诗云:"我玉如古月,不在五行中。珊瑚海内照,万古一长空。"

善 shàn

善,从羊、言,羊之叫声轻柔而含慈悲,故称善。异体字写作"譱",从羊、言、言,或从三个"言"字(譶),皆为善字。慈悲之语,多多益善也。言字从口,口亦有"空"的意思,故为善而空,如谷应响,不留一物(马一浮《童蒙箴》:何名为佛,不留一物),佛教所谓"无相"也。善的甲骨文写作"(图)",从羊、目。羊即详字,慈祥之目光为善。

伤 shāng

伤,繁体字"傷",从人、人、昜。昜即日光(阳光),人人皆伤阳也。心为阳,则人人伤于心也,故伤的异体字写作"愓",从心。昜字从勿,勿为光之貌,亦不要之意,即不要直视阳光。阳在外,凡伤于外者为阳。《素问·调经论》中说:"夫邪之生也,或生于阴,或生于阳。其生于阳者,得之风雨寒暑。其生于阴者,得之饮食居处,阴阳喜怒。"生即伤也,生于阳即伤于阳,伤风、伤雨、伤寒、伤暑,人之正气不足,则伤矣!

商 shāng

商,从六、内、口。内,从人(人)、冂,本义为"由外知内也"(《康熙字典》)。内即"纳",通"入",六纳口者,六入空也。佛学十二因缘中,六入为过去二因(无明、行)所得五果(识、名色、六入、触、受)之一。行曰商,处曰贾,商人行于外,贾者居家中。六入可商者,觉知六入皆空也,故《心经》云:"无眼耳鼻舌身意(六入)。"六入空后可知心音之商,由外知内也。

上 shàng

上,从卜、一。卜为人(囚的古字里面写作卜),一为地,即地上一人,人在地上为上,一为,天即人在天上。卜即光,光向上为上,光即小(心光),卜为小字之省略左点,故上字同尚(尚书即上书,和尚即和上)。上即"⊥"(二),本义为混沌太初之天,或曰帝,或曰道(古字从丨目(口,即一))。天人合一,天光人光交融,上即无上。

尚 shàng

尚,从小、冋。小为光,冋为空(冂)内空(口),为人的古字(冏)。尚者,人得一而生光也。《尔雅注》:"尚,心所希望也。"光通"火",火冋为炯,炯炯有神者也。尚者,尊也,人之所尊者,自性之光也。《康熙字典》:"尚,从八、向。"八向者,东南西北等八方也。心光普照八方(如同"米"字之义)也。

绍 shào

绍,繁体字"紹",从糸、刀、口。糸即玄光(小即光),绵绵不绝如细丝,光芒也;刀即"匕",古"化"字,化人也;口即"空",空(○)即灵也。绍者继也,所继者灵也。空灵以心传心,绵绵不绝如光者也。绍的古字写作"絮",从邵、糸,邵即空(口)人(刀)之山(阝),即灵山也。心系灵山为绍,此可谓真绍者也。《圣经》记载,造物主说"要先有光,然后就有了光"。佛经记载,人来自光音天。光亦谓灵光、道光、佛光、性光,故人之所绍者光也。

舍 shè

舍,从余、口。余的古字写作"",从倒口、屮(心)、八(分)。倒口为天,认识天心为余。余为天心之分殊,故与众不同、独一无二,口为空,屋空能住为舍。小至鸡舍蜂窝,大至国家三界。空故能弃,舍也。

社 shè

社,从示、土。示字旁即神祇,本义为土地神。社的异体字即土字,土,草木出土之象,同"屮(之)",故吐生万物为土,土生万物也。屮,表示地(一)上草(中)生,中即心,一心为土,一心能生也。土同"吐",土的古字写作"圡",丶表示神主,土中有神,土中有主,故能生万物。吐,从口、土,口为空,空生为吐。神、主、空皆指心,一切由心造也。

摄 shè

摄,从手、三个耳,表示以手提耳,请人用心听讲。手即心,故摄同"慑",双耳加心耳也。庄子解释"心斋"云:"若一志,无听之以耳,而听之以心;无听之以心,而听之以气。听止于耳,心止于符。"摄即都摄六根,摄心为真听,耳根圆通。摄字有静谧的意思,如《前汉书》有"天下摄然,人安其生"。

申 shēn

申,即"电",神无形无相而以光电示人。申从曰、丨,通"中"。日即"口",皆作空解,一"丨"贯穿虚空,虚空两分(匚、彐,形同"臼"字),光透三界。申字写作"申"亦从臼(古文坤字,坤六断)属阴,丨为阳,阴阳合一为神。《释名》:"申,身也。物皆成,其身体各申束之,使备成也。"申即神,亦即人身,人神合一也。申的古字写作"串",为上下两个申字相叠加,阴神与阳神完美合为一体之象。申的异体字又写作"㫃",从又,上边"臼"字被"乙(反乙)"字分开成上下结构,大手扭转乾坤之象也。

神 shén

神,从示、申。示从二、小,二即上,小即日月星三光之貌,申即"电",神无形无相而以光电示人。阴神为魄,阳神为魂,三魂七魄,一体为人。一阴一阳之谓道,阳主分(闢),阴主合(翕),一翕一闢之谓变,道之神用也。精神者,天地万物之大本也,人无精神则亡,天地无精神亦灭。神的异体字写作"魋",从鬼、申,申即神,神鬼合一。鬼字下部为儿、厶,同仫字,鬼佛亦合一,皆一心所化也。

沈 shěn

沈,繁体字"瀋",从水、審。審,从宀(空)、釆(古"辨"字,同"悉")、田,心田放空则生智慧,而能辨别真假,悉知一切宇宙人生真相。水静则湛,故沈的异体字为"湛",泥滓下沉(即"沈"字)而水湛然也。荀子曰:"人心譬如盘水,正错而勿动,则湛浊在下而清明在上。"湛浊就是沈(沉)泥滓的意思。《清静经》云:"夫道者,有清有浊,有动有静。人能常清静,天地悉皆归。"妄动则心浮气躁,真静则清升浊沉。道法自然、湛然常寂矣!

慎 shèn

慎,从心、真。真心为慎,不鲁莽也。真的繁体字"眞",从匕(化)、目、兀。兀为人之气,本义为仙人炼形化气为真。道家曰真人,佛教称真如,宇宙人生真相之谓真也。道心惟微,人心惟危,故人生须慎之又慎,如履薄冰,如临深渊也。佛道之慎,慎身慎口慎意,慎身不妄动,慎口不诳语,慎意不起念。儒家所谓"非礼勿视,非礼勿听,非礼勿言,非礼勿动"也。

生 shēng

生,从人、土。土为地,人生于地,故人法地而生也。生,亦从屮、土,地上草生。无事此静坐,春来草自生也。生即"性",性由心生也。心空不可得,心生亦空生也,故生字又从匚、生,或从匚、出,匚(音fāng,本义方)者空也,网开一面也。义乌傅大士捕到鱼,把鱼笼不加盖沉到水中,咒曰"去者适,止者留",留鱼一条生路,何况是人。纣王狩猎,四面张网,商汤狩猎,网开三面,咒曰"欲左者左,欲右者右,欲高者高",生而欲其自由也。天地之大德曰生,生生之谓易。《中庸》云:"以其为物不二,则其生物不测。"

声 shēng

声,繁体字"聲",从磬省、耳。异体字写作"磬",从声、几、又、石。石为金,金石同体,故石的一个异体字为"鉎"。声的本义是手敲击金石所发出的声音。磬是佛寺中使用的一种钵状物,用铜铁铸成,既可作念经时的打击乐器,亦可敲响集合寺众,亦可使人出定。耳听磬声为声,磬同"罄",空(空如缶)也,空故能有声。唐玄奘大弟子窥基,号三车和尚,后耳闻磬声而知前世乃出家高僧,故磬声可以使人觉悟。佛教三觉有声闻觉,指听闻佛陀声教而证悟的出家弟子(即修苦集灭道四谛而觉

165

悟的阿罗汉)。经云:"执玉槌,用击磬,声闻三千世界。"磬声使人警醒而知自在,故观音亦称观自在,觉观自性之存在也。声,形气相轧而成(张载语)。

省 shěng

省,从少、目。少为心、为光,心目内观为省。《清静经》云:"内观其心,心无其心。"心不可得之谓得,内观而已,不亦省乎!省的异体字写作"眚",从之、自,"之"为到达,内观而达自在为省。省即观自在也。省的金文写作"🙰",从生(中)、目、心,心生为性,省之本义为内观自己的本性,断除非分之想。省读音为醒(形声字,从目,性声),内省以觉醒也。

胜 shèng

胜,繁体字"勝",从朕、力。朕,从舟、双手、大,即一人独自操舟划向彼岸,故自胜者强(老子语)。《道德经》:"天之道,不争而善胜,不言而善应,不召而自来(善来),繟然(宽绰貌)而善谋。"随机逗教,禅宗接人之法,机锋棒喝,方便法门也。三殊胜,一是加行发心殊胜,即以菩提心来摄持所修之善根;二是正行无缘殊胜,指不被分别念所染,以无分别或专心致志的智慧来摄持;三是后行回向殊胜,是指在结尾以回向来印持,令善根永不失毁,且蒸蒸日上。

圣 shèng

圣,繁体字"聖",从耳、口、壬。壬,从千、一,得一之人为千,本义为大肚能生之人。圣字从耳,意为善于谛听、耳根圆通;圣字从口,意为善于言说、辩才无碍。圣的异体字写作"𦕉",从自、井(丼),井即"口",空也、源也,知本源自性真空而生妙有者也。圣的简体字从又、土,又为手,相传女娲以泥土仿照自己抟土造人,创造万物,故地上一手为圣。

《三五历纪》中载盘古"神于天,圣于地",土即地,圣人立足于大地而化生万物。圣的甲骨文写作"",从手、三点、土,三点为灵,灵手抟土造人也。

失 shī

失,从手、乙。乙为一之动,故乙为动,手中之物因动而逸为失。手即屮,为一心,为之(往),则心动意驰为失也。

师 shī

师,繁体字"師",从阜省(无"十"字)、一、巾。巾为古代权杖之象形,阜为众人,故师的本义为有权统领军队之人,即最高统帅。师的甲骨文写作" ",为两个〇字相连,一说为兵符之象。〇即"口",空也,空为佛、道、太极,两空相连,空与空、灵与灵、光与光才能融合。师者,融天地万物为一体者也。古字写作"皐",上品下十,意为十品为师。十为交,十分为二即"五"(古文"乂"),二五为"爻",故师者即品味爻中之意也。品为三空(即"灵"字),三体轮空,我空、爻空、意空,三空合为一灵(〇),故十的甲骨文写作"丨",丨即"〇",太极一圈,折圈为一也。师,"狮"的古字,佛为人中狮,又号天人师,狮为大雄,雄字亦从〇(厶),佛字即仏,空人也。空人课爻(吾),使人明心见性,可谓教师也。

诗 shī

诗,繁体字"詩",从言、寺。寺从之(屮)、寸;之从中(音彻)、一。中为草,一为地,小草初生而出于地也,故"之"的本义为出(外出,往也)。寸者方寸、心也、法也,心外无法,法外无心,凡寸字皆与法有关。诗,方寸出言,如小草初生之新,心有所感而出诗亦然。《传》云:"心之所之谓之志(从之、心)。"心有所之，必形于言，故曰"诗言志"(孔子语)。言者空(口，信的古字写作"㐰"，从亻、口)也，寺者庙也，心之所之者可谓心出家，心之所在即寺之所在。心不可得故空，则寺亦空，诗亦空。语言非般若，非菩提，意(从言、心，心上言为意)在言外也。心无处不在，无时不在，无事不在也。诗者心之言，非出于心之言不可以谓诗。诗曰："方寸所之之谓寺，寺中空言谓之诗。无事兀坐春生草，有情独觉我数息。青青翠竹皆般若，郁郁黄花俱菩提。青春年华具慧眼，满目皆诗出禅师。"

施 shī

施，从方、人、也。方即口，空也，同○；也即它，为蛇，代表智慧，施者为智慧具足之空人。方即圆，亦作厶，人、厶为佛字，也是公字，故施的异体字写作"㐰"，从公、也。佛公故能施也。也字为女阴，象形(《说文》)，也字同女字(女人空为施)。女，从左"七(音义同妻)"右"七"，七即化字，自化(大肚)化他(生子)故从二七。女阴连子宫皆空，空故能化，能受能生，施子施孙，生生不息。天地之施万物亦然，故老子喻为"玄牝之门"。佛学六度(施、戒、忍、进、定、慧)首在施，若能行无相布施，布施一切，则六度合一。也的篆体像心字，心空人为施，亦通。

狮 shī

狮，从犬、师，兽中之王也。狮的古字写作"师"，师的古字写作"𠂤"，从品、十。品即"龗"，龗即"佛"，佛即天人师。师者思也，思即心田，凡由自心而出者为思，故孟子云"心之官即思"也。君子有九思，九思皆正，思不出其位也。《西游记》有"九头狮子(九个头)"及一窝狮子，心之妄思过多故。九头狮子之主人公为太乙救苦天尊，太乙即无思而一致，故《西游记》该章篇名为"师狮授受同归一，盗道缠禅静九灵"也。

盗即知识（心外取法），道即无知（心即道），缠即多思，禅即无思，九灵即九头狮子（比喻一切色受想行识）。

湿 shī

湿，繁体字"濕"，从日、㬎。异体字写作"溼"，从㬎、土。㬎，从水、玄（幺、系）、玄。幺或玄即孙，孙的繁体字"孫"从子、系（玄、幺），本义是〇（灵）与〇（灵）相连相通，牝牡如丝系在一起。㬎的本义是子孙中少男少女相亲热而滋润、润泽。土字从中、一，一心为土，心为阳，故土为阳（土即牡字，雄性），土生万物者，心阳生万物也。日字同口，为空，为阴，同牝，空化为湿，阴阳合一，阴阳皆湿，湿生万物。

十 shí

十，从一、丨，表示纵横十方，周遍一切处。甲骨文写作"丨"，表示上下一贯，古今同时。金文在丨字中间加丶（音 zhǔ），丶即主，主宰者也。天地万物有"主"而永恒。丨即如意金箍棒，能短能长，能粗能细，能隐能显，通天彻地，千变万化，有"主"者也，知"心"者也，悟"空"者也，见"性"者也。十字即"忄"（十字打开，心光如丨，通天彻地），心而能分，化身遍一切处、一切时，故说"心无处不在，周遍十方"。西方基督知"十"字为"主"，即与上帝同体。东方释迦知"十"字为"卐"（"十"字周转而成，卐字部首在十字）而识牟尼，即与佛陀同体。古人云："十字打开，便无隐遁。"十字打开，空色不异，心物一体，海天碧澄，可一览无余矣，焉有隐遁！

什 shí

什，从人、十。古代行师，二五为十，十人为什。十为交为五（乂），二五即"爻"，见爻为觉（觉的异体字"覐"，从見、爻），则觉者为什，佛也。佛即"仏"，厶为"〇"（"么"为上下结构的两个〇，通"玄"（幺），本义为极细的麻线,故繁体字作"麼")。佛为空(○)人、灵人,以极细之丝麻系人,真空之妙有也。"什么"是佛,意思是什、么两个字都是佛,系无所系、住无所住,网罗什么?

石 shí

石,从厂、口。厂表示山崖、危险之地(危字从厂,即崖上之人),口表示石头之形。口为空,真空生妙有。石属土,五行相生谓"土生金"。金、石同体,故石字的一个异体字为鉐,从金、石。金为金华,金色之光,佛光也,证空而后见佛光;石为玉,玉即牟尼,牟尼即佛,故古文云"石蕴玉而山辉",玉石为山之精华也。石字另一个异体字写作"秖",从禾、石。石音担,稻谷一石为一百二十斤,此喻石之重(重量)也。天下文章一石,而曹子建(曹植)才高八斗。一石为十斗,此喻石之容(体积)也。石的另一个异体字写作"䂖",从石、丶,丶为主(神、佛、道),石中有佛,石中有道。斗战胜佛,孙悟空乃天地一石而化,知石中有主者也。"丶"化为"一""二",皆古字"乾"(一二三都是"乾"字,乾为阳),故石的异体字写作"后""后",中间有个"一"或"二",石加一为"后"字,后同"居""育"的古字,意为能生有后、生生不息。石而能生成岩,石岩厚积而成山。所谓"积土成山,风雨兴焉",土即土石之谓也。

识 shí

识,繁体字"識",从言、戠。戠,从音、戈,意即心上音。《乐记》所谓"不识音者为禽兽",提醒人们要识音会心,善解人意。識从言、音(言)、戈,言即空(口)也。只言为识者,人心依只言片字而作推断成识,所识岂能不乖。古人云,人有元神与识神,元神为主,清静无为,无形无相,而识神为宾,好动多作,有形有相。知识者,知五蕴六根之识(六十二见皆外道),不知本元。知五蕴皆空者方可知元,觉悟大道,所谓六十二见皆菩提，转识成智也。

实 shí

实，繁体字"實"，从宀、貫。宀表示家屋，貫表示货币、货物，本义是家里堆满货物。宀为空，貫即丨，空中一贯，空而不空，故称实。须菩提的名字为空生，又名善现，意思是他出生的时候房间中满是宝物，转眼又变成空房子了。真实、真如即世界本来的样子，万物充满而万物皆空。实的异体字写作"寔"，从宀、貴。貴即尚（贵的异体字写作"肖"，内"一"即"口"，所谓"折圈为一"），尚字从小、冋，即空光，真空灵光为贵，所贵者空光，空光为实。实的另一个异体字写作"宲"，从山、两人、两日、小，即灵山下人人如日光，日字同口，空也。万物皆光也，人亦光也，故佛曰：成为你自己的光。佛教称如来随自意的真实教法为实教，反之，称随他意方便教说为权教。

食 shí

食，从亼、皀（皂）。亼为集，皀或皁都是香字，香积为食。一切食物以香气为引导，意味香者能食也。亼即倒口，表示天空，无所不包覆，食即包摄一切香。《维摩诘经》有记载，众香国有香饭，可使饿者得饱、病者得治、觉者得悟，各取所需，遂人之愿，愿成而香始消。

始 shǐ

始，从女、台。台即"胎"的古字，本义是女人怀胎，比喻生命开始。女人怀胎称有喜，台即"怡"，心知怀孕而喜也。胎，从肉、台，台从厶、口，厶亦"口"，三口合灵，灵与肉合而始为胎。女即汝，你自己之肉身，台即"灵"，亦是你自己（也是第二人称代词，现称兄台）之法身，身心合一之谓始也。智者云："世上只有你自己。境由心造，亦随心转。"

世 shì

世，从三个十，意思是人生三十年为一世。世的古字即生字，象一棵树上三片叶子，故枼（枿）字从世、木，世即"叶"，叶生则木生，叶落则木死，世也作枿、葉，草木一世为葉（古字中叶、末叶，即指中世、末世）。世的古字写作"㞢"，从世、立，世即生，立即人，人生一世也。世的异体字写作"歺"，从歹、世，歹为残骨为死，人死为一世。世即生，生即心，人心为世，不生不灭，永恒也。

势 shì

势，繁体字"勢"，古字写作"埶"，从生（后繁化为坴，即陆字）、丸、力。丸即空，空心圆球转动为丸（《说文》："圜，倾侧而转者。从反仄。"），故势者空生大力也。坴为高陆，势字亦如置一圆球于倾仄之高山，故其势大，物理学谓势能大。势能大，故其转动下落时动能亦大。力大无穷而摧枯拉朽者，势也。丸为睾丸，其力亦能生，故古代称男性生殖器为势。割势即宫刑，为古代最残酷的刑罚之一。

适 shì

适，本字写作"遹"，从辵（行）、氏、口。口为空，空人之行为适，故适的本义为快乐、安然自得。适的异体字写作"䈂"，从宀、白、匕，即空中自化之人，意同。《康熙字典》："适，乐也，安便也，自得也。"《庄子·大宗师》："适人之适，不自适其适。"《庄子·达生》："忘足，履之适也；忘腰，带之适也；知忘是非，心之适也；不内变，不外从，事会之适也。始乎适而未尝不适者，忘适之适也。"口即"日"，氏日即昏，黄昏散步为适。古人嫁娶亦在黄昏，故女子嫁人为适，双关语也（即嫁人亦舒适之事）。口即"曰"，氏族之人说着家乡话而行亦为适。适者往也，迁徙也。舒适者,放下一切,心无挂碍,忘却是非,如鱼得水也。

轼 shì

轼,繁体字"軾",从车、式。本义为车前扶手,即车把式。车,从亘、丨,亘古一车也;式,从工、弋,弋为带绳之箭,能收能放,工即天地间一人。式者法也,大人之法也,所谓"天下式"即天下之法也。车轼供人出行、扶持,如天之利人(天之道利而不害)、佛之益人(饶益众生)也,故称轼。

释 shì

释,繁体字"釋",从釆、目、幸。釆即辨,又同米,表示光射向八方,有光故万物可辨。幸同"辛",古字像一个倒立之人,本义为罪犯(罪字古文从自、辛,写作"皋"),颠倒之人为犯罪,众生颠倒,故众生皆有罪,《圣经》所谓"原罪"。释字表示在佛光普照下,目视众生皆颠倒。认识自己之颠倒则"悬解",即颠倒自解,如觉知是梦则梦醒一般,故释字即解脱之谓也。《五灯会元》记载,四祖道信问三祖僧璨:"愿和尚慈悲,乞与解脱法门。"三祖云:"谁缚汝?"四祖云:"无人缚。"三祖曰:"何更求解脱乎?"道信于言下大悟。释迦牟尼成道后云:"奇哉!奇哉!奇哉!众生皆具如来智慧德相,因妄想执着不能证得。"人人皆佛,人人皆解脱者,此之谓释也。知释亦空释,可谓善释。

噬 shì

噬,从口、竹、巫。巫为靈,巫的古字写作"噐",下边有"口"字,巫口能断,如圣旨,乃神灵之旨意。竹中空,宁折不弯,不容易断,竹根咬住大地不放松,"未出土前先有节",故能"咬定青山不放松"。噬的本义是咬,表示口中一切物皆能咬断。噬亦表示吃,人体有自噬细胞能吃掉不利于身体的坏细胞(如癌细胞)。自噬如蛇口咬蛇尾,形成一环(○、口)。注：自噬就是自己吃自己，科学上指一个吞噬自身细胞质蛋白或细胞器并使其包被进入囊泡，并与溶酶体融合形成自噬溶酶体，降解其所包裹的内容物的过程，借此实现细胞本身的代谢需要和某些细胞器的更新。

匙 shi

匙，从是、匕，本义是吃饭的汤匙。是，从日、正，即旦、止，止为足，即心（一心为正），心正光生如日为是。匕字即反人，本义是颠倒之人，人为倒生，故以匕为女性，即古字"牝"。女孕子成大肚为化，故匕即化。心正如日则空，空则能化。老子所谓"玄牝之门，是谓天地根，绵绵若存，用之不勤"，空门之匙亦空，心之化也。

誓 shì

誓，从折、言。折（古音为 shī）的古字从屮、二（一）、屮、斤。本义为以斧斤斫断草木，折断草木之处为折地（同墓地，扫墓清除杂草），为宣誓祭祀之处（《康熙字典》："封土为祭处曰折。"《礼·祭法》："瘞埋于泰折，祭地也。"）。誓的意思就是在祖宗坟前立誓，以不忘初心也。折即誓省，晢即明白，明白如日月星辰也，誓言从心出，日月可鉴也。屮亦心（忄），草断木断皆心断，断为绝、止，心言决断为誓，意谓不生二心也。誓的异体字又写作"鎊"，从金、山、斤，山（灵山）即心，心如金刚不可以斧斤断之也。心生金华不可以斧斤断之，斧斤不可断水，何况心灵金光！

收 shōu

收，从丩、攴。丩即纠，为两条绳子纠结在一起，攴为手持武器，故收的本义是抓捕犯罪，即收监之收也。丩即纠，故收的异体字写作"収"，从纠、攴，意同。纠字之丝，玄光下垂也，故收的异体字又写作

"攴",从上、小、攴,攴为教的意思(攴的本义是私塾先生拿着戒尺教育学生),小即心(忄)字,上为光,教人收敛心光为收,故收者敛也。心光内敛而不外露,老子所谓"光而不耀"也。收藏之收,谓财不外露也。

守 shǒu

守,从宀、寸。宀即宇内之宇;寸即手,宇内一手为守。手同古人"尹"字,意为一手治理一方,故称太守或府尹(先有"守",后有"尹",以"守"为雅称,即以守为正),相当于现在的市长。寸为法(大理寺之寺从寸、之,即古代法院),故守即法。寸为方寸之心,故心即法,心即理。古人云:"心外无法,法外无心;心外无理,理外无心。"守的异体字写作"寓",从宀,寸,上下结构,即守字中间为师字,即甲骨文之"师"字。守即天师之手(宀即天,空也),天师之心也。

寿 shòu

寿,繁体字"壽",从士(之)、乙、工、一、口、寸。士为王(本义为大斧),乙为一之动,工为申(神)或卐字,寸为手,故寿字本义是以手跪拜,向神祈求高寿。亦是心(方寸)口合一之人,遵一阴一阳(乙动为阳)之道,反复化雷电(工),终成心王大士。所谓寿者,"阴阳生反复,普化一声雷"也(吕祖语)。寿的古字写作"㠪",即申(神)或卐字,神者寿、佛者寿也。寿的古字又写作"偋",从在、内、人。据说是老子所造(见《亳州老君碑》),在内人者佛也,故寿。

授 shòu

授,即"受",从爫(爪即手)、冖、又(手)。受的古字写作"叕",从爪、舟、又。手传手传递搬运也。授字三只手、冖(幂),幂即覆食巾,古代祭祀前以布覆盖食物也。三只手以喻三身,三身共幂,或三身同舟,皆诚也。授字的异体字写作"穐"(据说是武则天所作),从禾(即和字)、夂

（即行）、几、壬、心壬知几，其行为和，和光同尘。

书 shū

书，繁体字"書"，从手、丨、二、日。丨为直、笔，二为天地（乾坤），书者，即每日秉笔直书天地，与天地精神相往来也。繁体字"書"，又从聿、日，聿即"津"，每日独自赴津而自渡，自度然后可以度人。

姝 shū

姝，从女、朱。朱，从木、一。一指木之心，木心为赤之木为朱。朱即赤心木，《说文》所谓"朱为松柏之属也"。女子赤心则美，故姝者美也。女即汝，汝心如赤子者皆美。

殊 shū

殊，从歹、朱。歹（歺）即骨之半，残骨，人死后只剩下骷髅为歺。朱，从木、一，在木之中，即木心，松柏之木心为赤，故赤心木为朱。残骨为骷髅头（首），朱为赤心，心首分离为殊。心与脑不同，故称殊，差别甚大为殊。心之官（功能）在觉，脑之官在思。殊的异体字写作"朱"，从朱、子。朱即赤，上为心（中），下为火（光），一心之光为朱。赤子与凡人不同，赤子者身心俱赤也，凡人者，赤心失却者也（孟子所谓"大人者，不失其赤子之心也"，此语甚是）。心不可得，断其首（谓绝其思也）而无思无念始得，妙不可言。所谓涅槃重生，脑死而心生，长生者也。

舒 shū

舒，从舍、予。舍得给予人为舒，布施也。舍的古字从余、口。余即我，口即空无，无我即舍。舒的古字写作"忬"，从忄（心）、予，真心给予他人则心舒畅。《说文》："予，象相与之形。"予是象形字，下边"亅"为一只手，上边为倒△、△。△即空，空则无我相、无人相、无物相，三体轮空而布施(舍、予皆布施),即无相布施。一说予从倒△、子,倒△为母,母子一体,母亲给予孩子以身体,有一部分重叠即遗传。故子之肖父母为舒,乐也。

暑 shǔ

暑,从日、者。日者热也,故暑为热。者的古字写作"",从小、木,小在木字头凵中,即中字加两点,小即心光(火)。者字本义是在日光作用(光合作用)下草木如火一样茂盛生长。《说文解字》解释"者"的异体字写作"",从止、从、白(日),上止下从为旅的古字"灰",旅为外出,日出为旅,心(止即心即行)出为旅,者字即心日外出之旅行,日出而天下大白也。《说文解字》解释"者"的异体字从朱、白,朱为困字,心光因于三界为困,三界皆空,岂能困心,故心(木即心)行(止)而自白为者。白日心行之谓暑也。

数 shǔ

数,繁体字"數",从婁、攴。攴,从又、卜,表示手持戒尺教子。《说文》云"婁"字"从母、中、女,空也"(镂空之镂从此意),母字从女字加两点,表示乳房之乳汁,母中女之意为乳汁流干,乳房干瘪之女,数落此女为数(shǔ)。空即"口",女为"汝",汝空则成佛,见身外身,故从上下两女。婁的异体字写作"婴",从申、女,申即神,神即心,心藏神,心不可得,神亦不可得,以其空也。简化字"数",从米、女、攴。米即光射向八方(迷字从米),数者,教汝成为你自己的光。

术 shù

术,繁体字"術",通"述",从行、术。术,从木上一点,是树木上有迹有见之物,如树干、树叶、花、果。一切有迹可见者皆为术。术、行为

"術"者,树木从树苗成长为参天大树之轨迹也。根、干、叶、花、果之迹历历在目。大道无形、无情、无名,术则有迹、有情、有名,故道为根本,术为枝叶,世人多谈枝叶而不知根本,不亦悲乎。古人(程子)评价孔子为"无迹",评价颜回为"微迹",无迹则得道之圣人。孔子自谓"述而不作","不作"故无迹;颜回之能在于"举一反三,闻一知十",故有学术之微迹。艺术之美莫过于自然,道法自然故。自然之花鸟虫鱼、鸟语花香,虽有生花妙笔而不能为之也。

束 shù

束,从囗、木。本义为束薪,即一捆柴的意思。木字上下皆中,即心光,故束为一束光。心光由中(中即内心)发,由空生,故束字从囗,囗为空,中亦空。中的异体字写作"朿",从八、束,八为分,心光八分,普照八方也。

树 shù

树,繁体字"樹",从木、壴、寸。寸为方寸心,壴从之、豆(受器、空)。豆生为直,空生为正,壴即一"丨"。树者方寸之心直如木也。树之直也,一任自然,与四时合其序,开花结果,有枯有荣,故如来在枯荣双树下涅槃,道法自然也。之、土、上是同一个字,古文"十"即"丨",上(或十字)字的一为地平线,表示时间、生死,丨表示当下、永恒,树中(中即仁、根、灵)为"丨",其本在永恒。

衰 shuāi

衰,从衣、冄(冉)。衣下冄即蓑衣之象形,衰即蓑之本字。蓑衣毛极柔软,故衰为柔软。冉亦雄性阳具之象形,冉之毛即龟甲的边,衰即阳衰不能举。冉即再(称),故衰的异体字写作"𠔏",从再、死,阳不能举则与死相称,故精力不济为衰。冉,从冂、土,象形,冂为空门,土为雄性符号。土亦同屮,生也。中为心,心能生也。人生如草木之生,有盛有衰。草木之衰曰谢,花(植物生殖器官)谢则不能生。凡与冉(本义为举)相关的字都与生殖有关。两个冉相对为冓,凡与冓相关的字亦同,都与交媾有关。男女构(構)精(《易经·系辞》:男女构精,万物化生),沟(溝,双关语,勾引,女阴如沟,构陷(臽,人在沟中)之意)通交流(精),精失则衰。男女交媾本非垢,垢者人心也。精本不失,失者亦人心也。故说"三界唯心,万法唯识",诸法空相也。《易经》所谓"天地交而万物通",天地岂有失而衰哉!讲的繁体字"講",表示"中冓之言",本指私房密话,故要轻讲重听。不要大声讲话!老师讲课亦然。衰的异体字写作"衋",从瞿(双目)、死,瞿即心惧之貌,六神无主而惧死之将至。精气神为一,精衰则失神。衰主要指精神衰微。

率 shuài

率,古字"蟀",从戀省、十。戀,从两丝(细丝为"糸")、意(心上言为"意"),即意念如细丝,绵绵不绝也;十即交,合二为一。率的小篆写作"率",上下皆"十"字(亠即十之变),中间为玄,玄为两乙交合像一股粗绳,故率的本义是细丝拧成的粗索。细丝(丝即思)比喻个人之念力,粗索比喻众人之念力也。

霜 shuāng

霜,从雨、相。相,从木、目。霜的意思是眼睛看见树木上有雨气凝成之物。篆文霜字中间有"日(田)"和"屮"字。田木为果,屮为生,表示霜是凝结在树木果实上之物,意思是霜使果实成熟。雨,从一、巾、四点,巾即倒屮,同"木",或倒山字,山、屮、巾、木都是忄字变形,故雨为心雨(雨的古字写作"閃",从小,即光),霜为心霜,万物唯心造也。霜使树叶枯黄老死、使果实成熟落地,故有杀之意。杀尽阳气也,故其字同瀟,杀物为瀟也。霜亦同孀,夫为阳,夫死为孀也。女为汝,汝之阳亡皆为孺。结果而成种子，死而复生，何须惧霜之降也！

谁 shuí

谁，繁体字"誰"，从言、人、主、一。言为口，故谁即"唯"。谁即唯一者也。口为空，空人主一，此即谁之道。唯为道，独觉也。智者云："成为单独的人，不要成为群众。"创新者，不要模仿任何人，成为唯一的你自己！另，男唯女俞，深信臣服而应答，唯唯诺诺而保持觉知者，亦觉者也。

水 shuǐ

水，即八卦之坎卦，水中实（坎中满），即水的金文写法"🌊"，左右为阴爻，中间为阳爻，表示水流，水流成川，故水同川。两个水字合成沝，音zhuǐ，坎卦叠加还是坎卦，意思是二水，二水汇成一流。水的异体字写作"羴"，从井（丼，井字中间有一点，表示源头之水）、泉。泉即"源"，表示源头之水，地下井水亦连着大海。泉字从白、水。白即"自"，自性之水即本源也。泉的古字写作"灥"，即三个泉字，即三源，三源合一流，同归自性如来性海。三源者，道家之"一气化三清（太清、上清、玉清）"，佛家之三身（法身、化身、报身）也。老子云："上善若水，水善利万物而不争，故几于道。"

顺 shùn

顺，繁体字"順"，从川、頁。川为水，頁为头、为目，谓以目观水，头脑思绪应如水流，念念不住也。顺的古字写作"慎"，从心、頁。身心合一，目观在外，心观在内，庄子所谓"非以目观以心观"也。心即佛，一观而已。顺的金文写作"🌊"，上水下心，氵（水）心为沁，沁人心脾者，顺之功也。巛亦古字"坤"，坤六断，巛字中间断开为坤。坤为地，顺莫过于地也。《易》云："地势坤，君子以厚德载物。"上善若水，厚德如地，是之谓大顺,伯顺也。

私 sī

私,古字同"和",本字作"厶",即"口"(如弘字也写作"弘"),空也。禾为粮食财产,厶本义为"胎儿",即子女,私人财产有二,即粮与子。私人任务有二,即种粮与生子。厶、人合为"仏"字,即佛的异体字,厶、人为佛,独觉空者也。厶为"口"(空),佛为空人。人口为"信",信的异体字"伈"从人、口,深信不疑者佛,佛即"信"。《韩非子》:"古者仓颉之作书也,自环者谓之厶,背厶谓之公。"自环者即〇,空也。空中生有,故"口"(口的古字中心有一点、)字可化作日、目(道字从目)、申(神)、中,也就是说,神、佛、道从汉字结构上看,就是同一个字,都从〇(空),即厶,故成佛成道成神全靠你自己一己之私。"古之学者为己",不由人也。

思 sī

思,心、田(囟)。田,从十、口。十即交,同五(乂);口为空,心交于空为思,心空即禅,禅定生慧谓思。五口即吾,吾心为悟,则思即悟也,悟吾心也。笛卡尔云:"吾思故吾在。"孟子云:"心之官则思。"吾无处不在,心无处不在,空无处不在也。思即得者,一心清静,悟者自得也。明吾心者无思而定,定而生慧,无思而得之谓思。

死 sǐ

死,从歹、人。歹(音 è)即歺,表示残骨,人或作卩,表示下跪之人,死的本义为向残骨死尸祭吊。人也写作匕,匕即化,人化为残骨骷髅为死。老、死皆从匕,化也,老死皆幻化,故《心经》云"无老死,亦无老死尽"也。死的异体字写作"兊",从八、尸、儿,儿为人,尸为肉身,八为分,人身灵肉分化为死。八即小之省(歹字从卜,卜亦小之省),同光字头,心光从人身分化为死。

松 sōng

松，从木、公（厺）。木表示生，下边"小"字为根（灵根），上面出头为冒地（一横为地）而出；公从八、厶，八为分，厶即〇、空，空之分布遍及一切处，故公。松者，放下一切、空掉一切。放松即放空，真空则松，松则能空，松与空相辅相成。如练太极拳，其要领在松，松则劲力随时能发。松的异体字写作"棆"，从容、木，上下结构。容即空（空谷），空能容物，意同。松树如真人之空，虽岁寒而不凋，空而无增减，故名之为松。

宋 sòng

宋，从宀、木。宀为家，家中有木为宋，木即木质家具。古人多以松木为家具，故宋的读音为松（松，岁寒而不凋，长青不落，亦以喻人）。宋的本义是居住。《说文解字》："木者所以成室以居人也。"木者，枝繁叶茂，象征着生命之生生不息、子孙绵绵不绝。木为植物，木直如心直，心直则近道，所谓"十方如来同一道，脱离生死以直心"也。故释迦牟尼成道于菩提树下，涅槃于枯荣双树（双枯双荣八棵树）下；道家老子说法于八骞林下。《圣经》亦云人类始祖亚当、夏娃生活于生命树林里（伊甸园多树木，其中有善恶知识树，树上有苹果）。宋者，送也，送来迎往皆以直心，莫存颠倒梦想也。

叟 sǒu

叟，从申（㕰）、又。申即神，又即心，心神合一为叟。心神不灭，故叟为老。心上求神，故叟为搜。古字寿的本义就是以心求神、期望高寿。申的古字写作"㕰"，同"寿"。申的异体字写作"屮"，从口、↑、↑即心光，心空而生光为神。神光不灭为寿，即无量光、无量寿（阿弥陀佛的梵文本义)。叜的异体字写作"夋",从宀、火、又,又为手,本义是手持火把在室内搜寻。宀火为灾,灾的异体字写作"災",从巛(水)、火,水火为灾,巛、火二字皆从"忄",心字的变形。一切唯心造,心火亦空(宀),心水亦空,识空为叜。叜的异体字又写作"傁",从亻、申(从口、小),所搜者仅心神也。

苏 sū

苏,古字写作"穌",从鱼、禾(或禾、鱼,此字左右可互换)。鱼常醒而不寐,故苏字从鱼,常苏醒者也。禾即"和",和的本义为稻穗,成稻也,人能常醒常觉则成道。苏字,为和尚敲木鱼之象,欲自醒而醒人,自觉而觉人也。后人加草字头而写作"蘇",因为紫苏味辛芳香,可以让人苏醒,故称"苏"。《本草正义》:"紫苏,芳香气烈。外开皮毛,泄肺气而通腠理;上则通鼻塞,清头目,为风寒外感灵药;中则开胸膈,醒脾胃,宣化痰饮,解郁结而利气滞。"《本草图经》:"(紫苏)通心经,益脾胃。"苏的异体字为"甦",从更、生。死而更生为苏。更的古字写作"㪅",从丙、攴。教人成为内在人也。丙从一、人、冂。冂为空,即木鱼空空,更字即空门一人(和尚)敲(攴)木鱼之象。苏为更生,亦敲更而生己生人,提醒众生要"成为你自己,成为你自己的光!"

素 sù

素,从生、糸。糸为丝(糸从玄、小,玄光也),系也。素者生之所系。素通"愫",从忄、糸,性之所系也。生之所系为本(木之灵为本)为根,故素之本义为本灵。素者生灵玄光也。本为真,故愫之意为真。人生本白,一尘不染,故素亦有白之意。灵魂干净,本来素白,复归婴儿,保持初心,老子所谓"见素抱朴"也。不改初心,见素之人安分守己,孔子所谓"素其位,不愿乎其外"也。素人为傃,《康熙字典》:"循其常分曰傃。"《道德经》云:"知常曰明。"君子素位,返璞归真。素为白,白即自,素之所系乃真自性,即佛性。素的古字写作"緐",从来、系,来即麦子,来的古字同五个"人"字,五个"人"字合成的"来"字即主字,后来演化为"生",简化为"素",素有来生,素主生也。素的异体字写作"枀",从三个厶、木。三个厶即"灵",木即"心",素者心灵也。

岁 suì

岁,繁体字"歲",从步、戌。戌为大斧,大斧把"步"一分为二。步即两只脚的象形,表示行走,"歲"是左右脚分开,表示停止,所以岁者遂(万事成也)也。人人守岁在家,不外出也。岁亦有"易(变化)"的意思,即年末称岁除,岁除之夜谓除夕。岁之易也,以斧钺除掉一切障碍和挂碍,心无挂碍,以迎接新年也。岁的简化字从山、夕,夕者冥也,无明也,除夕者除冥以明心见性也,佛家所谓除一百〇八种烦恼也。

祟 suì

祟,从出、示。示即上天所示日月星三光,祟的本义是鬼神降兆出示众生,示以吉凶。与鬼神合其吉凶者为圣人(《易经》所谓的四合之"大人")。鬼神之降不为人知,故引申为不光彩、搞阴谋。实则天人合一,人心善则降以祥瑞,人心恶则降之以灾祸。老子《太上感应篇》所谓"祸福无门,惟人自召",祸由人自召,而鬼神出示以祸福,祟也。《康熙字典》:"祸者,人之所召,神因而附之。祟者,神自出之以警人。"祟的异体字"崇"从止、宗或"祡"(从止、示),神示之灾祸使人停止所作所为,使人惊醒自己,忏悔自己的行为。如商汤时七年大旱,汤王亲自桑林祷雨,其祷词云"朕躬有罪,无以万方;万方有罪,罪在朕躬",而后大雨倾盆而下。祟的另一个异体字"䃽",从出、示、真、夂,夂即"终",行之终也,意思是鬼神之出示乃最终之真相,示意人们遵照执行,不要违背神灵之旨意。

穗 suì

穗,从禾(和)、惠。禾即和,本义即穗,加"惠"字表示稻穗可惠及众生也。惠字从叀、心,叀即纺锤,心如纺锤之专而能生惠。惠即"慧",般若智慧也。惠的古字写作"🙵"从小、○(日)、心。小为光,心如日光之惠,慷慨普照天地,不留半点私心也。

孙 sūn

孙,繁体字"孫",从子、系。系,从幺、小。幺字从厶、厶。自环为厶,厶即"○",古字"幺"上下两个○相连,表示子孙相续、代代相传,同"玄"。孙的基本意思是孙辈、小辈,祖宗十八代最小的辈称为耳孙。小为光,光是人的本性,佛遗教云"成为你自己的光"。○即"灵",灵光相续为孙。此事至玄,故老子云"玄之又玄,众妙之门"。简化字孙从子、小,即子之光为孙,子孙同光,不增不减,延绵无尽。孙的异体字写作"㝈",从子、二。二在"子"右下角,表示下(二字上横短为上,下横短为下),子之下为孙也。

索 suǒ

索,从屮(草)、糸(音 mì)。本义为粗绳子,黑白无常以绳索索人命之索也。索的篆文写作"𠂇",上下对称,即上下为"小",中间为"串"。口为空,小为光,两空(天地)或三空(古文三个口,天地人三才皆空)上下以光相贯通也。万物皆空灵,故一即一切,索而通也。索,即因陀罗网(参见"贯"字条)。宝珠即口字,网线即小字,空光也。索者求也,以光而感知因陀罗网每一点也。真索亦空,故索的古字写作"宲",从宀(空)、索,即现在所谓电磁波、光波也,其波亦无处不在也。索即罥索,即不空罥索菩萨。罥即空网,以空网(天网也)所寻,从不落空也。蜘蛛网上如有异物入侵,蜘蛛立刻知之。此所谓分形,宇宙万物一体也。捻索即观,心观也。心空自在而观,瞬间以千光眼(即佛眼)观遍三界,现在物理学所谓"量子纠缠"也。万物众生之灵即量子,菩萨之灵亦量子,菩萨之量子随众生之量子而动(菩萨有他心通,以此),故众生喜则菩萨喜,众生病则菩萨病(参见《维摩诘经》)。观三界众生之苦而救之,即观世音菩萨五字之本义。

台 tái

台,从厶、口。厶即乙,为脐带;口谓头,台即古"胎"字,为头朝下胎儿之象形。台通"幺""玄",表示子孙相续,故台有"嗣"的意思。厶为乙,故台的古音为怡,其义亦同怡。赤子之心,其乐无穷也。怡字从心、台,自心也,故台的本义为我、予。一切皆我,故我为真常,万古不变,佛学涅槃四德所谓"常乐我净"之我也。台为我自称也,本我真乐,故通"怡"。本我真净,赤子之心无垢故;本我不易,故曰常,常乐我净皆我自性也。见性成佛。《北斗经》云:"三台虚精,六淳曲生。生我养我,护我身形。"上台虚精司命星君,中台六淳司空星君,下台曲生司禄星君。太虚之玄精也,神人之真炁也,"举头三尺有神明"之神明即三台星君。

太 tài

太,从大、丶。大为人,丶即主,人而知主为大。大即道之别名。丶即〇(灵),即太极一圈。折圈而为一,大、一为古之"立"字(太)。一、大为"天"字。道本无极,一体不分,道生一,一动而为乙,太乙也,太乙即一,阴阳合一,立极也。一生二,然后有阴阳、刚柔、仁义。故,太字从大〇、大一、大二。〇、一、二三字无区别也。

贪 tān

贪,繁体字"貪",从今、贝。今为倒"口"和"乙(脐带)",倒口为女阴,欲以生子,故俗称贪色,非仅仅贪财为贪也。贪欲为三毒(贪嗔痴)之最,故生欲界而难于出离,贪欲之重者,堕三恶道(地狱、恶鬼、畜生)。

坛 tán

坛,繁体字"壇",从土、亶。土为地,心即地也。亶从亠(头)、回、旦,一旦回头,即到净土也。回指内外二空,日亦为一空,则壇有三空合一,空则净,故谓之空坛或净坛(净坛使者即八戒)。设坛以谈,故云坛。坛者,觉者登坛而谈,法施也。施者,梵语即壇(dana),全然之施者即可至彼岸,此谓檀波罗蜜。檀,即壇,音译檀那之省。壇为三体轮空,即施者空、受者空、施事亦空。《坛经》为六祖惠能之空谈,其顿悟法门为"无念为宗,无相为体,无住为本"也。无相布施,一念不起,无住于心,即檀波罗蜜之真谛也,此为真坛。

唐 táng

唐,从庚、口。庚为手握连枷打稻成米之貌,口即空,即稻之空壳,故唐的本义是空。荒唐,表示大话、空话、荒诞之话。唐的异体字写作"暘",从唐、昜。昜即阳光,故真空生光为唐。唐的异体字又写作"喝",从口、昜,连枷如筌蹄,得鱼而忘筌(捕鱼之具),得兔而忘蹄(捕兔之具),得空而成昜,唯留自性之光也。唐即"塘",土空而成塘,可以蓄水也。唐的异体字又写作"鴃""鴃",从昜、矢(失),光直如箭(矢)也。

涛 tāo

涛,繁体字"濤",从水、壽。海水涛声依旧,故与天地齐寿。寿的古字写作"夀",从老省、电(乙、匚、反"匚")、口(繁体字加"寸"或"又",都是手的意思),电即"申"(神)字,口为空,故寿字像一个老人五体投地向上空之神跪拜,祈求延寿(乙即太乙,道教中祈求太乙救苦天尊可以延寿）。涛的异体字写作"濤"，从弓，弓字即两乙（己），两乙相交为卂字，寿即神寿、佛寿，佛即如来性海。涛即海沤（水沫），涛动声声是外相（幻相），如来性海是真相，幻真一体不可分。六祖惠能云："不是幡动，不是风动，仁者心动也。"对于波涛起伏而言，不是涛动，不是风动，仁者心动也。涛如雷声，"普化一声雷"（《清静经》：阴阳生反复，普化一声雷）乎？

提 tí

提，从手、是。是，从日、正，日为空，正为行，空行为是，手为妙手捻索，故提的意思是空行母捻索。正为垂直、直心，直心即菩提。《楞严经》云："十方如来，同一道故，出离生死，皆以直心"。正提，即直升，人得顿悟法门，直超三界，认识自己空性妙光与真佛不异。

体 tǐ

体，繁体字"體"，从骨、豊。骨即身，身以筋骨示之故从骨。豊即禮，豆类礼器，豆器空故能盛物。曲字从凵，即受物器，凵中丰字表示礼物丰富，即五脏六腑筋骨皮肉。体者，身如空豆，盛物甚丰也。曲者，无所不至，曲径通幽也。体的异体字写作"軆""骵"，从身、面，或从骨、本。本即根本，本字（夲）下边三个口即灵字，身为表面，其灵根在骨中，骨残则身死（死字从残骨、匕，匕为化，化为残骨为死）。体的异体字又写作"笨"，即个个本，身体五脏六腑筋骨血肉皆有灵，故有异体字写作"躰"，从身、本。身心（本字中的木即心）灵合一也。

天 tiān

天，从〇、大。大即人，得一之人为大，大字中的"一"为〇，即带脉一圈，包含五脏五藏一大整体。大人头顶一片天亦为〇，即灵、无极、道。天的异体字写作"靝""靘"，从青、气（炁），天由青气组成，青即清，天得一以清也。天之气为真气，即炁，从心火(灬)、旡(无、既也)。心上旡为爱。天道博爱，所以天道若无亲也。天道阴阳合一(立天之道阴与阳)，故天字的异体字写作"兛""兤"，从上下两个"兀"，或左右两个"几"。兀、几皆大人，兀坐知几者，人合天也。天的异体字又写作"芅"，从草、曳。曳从申、丿，申即神，丿为引、申，曳的本义为引申，申而不见故神。草忽然飘曳而动，不知何故，故名之为天，天动之也。老子《清静经》描述天有两个特性：天清、天动，天清者，虚空之气，天动者，气动生风。"清者浊(地)之源，动者静之基。人能常清静，天地悉皆归"。天的异体字有两个与佛有关"兣""儠"，佛国为天，天佛为天。佛即空人，国为空土，天佛两空，故能合一，至矣！

田 tián

田，从十、口。口即国，表示国土，十即纵横相交，表示田埂，本义为种稻的耕田。十，从丨、一，丨即十，南北纵向的田埂数量是横向的十倍。南北方向为阡，东西方向叫陌。阡字从阜、千。陌字从阜、百。千即百之十倍。古代坐北朝南，看到大多数是南北向的阡，而东西向的陌则较为陌生，故说陌。口即空，十即光照十方之相。田的意思是心内充满阳光，故田亦指心田。十同乂(五)字，五即吾，吾心而悟空则心光生，田之谓也。心光生而田自见，故田亦为陈字。丘田陈列，井井有条也。

贴 tiē

贴，从贝、卜、口。贝即牟尼珠，自性灵玉也。卜即小省，心光也。口即空，心空则牟尼珠光生，其光大日，故灵玉心光为贴。贴的本义是贴心舒爽，识得自性牟尼，则欣喜所狂，即至极乐世界也。

铁 tiě

铁，繁体字"鐵"，从金、十(大)、戈、呈。金呈大戈为铁，本义为黑色金属铁。从铁字的结构看,金字旁即大斧,主生杀,大人立与长戈之上,戈下为口(空也)、壬(任),人口(○)即仏(佛)字,此铁之性堪任作佛。铁性即佛性,故其性如金刚不坏,能断一切物而无坚不摧。此亦《金刚经》之"金刚"含义。铁字右边即截字,同耋字,至老也(老之极也,无上之大年)。纯铁呈黑色,故铁有黑色的意思。《礼记》云:"乘玄路,驾铁骊。"辛弃疾词云:"金戈铁马,气吞万里如虎!"包拯脸黑,故称铁面无私之老包。铁的古字写作"銕",从金、夷。夷字从大、弓。夷为平坦之大道(《道德经》:"大道甚夷,而民好径。"),大弓为佛,佛在东方,故夷亦为东方之人。

亭 tíng

亭,从高省、丁,怀丁(子)而高,孕妇之像,故也写作"停"。女子挺立,因妊娠而挺,壬字即表示大肚子之女。大肚能容,大肚能容如弥勒佛,能容天下难容之事,则其人自然可以"挺"立天地之间,与天地同参(参天地之化育也)。万物皆独一无二,亭亭玉立,如松柏挺立、金鸡独立。亭字下面的丁即古"示"字,表示神示三光。亭的意思是神示三光而众生可见之高处,故亭为登山中途让人休息的地方。停即歇,歇即菩提。众生迷而心念(多为妄念、杂念)不停,故神示之以亭。一念不起、万缘放下也。一念不起则为正念,故亭即正的意思,如亭决(公正的判决)。

庭 tíng

庭,从广、廴、壬。壬即妊(任),为大肚之人,大肚之人挺而行,故说廷。大肚能容,容天下难容之物。子曰:"君子语大,天下莫能载。"庭,为堂阶前也,即屋前庭院,庭院宜深而广,故说大庭广众。庭大而所立者广也。虞庭者,舜(虞舜)之宫廷也。舜有能臣(能治乱之臣,亦称乱臣)八元八恺,垂衣裳而天下治,故舜作五弦琴而唱南风歌。其传心之法谓"虞庭十六字",曰:"人心惟危,道心惟微。惟精惟一,允执厥中。"

婷 tíng

婷,从女、亭。女子亭亭玉立,形容美好。亭,从高省、丁,怀丁(子)而高,孕妇之象,故也写作"娗"。女子挺立,因妊娠而挺,壬字即表示大肚子之女。女通"汝",汝而能挺,大肚能容者也。大肚能容如弥勒佛,能容天下难容之事,则其人自然可以"挺"立天地之间,与天地同参(参天地之化育也)。万物皆独一无二,亭亭玉立者也。松柏以"岁寒而后凋"而挺立;"鸡司晨"者,金鸡报晓,故能金鸡独立也,万物皆然。子曰:"君子立本,本立而道生。"以何为本?本为木之灵,故天地万物以灵为本也。心上灵山,方能自在而婷立矣!

通 tōng

通,从辶、甬。辶即行,甬字本意是通井的人。通字的本意也是通井达源。通者达也。甬字上边是口、厶或匕,指空人或化人,勇敢者也。古代通井之人为勇者,故勇字从甬、力,力能通井也。

同 tóng

同,从凡、口。凡(wán),俗作"丸"。《康熙字典》:"凡物圆转者曰凡。"《说文》:"凡,倾仄而转者,从反仄,仄者一面敧而不可回,凡则可左可右也。"仄的意思是人居危厓下之人,故倾而不正。凡从几(人)、丶(主),有主得一之人,故圆融中正。凡之义"通"大,口为空,凡空为"同",大空为同也。凡亦为常、凡人,众生平等,知常则非常人也。凡空则能圆通、能和气,故同有通、和之义。

峒 tóng

峒,从山、同。同,从凡(如帽)、口,凡如天覆,一切众生(口)覆于天,故同。同字其实是上下两个口,上口覆盖下口,通"合",故《说文》解为"合会也"。合的古字从上中下三个口,口与"曰"(口中有舌而能云)通,三个口任何排列皆作"灵(霝)"字解。同者心灵合会也,心灵合会故说"大通"。《康熙字典》注"崆峒(空同)",引吕吉甫的话即"崆峒,无物而大通之处"(吕吉甫即吕惠卿,北宋宰相,著有《庄子义》《道德真经传》)。

童 tóng

童,从立、東、土。立表示一个大人,表示独立于东土之大人,故童的本义为独。童的甲骨文写作"𦥑",中间的"目",表示大人双目俯视东土之人。东土表示娑婆世界,人们重情,为七情所困,故重(重,从东、土、人)。童即孺童文殊菩萨,其目俯视东土有情众生,欲传大乘佛法以度之也。"童子"象征文殊菩萨已证悟诸法无变实相,安住于不来不去、不生不灭、不增不减的法界中,故无有变迁,永不衰老。

统 tǒng

统,繁体字"統",从糸、充。充从云(音 tū)、儿。云即倒"子"字,"育"之省,从十、〇。〇为头,意为刚出生之赤子;儿本义为双脚站立的人。统的意思是人从赤子之婴长大为站立之大人如丝一般,连绵不断,故人应不忘初心。孟子所谓"不失其赤子之心也"。

痛 tòng

痛,从疒、甬。甬,从倒厶、用。甬的原意是人掘井见水,即水源通了,故甬即"通"。凡通、勇、涌等字皆是此意。疒甬为痛者,病通即不通,不通则痛也。痛感人所相通,尤其是亲人之间,如曾子之母在曾子外出时而恰逢曾子之友来访,则常咬手指召唤他,母子同心,痛感相通。凡事尽力而为亦曰痛,如痛饮。

偷 tōu

偷,从亻、俞。左边的人为女(汝),右上倒口即集字,表示目的地,下边月为舟字,刀为巜(音 kuài《说文》"方百里爲巜,廣二尋深二仞"),表示水。偷字的意思是一个女人(臣服之人,即你自己)独自在生死河中操舟划向彼岸。人人须各自操舟苦练本领,勇猛精进。彼岸在心,心行彼岸为偷,故偷通"愉",此行愉快。偷得浮生半日闲,即达极乐之境。没事偷着乐!俞即渝水,在重庆嘉陵江,渝指重庆。

凸 tū

凸,从凵、几,象形字,为突起。几即八(风字从几),即明的古字,苦海中突起一盏明灯也。凸喻有身(孕者),大肚者也,有身而后藏神。身,古字写作"躬",从身、匚、品、心。匚即方,品为灵,身心灵合一然后有身。神即申,申字从臼、丨,臼即凵,稻曰舂米而生白。白米者,成道生光明也。《坛经》惠能舂米八月,所谓"米熟久矣,犹欠师筛",顿悟成道则凸显光生。古代阿罗汉顶门高凸,岂偶然哉?古人所谓脱胎换骨也。凸即突,突的古字写作"厺",倒子也。有身而生子,子头凸出,婴儿即将出生。生子为育,育为象形字,同㐬,㐬字加母(每)而为毓字。

屠 tú

屠,从尸、者。者的甲骨文为"", 从火、木、四点,四点为烟,者字的本意为燃木成烟火,因火成烟也。屠字的意思尸身为因果,因果皆在尸身也。尸像卧着的人形,本义是祭祀时代表死者受祭的人(一般以孙子装尸),祭祀祖宗需要杀猪牛羊等以为牺牲,故以屠为杀。尸者为屠,杀之因也。四大皆空,无我相,无人相,无众生相,无寿者(寿者即时间)相,故屠者与所屠皆空也。所谓"放下屠刀,立地成佛"者,认识屠者与所屠皆空而证入空性,见性成佛也。

土 tǔ

土,从中、一,同之、生。土生万物,上生花叶,下生根须,根深叶茂,故生生为丰(上下齐生为丰)也。中为心,心生则种种法生,一切由心造。境由心生,故生即心,心即生。心不自生,庄子所谓"生生者不生"也。心即永恒,不生不灭而生万物也。土的异体字写作"圡""土",均有一点,一点为主字,土为田地主(《说文解字注》)也。土的异体字又写作"社",从示、土,示即上示日月星三光,生而有主,则光照天下也。

彖 tuàn

彖,从彑、豕。彑为兽嘴而有独角,豕为"豸",即獬豸(独角兽)。独角兽为上古神兽,能明断是非,触不直者,象征永恒不变、一尘不染和坚定不移,彖辞即一卦之总断。南怀瑾在《易经杂说》中讲,彖是一种动物,形体有点像犀牛大象,牙齿锋利可以咬断铁索,以此来形容彖辞对一卦的断言,有如斩钉截铁,有力而无可辩驳。所以,《易经》中的彖辞表示总断一卦之吉凶悔吝,彖者断也。彖辞为大象(彖曰),爻辞为小象(象曰),象者像也,类万物者也。大象无形,理一(彖)分殊(象),殊途同归。

陀 tuó

陀,从阜(阝)、宀、匕。阜为山,宀即空,匕即化,本义为回旋曲折之山。阜即山冈,陀即空化之山,自心所化之空山,空山即灵山。阜的古字即横山之形,异体字写作"𨸏",从靁字之三个口,即灵字。化或牝,即雌性生殖器,表示空道,能虚、能容、能生、能化,《道德经》所谓"谷神不死,是谓玄牝。玄牝之门,是谓天地之根。绵绵若存,用之不勤"之牝,象征道之体用。灵山人人本具,不在内,不在外,不在中间,即人之本心,本心不可得,故寻觅之路即陀路,有九九八十一难。

橐 tuó

橐,从囊(同吉)省、石、木。上中下巾(木)即心光,中间口为真空,空中妙有丨(丶)为众生,石表示无情众生,豕表示有情众生,橐即空囊布袋,囊括宇宙。布袋和尚偈云:"我有一布袋,虚空无挂碍。打开遍十方,入时观自在。"橐同"中",中者心也,心空如囊也。橐的异体字写作"橐",字的中下方一个"大"字,下边"巾(忄,心)"表示此心囊至大无外也。

妥 tuǒ

妥,从爫、女。爫为抓,抓到女子为妥。女为汝,抓到你自己为妥,所谓"认识你自己、成为你自己"也。妥的异体字写作"安",从一、安(安的异体字写作"妟",从山、女,汝在灵山下为安),一为天,天下大安为妥。妥的异体字又写作"敠",从妥、攴,攴为教,教汝心安也。妥的异体字又写作"绥",绥即安,糸即丝,子孙相续,安定一切众生,乃至未来之子子孙孙也。

娃 wá

娃,从女、圭声。女即汝,你自己。圭,从重土,瑞玉(圭古文从玉,即珪字)也,上圆下方,古代用于封疆,是诸侯权力和等级的标志,为最宝贵的东西。娃的本义是女人最宝贵的东西,也是每个人最宝贵的东西,即圭玉,牟尼珠也,人得牟尼者即佛。娃之所贵者在心门之内,闺字通圭字,闺女即娃,闺、娃同源。《说文》:"娃,圆深目儿,从女圭声"(娃通"眭",音 guī)。圆深目儿,明眸善睐者也。

王 wáng

王,从三、丨。即心字变体,三横即三星洞〇,折圈为一,斜月乚无

曲不动而成直道丨,故心王不动。王的古字写作"尘",从小、王,小即心字,光也。心王自光为真王也。

网 wǎng

网,从冂、乂、乂。冂为虚空,乂即射向八方的光。网即虚空之内布满纵横交错的光,即因陀罗网,即天网,即天帝释之网。乂即五,即吾,故网的古字即五字,吾自织之网也。吾同人,人在网(冂)中为网,同"囚"字,人囚于网中,作茧自缚也。网的异体字写作"㓁",从冂内两竖,即人的古字,人网合一,天(天网)人合一也。网的"乂"亦写作"又""双",又为手,即心,心网也。网同"囚""因",皆人字,口(冂)为空,即囚于虚空之人。人隐为亡,故网字从亡,亡亦读音。人心亡为忙,忙于作茧自缚也。网的繁体字为"網",从糸、罔。糸即心光,心光如丝线,即蚕丝,丝丝皆其光也。蚕即缠,幺即思,人心思绪万端,相互缠绕而成因陀罗网。蚕即禅,幺即思,禅思即冥思、无思,无思则成正觉。故人天不二,人佛不二,人网不二也。网的异体字又写作"罔",从网、亡,人网两空也。

妄 wàng

妄,从亡、女。女即汝,你自己;亡即无。你自己即是本性真我(常乐我净之我),即佛性,没有你自己则妄。故觉者只是觉知你自己,成为你自己。《易·卦名》:"上乾下震,无妄。"《象》:"天下雷行,物与无妄。"《程传》:"动以天,故无妄。"天人合一,真女(汝)合天,天真则无妄也。

忘 wàng

忘,从亡、心。心亡者,心不在焉。亡从人、乚(隐),忘者心隐之人也。《说文》云:"忘,不识也。"达摩答梁武帝"对朕者谁"云:"不识。"现在所谓"知识",不忘所知而已矣,非学问也,学问非知。

旺 wàng

旺,从日、王。王即主,日主光,故旺为光。旺的异体字写作"眰",从日、彳、往。往从彳(行)、主,日行而有主谓旺,循环往复,光明永恒也。旺的另一个异体字写作"眰",从日、彳(行)、之、土(地)。日行以光,其光至地也。

望 wàng

望,异体字写作"朢",从臣(非亡)、月、壬(非王)。《说文》:"月满与日相朢,以朝君也。"臣为纵目下望而臣服,月喻心(斜月三星),壬为地上得一之人(圣),人心悦诚服如圣人为"朢"。望的异体字又为"瑿",玉明也。其人全然臣服即佛,得牟尼珠玉者也,其明如牟尼故能胜日,故曰大日如来。"朢"即月圆满也,佛亦觉行圆满也。望的异体字又写作"朢",从臣、壬,无月字,意同。壬亦作"立",皆为得一直立之人。现在的"望"字从亡、月、壬,即瞻望、盼望之"望",与古字"朢"意思不同,谓出亡在心月之外,望其还也。

微 wēi

微,从彳、山、一、几、攴(攵)。彳为行,攴为轻打为教,山即小为光(灵山心光)、一几或兀即人。微的意思就是教人修行而成为自己的光。微的异体字省略彳、一,写作"敚",即教你成为自己的光。山一即中一,为"之"的古字,即生字,故微字表示教人生,教人内在灵性之生长也。《说文》:"微,隐行也。"灵隐而不可见,心光细微而不可得也。《道德经》云:"视之不见名曰夷,听之不闻名曰希,搏之不得名曰微。此三者不可致诘,故混而为一。一者,其上不曒,其下不昧。绳绳不可名,复归于无物,是谓无状之状、无物之象,是谓惚恍。"心光为恍,微即恍惚之心光。

薇 wēi

薇,从艸、微。微小而有光之草。微,即敚,从彳、光、攵,攵即教,教你成为自己的光。光,从山、儿,灵山心光为微,微妙不可得也。微字中间一横分割山、儿,灵山与人本一体不分,而人不见,一叶障目也。微字兼无、有两层含义,道心亦然,不可言无,不可言有,孔夫子所谓中道,扣其两端而竭焉,故云"道心惟微"。不执两端为竭,凡夫二,故其光微(微字中心为光、二)。

巍 wēi

巍,从委、嵬。古字写作"𡾋",从禾、山。本义为山顶之草木。委,从禾(和、穗)、女(汝),本义是人跪地感恩丰收。嵬,从山、鬼,山上草木阴森而令人敬畏故从鬼。巍的本义是山高大之貌,巍然屹立,浩气长存,令人景仰。汝和为委心臣服,则与鬼神合吉凶,故大人巍然。鬼,从甶、儿、厶,儿为人(亻),人、厶为仫(佛),甶(音 fú)为鬼头,亦佛头也,鬼神与佛,皆无形无相而能主吉凶。大人也,仁者也,仁者如山。鬼佛不二,委身于鬼(魏)者,亦委身于佛者也,举头三尺有神明,其敬一也。鬼的甲骨文写作"𩴫",从田、女。田为心,女即汝,故鬼亦汝之心,即心即佛,故知吉凶。鬼的甲骨文又写作"𩴤",从田、大。大为人,人之心田,造字原理相同。《庄子·天下篇》云:"不师知(智),不知前后,巍然而已。"意思是不学智巧,不瞻前顾后,如大山一般寂然独立而已。"释迦牟尼"的汉语意思是能仁寂默,寂默则真静,真静则应物,应物则能仁,巍乎!《书》云:"巍巍乎唯天为大,唯尧则之。"诗曰:"汝和谓委心嚚嚚,田大为鬼山巍巍。顾后瞻前人意危,寂然独立道心微。能仁寂默说善逝,清静真常自慈悲。不师巧智巍而已,白云时出倦鸟归。"

韦 wéi

韦,繁体为"韋",从口、舛。舛即两只脚相背(故韦通违,有违背之意),古字韦字是口字四面四只脚"牛",同卫字,本意是保卫国(口)家。韦的古字从普、天(矢),表示所卫者非一国,而是普天之下,三界一切处。韦即围即口字,口即空,苇字表示中空之草,故能"一苇渡江"。

惟 wéi

惟,从忄、隹,异体字写作"恖",上下结构。惟字同唯,隹为鸟,隹口为唯,本义是唯一。口唯心惟,心口一致则无分别。惟字亦同维,维字从系,玄光为系,祖宗与子孙共同所维系,诸佛与众生共同所维系者,即自性之心光,心光不二,故称惟。唯唯诺诺,对一切存在说是,全然臣服,口、面、心一致,惟也。

维 wéi

维,繁体字"維",从系、隹。本义为鸟足被系,维者系也。古代系马为维(《康熙字典》)。鸟、马喻心,心有所系,则收放自如。系,即佛学所谓戒,戒定慧为一,戒即解也。知心之所系,则知心之执,觉知戒、解不二,系、解亦不二也。系,从玄、小,小为光,则维者亦玄鸟之光也。玄鸟为始祖鸟,故维之意为"始",维新之维即"始"之意。

伟 wěi

伟,繁体字"偉",从人、韋。韦,古字作"羹",上普下天,本义为普天一国(口)。韋,"口"字上下为脚形,表示巡逻的人。古"韦"字有东南西北有四个脚形,表示四方皆有侍卫(衛字,从韋、行,表示侍卫不停地行动)。侍卫巡逻必须有武器,故后来国字写作"國",从口、戈,戈表示各种武器。伟者,持剑卫国护法之人也。

苇 wěi

苇,繁体字"葦",从艸、韋。韋,为"口"字加上两只脚形,本义是围绕国(口)城巡逻的卫士,口为空,韋即空行,此草可以作舟而行。《诗经》所谓"一苇杭之",达摩祖师"一苇渡江",两只脚可假借芦苇而行于河上也。两只脚形也可以作两只手形,所以"苇"字即"葭"字,芦苇即"蒹葭"也。芦苇在秋天成秀开花,迎风飘逸,假借于风,假借于空,故葭字从叚。蒹字从艸、兼。"兼"表示一手持两"禾",秉字表示一手持一"禾",故兼字从两个"秉"。蒹字就是一手可以抓一把的草,因为中间很空。芦与苇的区别是:未秀者(即未开花)为芦,开花后叫苇。芦苇之妙在于真空,修行者应学芦苇之空,无我相、无人相、无众生相、无寿者相,成为一个通道,即所谓"上帝唇边的芦笛",自然可以奏出美妙的天籁之音!

味 wèi

味,从口、未。未,从宀、木。宀即头,即木之最上端,表示未来之发展趋势。味的本义是口中将来之味道,表示口舌之功能。味的本字即"未",口为空可以不写,木字从十(丨)、小,即心字,草木同心。未字木之头,即心头,心头为最敏感之处,故可以品味虚空、阳光的味道。老子所谓"味无味"也。品味者,非品之以口也,品之以心也。

未 wèi

未,上中下是三个屮字。屮即忄(心),三心合一,三身合一而成光。通"不",皆心光普照,心不可得,不可触,故称未,未及也。未字从二、心(忄)。二心为仁,即忑。仁为天地万物之根本,人生之灵,不可言说,只可体味,故称未,未即"味"。

慰 wèi

慰,从尸、二、小、寸、心。尸即亻,尸二即仁字,小即心(故慰同"尉"),二小即二心,也是古字仁(仁同示,仁者示人)字,寸为手,亦心字变形,上下同仁为慰。二为上,小为光,上人之光可以覆照下民,故以上安下为慰。心为火,故慰字的小篆"小"写作"火",火即光。二即一,故示的古字从一、小,二人同心、上下一心为慰也。尸为身,身心合一,则无我相、无人相,亦无相慰之事相,如是之慰为真慰,以心慰心,心心相印。

文 wén

文,从亠、乂。亠(头)从一、丶(主)。乂为五,即"吾",吾有一主为文。文的金文写作"",中间有个"心"字,意即凡所有文字皆出自心也。心无形无相而示之以文,可知文亦空,故说文字非般若,般若不离文字。文者"纹"也,原意为文身,释迦牟尼胸口有"卍"字,故说释迦文佛。

闻 wén

闻,繁体字"聞",从門、耳。耳在门中能闻。甲骨文写作"",象一个人的耳朵高耸如顺风耳,欲远闻也。古文字写作"閶",从門、目(目)、攴,也作"阋"。《说文》:"闻,低目视也。"低目视即内视,内视反听即观音、观自在。故观音的法门为耳根圆通,耳根圆通为最究竟解脱之道。闻的异体字为"䎽""䎧",从米、耳。米为光照八方,闻者,耳根圆通,光照八方,无所不悉也。

雯 wén

雯,从雨、文。雨即霝(灵)之省;文的古字写作""(参见"文"字

条)。《康熙字典》:"雯,云文也,云成章曰雯。"释迦牟尼涅槃前答弟子"涅槃后向何处去"问,曰:"且看天上白云,无心而来(如来),自然成雯(文)。无心而去(如去),云散雯消。"

稳 wěn

稳,繁体字"穩",从禾、㥯。禾即和字,本义为稻穗。㥯为隐省,即隐藏的意思。稳表示把收割的稻穗隐藏到仓库里,稳稳地过年。㥯,从心、爫、又,爫和又都是手的意思,两只手合为"及"字,本义是接生婆之手触及婴儿之足,表示婴儿马上可以稳稳地生下来了,所以古代接生婆也叫稳婆。接生者心急而手稳也。稳的异体字写作"㤚",从大、生。大为人,即人生下来了为稳。稳的其他异体字(窀、窏、㙷、㙭)与坐有关,即空人安坐为稳,其坐稳如泰山也。异体字(㙷)木坐为稳者,木字和坐字中间有三个口,坐字上边三个口(㙲)即灵字,木字下边三个口即㠯(本)字,本灵为稳也。其他异体字安坐为稳、大坐为稳、空(穴)坐为稳、汝(女)空(穴)坐为稳,意思都容易理解。稳的最后一个异体字写作"䠀",从足、隐省,跏趺而坐时把双足掩盖起来的意思。

问 wèn

问,繁体字"問",从門、口。口为空人,空人入空门,然后成"问"。传说释迦牟尼收徒之唯一条件是第一年不可说话,一年后才能提问。问的古字写作"䎽",从釆、口。采即古"辨"字,本义为辨别鸟兽之迹,口辨兽迹为问,亦空辨也。问通"闻",空门内之声闻者也,耳根圆通才能真问。闻的古字写作"䎹",从釆、耳。以耳辨鸟兽之迹者,心之辨也。心空而闻,则无所不知,何须再问,无问之问为真问。

翁 wēng

翁,从公、羽。公,从八、厶。八为分,厶为〇,即日的古字,故甲骨文公字从八、日。公字表示日光均分普照,公平之意。翁字表示羽毛有光而均匀,与日同辉之鸟,即凤(凤凰每五百年涅槃重生一次)。凤毛麟角之凤毛比喻稀罕而又可贵的人才或事物。《说文解字》:"凤飞,群鸟从以万数。"古代万人为军(或万有二千五百人),故凤为领军者,为众鸟之王(万鸟朝凤)。凤为雄(雌为凰),故翁字从公。凤公如天日,故凤的古字为鵹,天鸟也。羽的古字从乙、彡,彡为光貌,凤羽多光泽也。凤羽以项毛最具光泽,故古字以为"翁,项毛也(《说文》)"。

我 wǒ

我,从亻、手(扌)、戈,本义为类似戈的武器,人手持戈为我。手戈为找,人找为我。找即爪,故从手,手即爪,手爪皆心(忄),人心为我也。我字左边亦写作"禾",千忄为禾,千为得"一"之"人"(壬任妊诸字从千,本义为怀孕成大肚子),人得一为大。千心为忎,即仁的古字,大仁者持戈护国(国字即或字,本义是诸人持戈护国)。我即人心,即本我,通杀,杀字从乂、朩。朩(音pìn)从小、一,小为光,一横指灭之意,心光成杀。朩字本义是剥掉雄麻之茎皮,杀即我之魔;我字左下为才,即草初生之貌,才为生,生即我之佛。故我主生杀大权,生死由我,由我心也,佛魔一体也。我字从找,找即划的古字,划即划船,即以戈作桨,自己划船驶向彼岸,寻找真我也。

乌 wū

乌,金文为"",象乌鸦之形,上边为口,鸟头如日,鸟羽如彡(光貌),鸟足为三,即三足乌也。鸟羽之光(彡)同勿,日勿为易,日光也。乌的异体字写作"",从玄、小、人、二,人二为仁,小同三点为足,玄为空,即仁鸟三足乌也。乌的异体字为於,从方、仁。方即口,空也,故乌即空无,乌有即没有。乌还有一个异体字写作"䳈",从夕、三点、勿、牛。牛勿即物,夕即牜(音义同跨)为足,三点即三,乌为三足之物,太阳又称三足乌。

屋 wū

屋,从尸(户)、至。尸即卧人,人静卧如尸而入大定,入定而知主,故屋的古字从户。至者止也,上一为天,下一为地,中间厶字为灵(〇)、十字为心(中),识天地间心灵为至。至亦室字之省,故屋的异体字写作"屖",从尸、室。尸为人主,人识心灵之主(神),则可以升堂入室矣!

无 wú

无,从二、儿。二为上,儿为人,通"元"或"仁",上人自性清静,心空故,元本无一物。无的异体字写作"旡",从匕、几。即知几之化人,故空无。无的古字写作"旡",天屈西北为无(《康熙字典》)。天空故,天屈亦空。《清静经》云:"观空亦空,空无所空,所空既无,无无亦无,无无即无,湛然常寂,寂无所寂,欲岂能生,欲既不生,即是真静。"无即真静,真静然后能应物,无中生有也。无的繁体字为"無",系秦始皇时李斯改的,四点底为火,上边即芜草,火烧芜草为空无,亦通。

吴 wú

吴,从口(〇)、天。天,从〇、大。大为人,人合〇(灵,无极)为天,天合〇为道。老子所谓人法地,地法天,天法道,道法自然也。吴字本义为大言,言即"口",故亦为大空(四大皆空)。大言者,"吾言甚易知,甚易行,天下莫能知,莫能行"也。吴的古字写作"吿",从廿、亣,廿即口,亣即直立之大人,大人证空为吴。口中有一为日,日天为昊,吴、昊皆大也。

吾 wú

吾,从五、口。五即乂,光交叉之貌,口为空(口是多音字,另一个读音为孔,空也),空上生光为吾。乂亦写作"爻",爻字亦光交之貌。真空寂照为吾。真空则见心,故吾心为悟,悟空则生光也。

午 wǔ

午,从人、十。十为二五,即重五(五月初五)。五的古字作"乂",上一横为天,下一横为地。五即吾,故吾中有吾,天下地上,唯吾独尊,吾肉身之中有法身也。十的古字写作"丨"(音 gǔn),直心也,午即人、丨,得一之人也,人得一以灵也。经云:"十方如来同一道,脱离生死以直心。"直心即道场也。古人谓一纵一横为午,本义为舂稻之杵子也。舂稻为米,裹米成粽。稻者,道也,米者,成也,粽者总也,即成道者浑然一体,心无分别也。六祖惠能舂米八月而成道,直心无杂念也。

舞 wǔ

舞,小篆作"舞",从人、双足、双手、双木(花)。本义为人手上拿着花木手舞足蹈也。舞的异体字写作"翌",从羽、亡。亡,从人、乚(隐),人隐无我、羽化成仙可谓真舞。心可意会不可言传,心花怒放之时,千言万语无法表达,故手舞之、足蹈之也。古人读书修道皆在于得意,得意而忘言,故而手舞足蹈、拈花一笑,山河大地亦随之"起舞弄清影"也。所谓"与天地精神相往来"者莫不如是。如程子之论读《论语》,"直不知手之舞之,足之蹈之者",可谓心舞之也。

物 wù

物,本字为"勿",以牛为大物,故从牛。勿,即光貌,阳(易)字从勿,日光也。物的甲骨文写作"", 从彡(光貌)、匕(亻即人形),匕即人,物即光字,化人生光为物。物为物质,佛教称之为"色";勿为光、能量,佛教称之为"空"。色与空用同一个"勿"字表达,故《心经》云"色不异空,空不异色,色即是空,空即是色"也。物即心,在内曰无形之心,在外曰有形之物。《清静经》云:"内观其心,心无其心,外观其形,形无其形,远观其物,物无其物。三者既无,唯见于空。"物即光,色即空也,一切物质皆具波粒二象性,质能一体也。天地万物之数起于牵牛星,故物从牛。

悟 wù

悟,从吾、心。古字写作"恶"(从五、心)或"䛩"(从五、五、心)。悟者,觉也。觉的繁体字"覺",古字写作"䚇",从見、爻,见心上之爻也。爻者交(五、十两字皆交义)也。觉者所见,六爻也,在儒演易化为六十四卦,在佛为六根、六识、六尘十八界。悟字从五五,五五即吾吾也,外吾为身,内吾为佛,外身内佛合二为一之谓悟。

夕 xī

夕,即半月,月初出之上弦月或月末之下弦月也。月满为明,则月半为昏,无明也。月本无亏盈圆缺,人有悲欢离合之分别也。月以喻心,心不增不减、不生不灭、不垢不净,月亦如是。

西 xī

西,从一(乙)、四。乙即鸟,两只乙鸟为弓字,故篆体或异体字从弓;四也写作"囟",为鸟巢之象形。西的本义是日西落时鸟归巢。囟,从乂、囗。乂即五即吾,吾亦可写作儿而为四,亦可写作女(见异体字西字),乂即光向四方,吾光合一射向四方。光而上出为西,故西的古字从卜(上省)、囟(同囟的古字)。卜即小之省,为心光。西字拆字为一、儿、囗。囗即三界,一儿跳出三界又不离三界也。西者,人如鸟栖,心无杂念,故心光四射,即至佛境,生西方净土世界矣!

吸 xī

吸，从口、及。及，表示得到。口所得者，入息为吸也。及字的篆文写作""，从人、又。又即手，以手指向空（口，即日字）为吸。吸，即一个人练习呼吸吐纳，从空中获取信息，汲取天地日月之精华也。呼吸即息，息为自心，故呼吸不必以鼻或喉。修行人可以腹式呼吸，以丹田直接呼吸，亦可头顶百会穴呼吸，亦可以脚心涌泉穴呼吸。《庄子·大宗师》："古之真人，其寝不梦，其觉无忧，其食不甘，其息深深。真人之息以踵，众人之息以喉。"真呼吸者，与天地精神相往来者也（庄子语）。

希 xī

希，从爻、巾。爻即"五"，亦"吾"（乂为交，口为空，交于空者，与天地精神相往来者也）。巾从冂、丨，巾字的本义为权杖，握权杖者为王；冂为空，丨为直道之人，空人为佛（仏），见爻为觉（覺），巾（同木）即心，心交者神佛，故视而不见。爻即吾，吾心为希也。佛为心王。希者，知吾佛一体（吾、道一以贯之），内圣外王者也。知吾、佛一体的人极少，故说"希"。《道德经》云："大音希声。"又云："视而不见名曰夷；听之不闻名曰希；搏之不得名曰微。此三者不可致诘，故混而为一。"吾佛觉知一切声音而不入于心，所谓"心不在焉，视而不见，听而不闻"也。吾佛无我相，故"不见""不闻"，常保觉知，故能视、能听。希的异体字写作"絺"，从又、系，又即心，系字从玄、小（光），吾心性光之谓希也。

惜 xī

惜，从心、昔。昔，从日、水（川），洪水成灾的日子，表示过去，惜字即过去心。心念过去，不忘初心，可谓惜也。

溪 xī

溪，从水、奚。奚从爫（爪，手也）、幺、大。本义是溪水窄小，像小孩的胳膊一样细，细水长流。异体字写作"谿"，从奚、谷，表示刚从山谷流出的溪水，源头活水也。小溪百汇而成江河，江河百汇而成大海。溪者水之源也。

锡 xī

锡，繁体字"錫"，从金、日、月（勿）。本意为日月金光也。日月为明，故锡者明也。金光无重量，照三界而不为累，轻如虚空，故锡者轻也。众生昏睡，常在梦中，金光照之令醒悟，故锡者醒也。在《佛说得道梯磴锡杖经》中记载，佛曰："锡者轻也，倚依是杖，除烦恼，出三界故。锡，明也，得智明故。锡，醒也，醒悟苦空、三界结使故。"锡者息也，自心为息，光明如日月。锡的异体字写作"鑡"，从人、臣、臣、止（正）、豖（众）。臣即竖目，止即行，意思是大人（圣人、佛）双目俯观众生之行止，其始如豖乱逐（逐字从豕，豕音为始，始于无明，无明即痴），其终亦正（正报，因果不虚）。

熙 xī

熙，篆文写作"熈"，从巸（音怡）、火（灬）。巸字左边"臣"（通"颐"，脸颊鼓起之象形）是一只乳房的象形（侧视图），籀文写作两只乳房，侧视则一、二同；右边"巳"表示小孩，通"已"，表示刚刚出生的小孩，巳为纯阳、阳气之极（时间表示早上九点至十一点）。火为光，母亲为刚出生之赤子喂奶，母性至真至纯，和光自生，故熙的本义为和也、光也。母亲近圣，故老子云："圣人在天下，歙歙（心无所主，心无所执）为天下浑其心；百姓皆注其耳目，圣人皆孩之。"熙的异体字写作"㷱"，上边一只乳房表示母（母字从女、两点即乳房），下边灬为光，母为本源，即诸佛之母,佛母光熙(亮)也。据说智慧第一舍利弗曾与文殊师利(诸佛之母)同行,在八百里火焰山前,舍利弗止步不前,而文殊菩萨步步生莲,从容前行,"火上佛母(熙字象形)"也。

习 xí

习,繁体字"習",从羽、白。羽者,灵鹫之双翅也,其大无外,普周宇内,故羽者宇也,言其大也;白即光明,宇内光明遍照可谓习也。习者,灵鹫练习飞行,羽动生风也。羽动如天行之健,无时不行也。静亦行,动亦行,动静一如也。白通自,人人之自性也。人人具足灵鹫之双翅,灵山就在眼前也。

喜 xǐ

喜,从壴、口。壴即鼓省,口为空。喜的古字写作"憙",从心,心空如鼓,故可喜。喜的异体字写作"歖",从喜、欠。欠的小篆写作"ᔆ",从彡、儿,彡为光(气)貌,有紫气之人(佛、老子)也。喜者,真人心空而生金华,紫气盛极,故知道成也。成道者身心极乐,无时不喜也。庆喜,梵语阿难达(ananda),即佛十大弟子多闻第一阿难的名字,因为阿难出生时恰逢其兄释迦牟尼成道,故名庆喜。

细 xì

细,繁体字"細",从糸(丝)、囟。糸,从玄、小,小为光貌;囟,从囗、乂,乂即五、吾,乂即十亦是光向四方之貌,囟门(即囟会)或是心光出入之处,按摩囟门有镇静安神之效。光芒同丝线故说细,囟字亦思字,心思如思帛细腻。囟的异体字写作"顋",从恖、页。恖字聪省,页为头脑,头脑聪明与囟有关。囟的异体字又写作"顖",从息、页。息、恖、忽相通,皆自心之息,细者自心之息,息细如丝也。囟字的异体字写作"囦",从囗、小。中心之"乂"亦可写为"小",通"窗"的古字,亦可知"乂"为光也。

夏 xià

夏,从一、自、夂。夂为脚形,即行的意思,行自一为夏。道生一,道大则一也大,故夏字为大的意思。《尔雅》:"夏,大也。"一自为"百",百行为夏,众善奉行也。夏的古字写作"傻",有单人旁,夏即大人之形象。夏的异体字写作"㚣",上边左右是两只手之象形,表示自给自足之农夫,治水之大人夏禹是也。夏的异体字又写作"㚅",从三个夏字,圣人有三身(法身、化身、肉身),三身合一也。夏的异体字又写作"昰",从日、正,日即空,空则清净,正即行,空行为正。正,从一、止。止字兼具行、止二义,空行亦行亦止为正。夏的异体字又写作"㝅",从口、吕、夂,口吕皆空,合为灵(品),灵行为夏(口即一,这个夏字同目、夂,目行为道为德,大行者道德真人也)。夏的异体字又写作"䬓",从风、之。之谓行,风行为夏,夏有习习凉风也。

仙 xiān

仙,从人、山。山即心,同忄,人在自心灵山上为仙。灵山即空,同○字,故人加○为佛字,也是仙字。人+零即零(○)字,也是灵字。空灵即仙也。繁体字为"僊",从人、西、大、巳。西即鸟巢,空巢之貌,大同千字即得道之人,巳为阳气之极,即纯阳,纯阳得道之空人为仙也。

先 xiān

先,从之、人。之为出、往,《说文》所谓"之人上也"。"之"与"出"字头皆从屮字,即光字头,心也,故先字即光字。万物之先为光,人之先为光也。傅大士所谓"有物先天地,无形本寂寥。能为万物主,不逐四时凋"之先也,先亦谓之道、谓之佛性。

210

闲 xián

闲,繁体字"閑",从门内一木。一木为门闩,故闲字本义为关(關)、闭(閉),关门、闭门意为拦、防,如"闲邪存其诚"(《易经·乾卦》)。闭门者,即老子"塞其兑,闭其门",关闭六根也。关门不紧有隙漏,日光、月光可进门,故闲字作间、閒,本义为间隙,有空间(空闲)。《礼记》:"一动一静者,天地之閒也。"庄子所谓"周将处夫材与不材之间"。闲的异体字写作"閒",从门内一仆。仆从人、卜(卜亦为光貌,人闲则光生,知主而为仆),占卜之人可谓闲人也。闭门而占,六根清净,自然知几。吕祖所谓"坐听无弦曲,明通造化机"也。"自饮长生酒,逍遥谁得知",雍容闲雅也。

贤 xián

贤,繁体字"賢",从臤、贝。臤,从臣、又(手),臣为纵目天眼,天眼开而见自性宝贝为贤。贝(貝)者明珠,牟尼珠也。古人尊人所谓"贤弟贤妹"者,人人皆有牟尼珠,人人皆贤,所谓普贤也。臤亦"坚(堅)"(臤、土,土为大地)也,心坚如大地,金刚不坏,不生不灭,无始无终也。贤而大行其道,其道光明,则无无明也。臣亦全然臣服之谓也。全然臣服,岂止是天眼开,慧眼、法眼、佛眼一并全开。贤者闲也,佛是闲人(众生是忙人),吕祖所谓"动静知宗祖,无事更寻谁"之无事人也。贤者咸也,咸者全也、周也,觉者有感故,感字从咸、心,全心也。佛诞时云"天下天下,唯我独尊;三界皆苦,吾咸安之",至矣!

显 xiǎn

显,繁体字"顯",从日、丝、页。金文写作"",从日、丝、见。即日光下看见细丝(丝字从玄、小,小为光,玄光细线为丝),故显的本义为光。页(頁)为人头,显的意思是人头上达到生出日光的境界,故显有

"达"的意思,达者即佛,其光胜日也。头上豪光明显,如老子之行,紫气东来,故显的意思为"头明饰也(《说文》)"(真显贵者,非以头饰以明也)。诸佛讲经开示前眉间或前胸毫光照大千,亦所谓"显"也。印度梵语有 Darshan 一词,翻成中文亦谓"达显",可谓音义俱妙。

险 xiǎn

险,繁体字"險",从阜、佥。佥(音 qiān),从三口(亼为倒口)、从,本义是众、咸(都、皆);阜即山,故异体字写作"嶮",从山,三口为品、为灵。人人欲往灵山,其路多阻多难,故险的意思为多阻多难。如唐玄奘之取经之路,历经九九八十一难方成功。

县 xiàn

县,繁体字"縣",从目、乚(隐)、系。系字同糸,甲骨文中间为玄字两个〇(或三个〇),上下为"小"表示玄光,即灵光,灵光照天地为糸,也通古字"中"字,中者心也,即灵。县即古字悬字,所悬者心光也。心即佛,心即王,故古代以县官为天子。《史记》所谓"县官,谓天子也。王者官天下,故曰天子也。"县的异体字从県,目隐而光生,庄子所谓"非以目观而以心观也"。看事物不要只看表面现象,更要用慧眼看本质。县的古字写作"圀",有国字框(囗),表示其心光被三界所限,三界如虚空,难以粉碎也。县的异体字即悬,意思亦同,人心所悬者与天地同,故悬字从心(懸)、或单人旁(傸)。

香 xiāng

香,从禾、日。禾即和,本义是沉甸甸的稻穗,日即"甘"。香的本义是稻米甘甜,香气四溢。香的异体字写作"皀",从白、厶。白即"自",厶即"佛(仏)",自佛心香洋溢,香留千古,香飘三界。自厶(私)而香,厶为空,自性为空也。古之学者为己,为己证空而觉悟。《佛说十善业道经》云："人生为己,天经地义,人不为己,天诛地灭。"莫要误会此语。"为"读 wéi,意思是修为。真为己者,自觉觉他之菩萨,无我相无人相,焉有人己之分哉！香也者,化有形为无形,乃人神之使,万物生生之要在于留香。莲香、梅香,不可比较,香味平等,人生之要亦在留香。《维摩诘经》记载,妙喜国以香味使人觉悟,吃香饭后,香味不散,直至成佛。

祥 xiáng

祥,从示、羊。示即上天以日月星三光示现。羊字从八、三、丁。丁即示字,故祥即羊。三为乾为天,八字羊角同小,故古字从小,即心光。天心之光上下共照为祥。天心无善恶,无亲疏,无吉凶,人心有分别而说吉祥、凶祥。

想 xiǎng

想,从心、相。心上有相,是静态。相字从目、木,攀木登高而望也。登高而望远,心之远望为想,故想者像也。"远观其物,物无其物",见相非相也。心有所想,即有执着（心着相为想）。五蕴即色受想行识,行为思,心上先有静相为想,然后心上有田,耕作之行动为思。想而后思。

饗 xiǎng

饗,从鄉（乡）、食。乡即邑,邑字从口（国、方、围）,巴表示一个跪坐的人,一乡（邑）约一万二千户人,鄉字两边是相向的邑字,中间即"食"字,表示两个乡人相对而饮食。乡人同饮皆在祭祀祖宗之时,《说文解字注》所谓"凡食其獻曰饗"也。饗字中间的"食",古字亦写作"皀",上白下匕,即古"香"字,乡人同享美酒美食之香味也。饗即"飨",一乡人同饮食；饗即"嚮（向）",诸乡人同饮食而心同向同行。

相 xiàng

相,从木、目。甲骨文为上下结构,写作"✲",即上目下木,极目远眺为相。人之视力有限,远眺之物皆幻,故《清静经》云:"远观其物,物非其物。"经云:"如来藏相妄性真。"凡所有相皆是虚妄,见相非相见如来。木从十、八。十(古文丨字)为阳合,八为阴分,阴阳翕闢,神魂(肝藏魂,属木,开窍于目)往来,有目共睹,故相有交、共之义。目为纵目,纵目能内观返照,此即太乙金华之宗旨。《法华经·安乐品》曰:"诸佛身金色,百福相庄严。"佛有三十二相,皆金色也。法身金相无所不包,无处不在,无时不存,故可远视,亦可近观。显微而知著,观宏应识微。附金相之意:一是见相非相,要透过现象看本质,分析材料(肉身)成此金相之原理(本我、法身);一是分析材料显微结构成分可以预判物质宏观性能,而宏观形象可以多种样式(化身、三十二相),故同一材料可铸锻为不同形状。欲达此道,除了借助于显微镜(天眼,望远镜亦类似天眼),还要拥有一双慧眼(以心观),乃至一双法眼(以等观,诸法平等)、佛眼(以空观)。

向 xiàng

向,从冂、口。冂即人(同几、儿),口即空,人向空行。人空即佛(仏,厶即口),即仙(零),即灵。向字表示三身(人)合一,左边"亻"为立人,即肉身,冂即儿,即化身,凧或凨为空人、光人,即法身。向字一撇也是"小"字,即心光,人回自心而成为自己的光,向之密意也。向的异体字写作"窗",从穴、向,穴即空,向空而行也。向的异体字又写作"鄉",即"乡",三身合一而成佛证道,到达真故乡也。向的异体字又写作"屾"从北、口或写作"屾"从从、口,两人同向(同向为从)或反向(反向为北),殊途同归为向也。

象 xiàng

象,古字写作"𧰼",从人、内、勹、灬。灬(火)即心,勹即包,人之内心生而成象,心无形故大象无形包摄一切。象字上边人即匕,古"化"字,化人即自,自即鼻,鼻即气,故"象"即心火之气,心火生气而成百象。心为空,象即"如",真如不可说,故说象。象的简化字下边从豖,即众字。三人成众(家字下边亦众字)。象的异体字写作"瑑",从王(玉)、象。玉即牟尼珠(佛性),故一切象皆牟尼珠所现之相也。

宵 xiāo

宵,从宀(空冥也)、小、月。小为光,本义为有月光之夜空。古字写作"晓",从日、肖。日月合明,光明即宵也,月喻自性,则宵之意亦自性光明也。王阳明遗言:"此心光明,夫复何言!"自心光明即元宵也。

消 xiāo

消,从氵(水)、小、月。小为光,月为阴,光阴如流水之善逝为消。消之本义为流水渐行渐消,乃至消失,比喻光阴消逝。消的古字写作"㳞",从上水下囧,囧为炯炯之光,亦是光如水之意。心如月,月喻本心,自心为息,故自心之光宜息长不宜消退,则心光长存也。

萧 xiāo

萧,繁体字"蕭",从又(手)、丨(竹篙)、一、渊省。一为舟(通"建"之"廴","朕"之"月"),本义是一人持篙操舟行驶于深渊之上,其心战战兢兢、如履薄冰。萧即"肃",两岸秋草萧条,孤身一人行舟向彼岸,亦须严肃认真、恭敬行事。一人独行,万籁俱寂,风吹黄竹,肃肃而清。肃与草(草为中中,生生也)合即萧,萧条寂寥(道无形而寂寥,人与道合,故须肃然成空);肃与竹合则箫,其声肃肃而清,悠扬而远。

霄 xiāo

霄,从雨、肖。肖者消也,云雨消散之地,故霄为高空。传说玉帝所居即灵霄宝殿。雨即霝(灵),故说灵霄。肖,从小、月。月即肉,小为光,肉身灵光与父(祖)相像为肖,不相像为不肖。肖亦霄的本字,灵光合一也。

小 xiǎo

小,即忄,从丨、八。丨为直,八为分,直心能分别一切善恶是非。竖心亦可写作忄,如恭、慕、忝诸字,亦可写作心,如愛、慾、怒诸字。心即光,一切万物皆光,故光字从小。心即道心,至微至细不可分,故糸字从小。心至大无外,无所不包,故丕字从小,丕者大也。心能生万物,一切唯心造,故胚字从小。生为子孙,绵绵相续,故子、孙、绵、续皆从小。心妙不可言,故妙字从小。心变化多端,细微难测,故山、川、艸、木皆从小。心藏神,神在心中,故一切神祇皆从小。诸如此类,一切汉字皆小心之化,字中亦可觅心,汉字之妙如是。小字如意,两点一竖可化为口(〇),空也。一个口、两个口、三个口都是需字,心即灵山也。静坐可达灵山,人化为空(口),故坐字上的两个"人"写作"口"(㘴),三个口加坐字即需(㘯)字,坐之人与灵合一不异也。

晓 xiǎo

晓,繁体字"曉",从日、堯。尧(堯)从垚、兀。垚为累土而高,兀从一、儿(人),为高而上平,上一横为天,天高而平,阳光普照,雨露均分也。晓的本义为日高而曙,光明四照也。尧(堯)的古字写作"兛",从兂兂,十字即丨,古今一贯,天地一贯,丄(即上字)儿为兀即上人,兀兀即如如不动而真静之貌,不动如天之空,不增不减,不垢不净,不生不灭。不动则静,静定生慧,故晓者慧也。日为空(口),空则天人合一,天无所不晓者,人亦无所不晓也,故晓字从日、儿(人)。人合天,天法道则明生,其照如日,故晓字从日。晓者,人空如天,光照如日也。

筱 xiǎo

筱,从竹、攸。本义为如箭的小竹子。攸,从人、丨、攴,指一个人手持竹杖划船而行,攸然而逝,行水直往水之深处。一人自渡向彼岸,心无杂念故直行如箭。竹喻人品,"未出土前先有节,至凌云处仍虚心",宁折不弯,坚韧不拔。心无挂碍故,虽生死攸关,而此心悠然自得!

孝 xiào

孝,从老省、子,《说文》所谓"子承老也"。孝字即孩子跪拜、伺候老人之象形。从汉字结构看,"子"字代替了"老"字下面的"匕",即子是老的一部分,老、子不分,老、子一体也。子孝对应的是老(父)慈,慈为兹心,兹为玄玄,玄为空空,心不可得故空。老、子肉身虽分,而灵魂一体(法身)也,所谓"父子同心"即如是。子曰(《礼记》):"武王、周公,其达孝矣乎!夫孝者,善继人之志,善述人之事者也。"善继老父之志可谓至孝也。圣如周公亦如是。孝字从爻、子,子字从口(〇)、丨,口字共用。爻口为古字吾字,丨即心字(心澈为丨),吾子吾心为孝也。

校 xiào

校,从木、交。两木相交为木枷,故本义为木枷。校者,教也,教人以戒禁。夏朝时学宫为校,就是乡学为校,故称学校。交,即心交于物,古字写作"乂",即古文"五",两个乂字成"爻",也是古文"五"字。心不可得故空,空字即"口",五、口为吾,一切唯心造,吾心动而四大(地水火风)合和成"我",所谓"心交于物"也。校字之木即树木初生的意思,故象征生命。木即生之义(木字一横为地,下为根,上为杆)。见交为"觉",古文觉字,学者觉也,凡是学字头都是学习和觉悟"心交于物"的道理，教字从爻、子、攴，就是教孩子见交而觉。

笑 xiào

笑，从竹、夭。竹字同巾、巾（小篆冂写作圆弧形），象眉开之貌；夭的古字象一个人屈首摇头，双手舞动。夭的甲骨文同吴（娱），自娱自乐，欣喜若狂而显得不正常（人生而不正常，引申为夭折之夭）。笑的意思是眉开眼笑、摇头晃脑。笑的古字从口、关。关字从八、一、大。八为分，即眉开，即眉开口笑。关口为笑，笑在心，喜从心来。竹字或艸字或木（巾）字，皆心（忄）字变形。古字顿悟自得之乐，内心禅悦之极，故不知手之舞之，足之蹈之，如同全宇宙都与他一起笑！诸佛传心，拈花一笑而已。

谐 xié

谐，繁体字"諧"，从言、皆。众声（八音）齐鸣为谐。《尚书》所谓"诗言志，歌咏言，声依咏，律和声，八音克谐，天相夺伦，神人以合"，意为诗歌咏唱，乐器演奏都要有条不紊、井然有序。即必须"金石以动之，丝竹以行之，诗以道之，歌以咏之，匏以宣之，瓦以赞之，革木以节之"。八音即金、石、丝、竹、匏、瓦、革、木，《乐记》所谓"不知音为禽兽"者，不知音则难与自然和谐，难与神佛（天地精神）相和谐也。

心 xīn

心，从乚（如斜月）、三丶（如三星，所谓斜月三星洞，灵台方寸山也）。一点亦空，故为星，星的古字写作"〇"，空也。〇为"灵"，三个口并排为畾字，三个口成山字状故为品，还是"灵"，故说灵台方寸山。乚即"隐"，灵隐于身也。人若识灵，即到灵山。心外无法，法外无心，法的古字为"灋"，从水、廌、去。廌为上古神兽，即谛听，能断三界一切是非，触不直（即以其独角触死不直者）。谛听为心法也，谛听即听之以心也，庄子所谓"心斋"（若一志，无听之以耳而听之以心）也。

欣 xīn

欣，从斤、欠。斤为闪闪发光之新斧，通"金"，金光也；欠，从彡、儿，彡为光气之貌，儿即"人"，人头上光气也。《说文》："象气从人上出之形。"《徐曰》："人欠去也，悟解也，气雍滞，欠去而解也。"欠，一般解为呵欠，以口吐气，其实亦可理解为人头上光气，与"光"字结构相同。欠的古字写作"㱃"，品字形的三个"欠"，即三身三光也。欣者，悟道解脱之人欣喜若狂，头上豪光照大千之貌。欣的古字为"訢"，从言、斤，言即口，空也，金华亦空也。欣亦通"忻""俽""惞"，心空、人空，空人为佛，欣之至也！

新 xīn

新，从亲、斤。亲，从辛、木，辛为罪犯，意思是用木枷把囚犯锁起来。新的意思是用斤斧劈开木枷，释放犯罪，获得新生。

鑫 xīn

鑫，从三金。金，从今、八、土。八为金之形，金属分（八）溅之意，今为金之声，即今土中生金也。土中有石，石中有玉，金玉喻本性。成道者点石成金，即悟金石本性不二也。金从今者，道在此时此地，无过去（过去已去）、无未来（未来不来）、无彼岸，道一故，一古今（无古无今，古今一时），一彼此也。能如此悟者，一即多，多即一，则知金华之旨，金华之密，金华自开，普照三界。鑫者，多金也，光盛也，金华之光不生不灭，无始无终，永恒故也，长盛不衰。

信 xìn

信，从人、言，人言为信。信的古字写作"伀"，从人、口。口为国、方、围，故信为国外之人、方外之人、天外之人，乃至跳出三界外之人。

佛的古字"仏",从人从厶,厶即〇(自环为厶),〇即口,空也,佛即空人,亦谓方外之人,即信。故信即"佛"。〇,音义为灵(也写作三个〇,或三个口),即道(太极一圈也),故信或佛,皆灵人,觉知自己灵性者也。《道德经》云:"道之为物,唯恍唯惚。惚兮恍兮,其中有象。恍兮惚兮,其中有物。窈兮冥兮,其中有精。其精甚真,其中有信。"信即真空之妙有,信者息也,自心也,自心真空而生妙有为信。信的异体字写作"訫""忎"或"㐰",子为圣子(圣父、圣子、圣灵三位一体),子心、子言皆心言,故为信。

星 xīng

星,从日、生。《淮南子·天文训》:"日月之淫气,精者为星辰。"即日月过多之气,其中之精华为星,故星由日生也。《说文》:"万物之精,上为列星。"星为万物(包括日月)之精气。万物有不同的品类,故星的古字写作"曐",从品、生。口即"日"或"白","真空生妙有",故星的异体字写作"曐"(从晶、生)或写作"壘"(从晶、土)。精气神皆为灵(〇),太极一气化三清,一分为三,口即品,故星由灵生、亦生灵也,故云"地上一个丁,天上一颗星"。星的甲骨文写作"💫"(从五个〇、生)或写作"💫"(从两个〇、生),太极生两仪(叩)、两仪生三才(品)、三才生四象(四个口为雷字)、四象生五行(金星、木星、水星、火星、土星)。

行 xíng

行,从彳、亍。彳为小步走,亍为停止,且走且止为行,动静皆行也。行的异体字写作"衍",从人、行。行者指人,非指物也,人者人心也,人行由心之法,故异体字又写作"徳",从人、心、法。心之所之为行,行者不外心法。心即佛,心即道,心即儒,故心行即佛行、即道行、即儒行,合儒释道之行皆圣人之行也。圣人之行应舍人我、应舍法非法、应舍心、故甲骨文行字写作"𠔃",为道路之象形,道即行也,人、道合一,吾道一以贯之也。

醒 xǐng

醒,从酉、星。星即〇(武则天造字),星从日、生。即空(〇、道)生,空中乙动则生,乙动成𠃌如轮回。〇(道)虽无形而生育天地,虽无情而运行日月,虽无名而长养万物。酉写作"丣",天门关闭之貌;酉即"就",一切自成。醒就是成道者证悟空生之理、造化之机,夜睹明星而大彻大悟也。

兴 xìng

兴,繁体字"興"。甲骨文写作"𦥘",从同、四只手。同从凡、口,"凡"字的意思是模具,同即古文"铜"字。铸铜完毕,众人把铜模举起来,故兴者举也。铸造铜模是古代大盛事,如夏禹铸九鼎而收天下兵,故兴者盛也。铸鼎不仅是盛事,也是善事,收兵罢战,安居乐业,故兴者善也,乐也。同字通合,故说合同,合同者灵也。万众同心,乃可谓兴也。兴的古字写作"嬹",从女、興。女即"汝",认识你自己之灵,同万众之心,可"与天地精神相往来"也。

性 xìng

性,从心、生。古字写作"生",无竖心旁(忄),以性由心生故,从心;以心空不可得故,无心。《金刚经》曰:"一卵生、二胎生、三湿生、四化生、五有色生、六无色生、七有想生、八无想生、九非有想生、十非无想生。"十生皆性(性亦作性)也,乃至十法界(火涂地狱、刀涂饿鬼、血涂畜生、人、阿修罗、天六凡道,声闻、缘觉、菩萨、佛四圣道)皆性也。与生俱来、众生皆具足为性。"天命之谓性,率性之谓道。"(《中庸》)《康熙字典》:"性者,生之质也。"无为而安行,曰性之。《孟子》:"尧舜性之也。"性之者,按本性自然而行也,此所谓见性。性的异体字写作"炐",从火、生。火为光,心即光也。另一个异体字写作"覺",从靈、觉。觉靈者为生,佛也。故人之性即佛。

姓 xìng

姓,从女、生。女即汝,汝自生为姓。汝为自,故姓的异体字写作"眚",从生、自。智者所谓"生下你自己",意思是认识自性,见性成佛。自即"白",自性之光,光为"炯",故姓的异体字写作"甯",从生、囗。光为空,故白通"日"、通"目"、通"口",故姓的异体字写作"眚",从生、目,通"省",目生空光也。日生为星,故姓字读音从星。星即○字,空灵也。故人生之姓本自空。《五灯会元》记载,四祖道信禅师问七岁小孩(五祖弘忍):"子何姓?"小孩道:"姓即有,不是常姓。"四祖问:"是何姓?"小孩道:"是佛性。"四祖又问:"汝无姓耶?"小孩道:"性空故无。"

雄 xióng

雄,从厷、隹。厷为鸟爪,爪曲成空故有力;厷即厶、○也,空也。鸟身心两空故能飞,人法飞鸟而能身心俱空,则人亦能飞升,雄视天下。佛号大雄,故每个寺庙都有大雄宝殿,供奉释迦牟尼佛。厷为"肱",原为一直曲成圆弧形的胳膊的象形,手空则力大无穷。雄的异体字"赨",从赤、虫,赤的古字写作"烾",从大(士)、火,大为人,人在火上;虫即"蛇",古文称巳,为阳气之极,赤虫即纯阳之人,纯阳为雄(吕洞宾吕仙号纯阳子,凡仙佛皆纯阳之身也)。人在火上亦为古文光字,雄即光,大雄佛光普照也。

休 xiū

休,从人、木,止木庇息也。《说文解字注》:"息止也。"从人依木休的异体字写作"侎",从人、木、一,一为灵,木、一即"本"字,本也写作"夲",三个口字横排为"霝"字,休者,灵之休也,心静神清为休。休的异体字又写作"庥",从广,庇荫也。

修 xiū

修,从亻、丨、攴、彡。攴即教,表示一个教室手持戒尺教人,彡即光貌,丨表示光通彻天地,修的意思是一个人每天自我教育(三省吾身)达到心光换发。修即饰,饰即拭(《说文》:"拂拭之则发其光采。"),即"时时勤拂拭,莫使惹尘埃"之拭,乃至"身如菩提树,心如明镜台",心光普照。日攴光生可谓修也。

秀 xiù

秀,从禾、乃。禾即和,本义为穗(穟);乃为"了",本义同"乙"(太乙),表示刚出生婴儿的脐带,指婴儿已生,性别已辨。秀表示穗已成了,果实累累,故秀者和之成也。

需 xū

需,从雨(水)、天(而)。天即大人,需的甲骨文象一个大人沐浴之貌。《礼记·儒行》:"儒有澡身而浴德。"人之澡身者,洗心也。古人以洗心为斋,静心而知天命所需。《易·需》:"云上于天,需。"需即待需时而降雨。人需为儒,《礼记·儒行》所谓"儒有席上之珍以待聘,夙夜强学以待问,怀忠信以待举,力行以待取"也。儒者待有所需而入世也。

徐 xú

徐,从彳、余。余的意思是沿途的简陋茅店。徐字的本义是旅程从容,且住且行,且行且珍惜。余的古字从亼、箭头向下,亼为倒口即老家,箭头向下表示离开故乡,独自旅行。余即我,一个独自旅行的人,徐从余、行者,人在旅途者也。庄子论泰氏(伏羲):"其卧徐徐(安泰貌),其觉于于(自得貌),一以己为马,一以己为牛。"

许 xǔ

许,繁体字"許",从言、午。言同口,即空;午字从人、十,十即丨(音gǔn)的古字,丨表示上下贯通,同"一"字,得一之人为午。许者,空人得一者,即佛。故许者,可也,信也,全然臣服者也。圣人无不可,一心自许,千瓣莲开。许的异体字写作"訡",从知、冋,上下结构。冋为"空"(得一之人,其光炯炯),知空为许也。知字从矢、口。矢字从人、大。证空之大人为知,大智如文殊也。

旭 xù

旭,从九、日。九即手,手分五指、手腕、手臂、肘、胳膊为九部分,故称九。日升与手高为旭,比喻日初升也。九者,就也,全也,九即心(手即心,九从心(彐同中皆↑之变形)、乙。乙为一之动,心动而九,故君子有九思),日全而就则明,故旭者明也。

绪 xù

绪,繁体字"緒",从丝、煮省。煮茧缫丝的第一步为煮丝,所以绪的本义为开端、丝头。缫丝到最后,还有丝头残留,所以绪有残余的意思。抽丝者得绪而可引,引申而言,指凡事有绪方可缵(继也)。绪者,序也。古人云:"治事当有序,读书会其通。"做事情应当如抽丝剥茧,层层有序地推进,智者所谓"一个片刻接着一个片刻地生活"也。

蓄 xù

蓄,同畜,从玄、田。与累字构件组成一样,而上下相反,下边田为丹田,为心,心空而能受一切,蓄三界万物而不累。畜的古字写作"蕃",

从兹、田。玄田为畜、滋养万物。蓄积之要,在于能转能变,故《易传·系辞》云:"阖户谓之坤,辟户谓之乾,一阖一辟谓之变,往来不穷谓之通。"阴阳阖辟,化而裁之如虚空,空无所空,湛然常寂,造化之机也。明通造化之机,与道合真,其通则久。变的异体字写作"䜌",从玄、言、玄、攴。言字同口,即空,攴为教,教以玄玄合空变化之道也。变的异体字写作"彰",从卓、彡,卓即玄字,彡即光貌,变即大道玄光也。

萱 xuān

萱,从艹、宣。宣,从宀、亘,本义为忘忧草,宣泄滞气,可以忘忧也。亘字从二、日,或写作"亙",从二、月。二为天地,亘如天地间日月,亘古长明!亘的古字又写作"㔾",从二、舟,或从二、回(日成回旋状)。二即此岸、彼岸,轮回两岸之渡舟,亘古不绝!

玄 xuán

玄,即两个〇上下相连。本义是母子相连,子孙相续绵绵不绝,故孙字从玄,子孙与父母,所连者亦心光也。玄为天,天不可见为玄,即天色为黑。黑即白,光向外可见为白,宇宙可见即为白洞;光向内不可见为黑,黑洞即光不可向外透出。玄字即两个黑洞交合而产生引力波之像,合二为一,冲玄而抱一,非一非二,不一不二,如一如二,亦一亦二,道家谓之太极图,佛家谓之卐字符,科学谓之 DNA 链,易学谓之伏羲女娲交尾。阴阳交媾,天地交通,生生不息。

学 xué

学,繁体字"學"。异体字"敩",从攴、子、爻、双手。学者,觉悟也,学者即觉者,即佛,觉字古文为㝵,从見、爻。爻即五字,五即吾,见吾为觉也。吾即本我自性,常乐我净之我也。学者学此也,教者教此也,觉者觉此也。

雪 xuě

雪,篆文从雨、慧省。有智慧而形似雨之物,即雪。雪的甲骨文写作"㕚",从雨(雨点)、羽。即雨凝而成形似羽毛之物。雪的异体字写作"䨮",从霝、彗(慧)。霝(灵)之慧也,在于轻而净,轻则不执著,净则无染污。雪之苦寒成就梅花之香,雪之洁白映照梅花之红,功成而不居,其德若高僧也(净而不染谓僧)。

勋 xūn

勋,异体字"勛",从員、力。員,从口、貝。口即〇(圆),空也,貝即牟尼珠。員(即圆)的意思是牟尼珠现、空生灵光;力即强有力之手,佛手也,勋的意思为大功德,释迦牟尼自证牟尼(释迦为其族,故称释迦牟尼)以十力之功,度尽众生而功成不居,可谓之功勋卓著。勋的异体字写作"勳""勲",从熏、力,或重、灬、力,重字中间为东(東),指如日之重,灬为火,即心,心即佛。意思是佛力举日东升、光明普照,堪为大功勋。

寻 xún

寻,从又、寸。又、寸皆为手,寻的本义是两手臂张开的距离(甲骨文"寻"字像一个人张开双臂合抱一棵树)。古时八尺为一寻,大约为一个人的身高(秦汉时期,1尺为23.1厘米,8尺约184.8厘米)。寻的繁体字"尋",中间有工、口(其他异体字写作"尋""𡬻",从丸、凡、肉都是口的变形)二字。异体字写作"䚘",左边的"彡"表示光之貌,工即顶天立地之人(通"王""士",有大斧掌管生杀大权)、口即"空","寻"表示证空生光之高士,即佛。佛无形无相,高不可测,经云多宝佛身高500由旬(即1万千米。古印度单位,1由旬约为20千米)。一眼望不到边,只见一片佛光也。寻字从寸,寸是方寸之心,故人人皆佛，高人即已，何必外寻。

训 xùn

训，繁体字"訓"，从言、川。川即水，言如顺水为训，意思是训导人要像水一样，随形就器，因材施教，所谓"观自在菩萨三十二应：应以何种身份得度者，即现何种身相为其说法，令彼解脱"也。训的异体字写作"沓"，从水、言，训言如水。老子观水有七德："上善若水。水善利万物而不争，处众人之所恶，故几于道。居，善地；心，善渊；与，善仁；言，善信；政，善治；事，善能；动，善时。"(《道德经》)如是，则训事成，事半功倍也。《广韵》所谓"男曰教，女曰训"，对男孩子之教从攴，以戒尺轻打；对女子训话从言，清音委婉。训字之川，即古文坤字(坤六断，巛字中间断开即坤字)，坤为"女"，故"女曰训"也，故训的异体字也写作"誉"。

雅 yǎ

雅，从牙、隹。牙即上下咬合的白齿。《易经》有"噬嗑卦"，上下齐正方能咬合，故雅的本义为正，如"雅正"一词。《诗经》之"赋比兴，信达雅"，"大雅""小雅"之"雅"皆作"正"解。南宋遗民方凤有《存雅堂遗稿》五卷(见四库总目)传于世，《正人心书》失传。存雅以正人心也。隹，本义为鸟之羽毛，片片鸟羽，井然有序，美不胜收。

烟 yān

烟，从火、因。因火成烟也。因字从囗、大，囗即环境，大即人，人与环境是万事之因也。囗为空，人亦空(古文人字从亾，空也)，人境两空乃成佛之因。境为天地，天地皆空，天地人三空而成气，浩然之气也。其气至大至刚而不可言，其状氤氤氲氲，故说烟，烟者，氤也，音义皆同氤。烟者，天地气也，故说《易经》云"天地氤氲，万物化醇"。烟的异体字为"煙"，土为地，西土净地之火为烟。西为鸟巢，烟气氤氲，纵横交错,复杂难解,氤氲之貌也。

淹 yān

淹,从水、大、电,通"奄"。淹,覆也,大人有神(电)光,光覆宇宙。淹,通掩,掩藏也,精气闭藏为淹。精气分阴阳,阳之精气曰神,阴之精气曰灵。灵的一个异体字写作"霜",为雨下边奄,雨为水,非"淹"而何(淹即灵)。

延 yán

延,从廴、正。廴为行,正(古文从〇、止)表示有目标、有灵魂(〇为目标、灵魂之义)之行,止为脚。延的本义为用双脚远行,有目标有灵魂,故其行远大、其道延绵不绝。

严 yán

严,繁体字"嚴",从叩(古文三个口、品)、厂、敢。口表示城头,厂即城。敢的本义是割下敌人的耳朵表示歼敌数量,严的本义是严守各城头,如有侵犯,杀无赦。黄檗禅师云:"学道犹如守禁城,紧把城头战一场。不受一番寒彻骨,怎得梅花扑鼻香。"严即紧守也。严的古字写作"嚴""巖",上边即岩,表示心坚如岩,下边从手、口,表示耳提面命教训呵斥学生,即严师之严格、严肃,《说文》所谓"教命急也"。为师必严,因为"教不严,师之惰"也!曾子曰:"十目所视,十手所指,其严乎。"

言 yán

言,从辛、口。辛的本义为倒立之人,自辛为"辠"(罪的古字),即犯法。郑樵云:"言从舌、二,二为上,言出于舌上也。"口言即犯法者,道不可道,可道非常道也。古文云"伪言惑众"或"妖言惑众",其实一切口出之言皆惑众,真理不可言也。故佛曰"不可说,不可说",老子云"不可道",孔子云"予欲无言"。言从口者,空也,人言为"信",信的古字写作"伫",从亻、口。人空为信也,人言不可信也。人言为信者,不信其辞,信其言外之意而行之也。文字般若者,般若非文字,亦不离文字,文字只是一个通道。

岩 yán

岩,从山、石。古字作"嵒""嵒""嵓",从山、品。品为三空(即"灵"),山空为岩。《康熙字典》:"石窟曰岩,深通曰洞。"石窟深洞以避风雨,以其空也。吕嵒,字洞宾,知"灵台方寸山,斜月三星洞"者也。台(厶即口)同"吕",吕即灵台,品即三星洞。三口一字排开作灵(霝)字解,木下有灵为本(㯱),山下有灵为岩(嵒),岩者山之灵也。灵(品)无处不在,故品字在山之上还是岩字,三个口换为三个"石"字还是岩。石即"灵",灵即"空","一气化三清"也。山高人为峰,山的古字从人,山品即人品,其品即空仁。山仁(果核亦谓之仁)曰玉,陆机云:"石蕴玉而山辉,水含珠而川媚。"玉、珠皆仁,万物同此仁,佛家所谓牟尼也,得牟尼者得道。岩的异体字写作"巖",从敢,敢者大勇者也,岩上修道困难重重,惟大勇者能之。泰山有石敢当,凡事敢作敢当。

研 yán

研,从石、开(音 jiān)。开本义为铸钱模具,模具在浇注前要能分开,浇铸后要能合上,成形后又要能打开,所以"开"字兼有夹住和分开二义。研即磨,表示结构如同模具的石头(磨有磨盘),引申为探求物质内部结构的意思。研通"砚"(砚以磨墨),日日研磨则见石日益光滑,故滑石(石滑不涩)为砚(滑石亦可入药,主要成分为硅酸镁,研为极细之粉末为滑石粉)。《药品化义》:"滑石体滑主利窍,味淡主渗热,能荡涤六腑而无克伐之弊。主治暑气烦渴,胃中积滞,便浊涩痛,女人乳汁不通,小儿痘疹发渴,皆利窍渗热之力也。"研的异体字写作"碞",从石、言或石、兒。石而能言可知石亦有灵,石亦人兒也。

衍 yǎn

衍,从水(氵)、行。水行终归于海,故衍的本义是"水朝宗于海也"(《说文》)。海者,毗卢性海也,毗卢遮那如来藏心之妙庄严海也,即自性之海、佛性之海。衍行于海,妙不可言,故衍之义为美。性海无边,故衍之义为无极,庄子所谓"和之以天倪,因之以曼衍"也。衍字中间一说从"彡"(《康熙字典》),彡者光貌也,光行为衍也。

掩 yǎn

掩,从手、大、电,通"奄"。掩,覆也,大人有神(电即申,申即神)光,光覆宇宙,其光胜日。掩,掩藏也,精气闭藏为淹。精气分阴阳,阳之精气曰神,阴之精气曰灵。灵的异体字写作"霝",从雨、奄,同"奄"。奄字之手,手为心,心藏神,心神为大,掩日蔽天,如来神掌也。

彦 yàn

彦,从文、厂、彡,或从厂、玆。厂即山岩,玆即"文",有文采,彡为光。彦的本义是岩石上有文采飞扬的壁画。《说文》:"美士有文,人所言也。"文即"纹",天文即天纹,天象也;在地则为地理。人师法天地,故有人文,在外为文身,释迦牟尼胸口有"卐"字纹,可以放光,故称释迦文佛(一说文即牟尼的音译)。壁画(如敦煌石窟、龙门石窟)多以佛菩萨诸美士为主题,佛菩萨称大士,圣人,故俊彦或硕彦为人中俊杰。彦的异体字写作"彥","文"也写作"大",即有文身之大人的象形。

砚 yàn

砚,繁体字"硯",从石、见。砚无奇处,唯见一石,见石而何,可金可玉,点石成金,化石为玉,全在一心。砚同"研",研磨也,砚之为物,耐磨耐研也。砚的异体字为"䂳"，因石成砚，犹因火成烟也。因、石为"䂳"，岂止为䂳，曹雪芹因石而成《红楼梦》，通灵宝玉是也；吴承恩因石而成《西游记》，石猴孙悟空是也。石之德，可化腐朽为神奇，虽经千雕万琢而不改其性也，龙门、敦煌诸石窟，诸石化为诸佛菩萨也。

艳 yàn

艳，繁体字"艷"，从豐、盍。左边豐（"丰"的繁体字）即"礼"的古字。丰的本义是豆形礼器上摆满花果，故称丰。豆为空器，生生为丰，故豐字写作豐，空豆如灵山之能容万物，故丰而大。右边盍（音 hé，也写作"盇"）字从去、皿。去亦写作"厺""厷"，从大、厶。大即人，厶即〇（也可缩成一点），去即空人、即佛，佛的异体字即"仏"（从人、厶），去亦"法"字，故盍的本义是合、覆。合天下万物为一体，覆天下一切众生，故一般称天覆地载。合成一体为宇宙而可见，称为"色"，故艳的异体字从色。艳的另两个异体字写作"孍""孍"，皆从女。女即"汝"，一切众生与天地万物为一体也，汝亦不例外，非谓狭隘之女色也，女色如曲豆之空，色不异空也。人法天地之无私覆载，则人同佛之境界，自然可以艳绝于天下。色不异空故，艳者不以为艳者，觉者也。

宴 yàn

宴，从宀、日、女。宀为空，日为光明，人（女）在空中而生光如日为宴。宴即安，安的古字从小、女，或山、女。女为儿，小、山皆心光，故安即光（光的古字为"人踞坐"，同女字）字，人能生光为安。宴即晏，女（汝、人）日合一也。宴同燕（从廿、北、口、灬）者，心即火（灬），日即口（空），北即两人，廿即两十，宴坐如燕，心空而心光普照十方为燕。

雁 yàn

雁，从厂、人、隹。厂即广，比喻广阔的天空，即广阔天空中成人字飞行的鸟群；厂、人合为仄字，倾仄不平，大雁倾仄而行，意思相同。厂即"岩"，音同雁，意思亦同，古字品、山为"岩"，品即"灵"字之化。灵、山为岩，意思是灵雁之飞高于山也。大雁之行有三个特点：在天上飞排成人字形；大雁为候鸟，春飞北，秋回南，守信；飞行队列之状，前为青壮年，中为老弱幼小，后为青壮年，其有序通人伦之理。故古代君子送雁作为见面礼，如孔子见老子礼亦为抱大雁也。万物有灵则应，能应则信，应字繁体字應从雁、心，万物一心也。

燕 yàn

燕，从廿、口（空也）、北、灬（心火）。燕，心空知北，安也、息也，通"宴"。人能燕坐安息，则身轻如燕，可以飞升，动静一如也。《康熙字典》："昔圣王之处士，使就閒燕。"閒燕，犹清静（净）也。老子云："清静为天下正。"清静则空，一心清静，则明心见性，证道成佛。维摩诘说宴坐（《维摩诘所说经》）："唯。舍利弗，不必是坐为宴坐也。夫宴坐者，不于三界现身意，是为宴坐；不起灭定而现诸威仪，是为宴坐；不舍道法而现凡夫事，是为宴坐；心不住内，亦不在外，是为宴坐；于诸见不动而修行三十七道品，是为宴坐；不断烦恼而入涅槃，是为宴坐。若能如是坐者，佛所印可。"

阳 yáng

阳，古字"昜"，从日、一、勿。勿即光之貌，日得一而光生，日得一为自，阳即自性之光也。勿即"物"，一切物质皆光（波）也，在科学谓之物质波。在佛学中，物质谓之色，光谓之空，故说"色不异空，空不异色，色即是空，空即是色"也。一个"勿"字兼具色、空两义，汉字之妙如是。阳光耀眼，请"勿"靠近，故"勿"有不要、禁止之义。勿亦心造，故有"恍惚"之意。老子云："道之为物（勿），惟恍惟惚，惚兮恍兮，其中有象，恍兮忽兮，其中有物。"阳之为物，光也，光之微也，搏之不得（搏之不得名曰微)。光字从火、儿,儿为站立之人,火在人上者,光也。

旸 yáng

旸,繁体字"暘",从日、易。易即阳光,日光明为暘。日出而明,日中而明,日无时不明也。日为体,暘明(阳明)为用。易字从日、一、勿,勿即光之貌,勿即物字,故万物皆光(一切物质皆波),老子所谓"万物得一以生"之生,生光也。

养 yǎng

养,繁体字"養",从羊、食。不是食羊为养,而是羊食为养。羊食草有三个特点:一为全神贯注;二为取精去粗;三为细嚼慢咽。羊食草之法即养生之道。养的古字写作"羖",从羊、攴,攴为手拿棍子(鞭子),故牧羊为养。庄子云:"善养生者若牧羊然,视其后者而鞭之。"养生之养,道家所谓"持盈保泰",虚则实之,实则虚之,保持平衡。如同"短板效应",把关键的短板补足即可。羊即"阳",养生即养阳。肉身为阴,即生理解剖系统,灵魂(心理)为阳,即藏象生命系统,决定人的疾病主要是后者。

垚 yáo

垚,即"尧",从垚、兀。兀者静坐,为独觉得一之人,尧即高人、觉者、佛。参见尧字解释。

姚 yáo

姚,从女、兆。女即汝,你自己;兆,占卜灼龟壳裂开之形,古字写作"兆",从八、八。八即分,由龟裂之形而占其吉凶悔吝(吝:文过饰非)谓之兆,吉凶悔吝皆取决于汝自己谓之姚。一切吉凶悔吝都是最好的安排,故姚者美好也。

遥 yáo

遥,繁体字"遙",从辵(走之底)、斜月、缶。缶为腹大口小的酒器,比喻空。遥的异体字写作"遙",将中间的"缶"写作"言",言即"口",即空。向空月而行为遥,遥远也。遥的异体字"邎",从遥、月,遥远如月。遥即逍遥也,逍字从辵、小、月。小为光,月光甚美而俏,乘月而行为逍。逍遥即翱翔,乘月而归。《康熙字典》:"逍者,消也。如阳动冰消,虽耗也,不竭其本。遥者,摇也。如舟行水摇,虽动也,不伤其内。"逍而不竭,遥而不动,可谓逍遥。月以喻心,乘月而归,回向自心也。唐朝张若虚的《春江花月夜》所谓"不知乘月几人归,落月摇情满江树",可谓千古一问矣!乘月逍遥而知归,则路遥亦不远也。

爻 yáo

爻,从两乂。乂为五的古字,光射向五方(东南西北中,中为交叉点,光向内或外,即丨字缩为一点,故丶为主,光也),光由空生,空为口,故五即吾,吾的古字写作"䇞",从爻、口。爻即吾心空而光向十方也。见爻为"覐",觉的古字。觉者即佛,见自性光向十方,所谓"佛光普照"也。

要 yào

要,从女、臼(双手)。女在臼中,通"腰",本义是女人两手叉腰。女即人,人在臼中为臽(陷)。《说文》:"臽从人在臼上,春地坎可臽人。"《徐曰》:"若今人作穴,以臽虎也,会意。"臼字通凵(坎),像女阴,在英文字母同 U。阴道 cunt、性欲 lust 和淤泥 mud 元音都是 U,人生陷阱(凵字)皆如是!故英雄难过美人关!佛言:"夫为道者,如牛负重,行深泥中,疲极,不敢左右顾视,出离淤泥,乃可苏息。沙门当观情欲,甚于淤泥,直心念道,可免苦矣。"human 一词同 humus , homus (homo 是人，home 是家)，hum 是泥土、潮湿（水），humble 卑微的，相比于神的永恒而言，人类的存在如同尘土一般卑微。女人亦卑微，O 对应的汉字为○或口，与凵同义。所谓莲花出于污泥，卑微处亦可放光。圣经说："这生命就是人的光。"人类是 human being，hu 的意思是光晕、光；man 的意思是心意、头脑；being 的意思是现在。人就是：当下放心光。要即腰字，要在腰，肾藏精。吕洞宾的《警世》诗："二八佳人体似酥，腰中仗剑斩凡夫。虽然不见人头落，暗中教君骨髓枯。"一月天子明光宗朱常洛在位二十九天，《明史·方从哲传》中，称郑贵妃"进珠玉及侍姬八人啖帝"。啖即臽（同陷），引诱或吞吃（如大火炎炎吞噬一切）。

药 yào

药，繁体字"藥"，从艸、樂。樂，从丝、白、木，白木为古字身字，丝为系，身之所系为乐。身心合一，乐由心生，故乐的异体字写作"㦡"，从心、乐。心安为乐、事吉为乐，故乐的异体字又写作"䕩"，从身、安、吉，身吉心安为乐。喜乐之乐，《康熙字典》所谓"喜者主于心，乐者无所不被"也。丝亦为丝竹，指五声八音，为音乐之乐，如《礼记》所谓"大乐与天地通和"。药者，令人快乐之草也。药的古字写作"燩、爠"，自家水、或"自家火"（《亳州老君碑》），自家为身，水（坎）为肾、火（离）为心，水火相济（上坎下离为既济卦）为药。

钥 yào

钥，繁体字"钥"，从金、龠。金为金属，亦是金光；龠字从品、亼，品即灵（心），亼即理，龠即心之理，灵理金华为钥。心外无理，理外无心，龠之体为心，心空为○，故品即口（钥的异体字从口）。钥的异体字写作"闟"，从门、龠。空灵在门内，空门之钥亦空，空则金光可入。钥的异体字又写作"鎰"，从金、益。益即溢，金光外溢为钥。简化字从金、月。

月即心,心月金华为钥。一言以蔽之,悟空生光为钥也。

耀 yào

耀,从光、羽、隹。鸟羽熠熠生辉也。耀的异体字写作"䁏",从明、白,上下结构。明白为耀,明白则无所不知。老子云:"明白四达,能无知乎。"明白四达者佛也,佛光普照之谓耀,无所不知而人以为无知,不炫耀故。最不平凡者往往表现为最平凡的,自命不凡者其实是凡人。白即自字,明白为耀者自明为耀也,自性(佛性)牟尼如日月之明也。佛曰:"成为你自己的光。"

野 yě

野,从里、予。予即我自己,里即内在,我自己内在为王,自由自在为野。里字从田、土。即心田净土,心田净土为内在极乐世界、为灵山,观此自在即观自在(观音菩萨),无拘无束如天马行空也。予字上面倒三角形,中间三角形与倒三角形相交,下面为"丨",三角形即厶字,即〇字,〇为灵为心,〇〇相交表示以心传心,天地一贯(丨,贯彻天地)此〇即自性、本我,故称予。予者,给予,吾佛摩顶受记,以心传心也。人人佛性具足,故心不可传,佛不可得,岂有予焉?故予亦空,空不可得之谓得道,谓之悟空,此空亘古一贯如丨。孙悟空西游之前知身之自在为野而不知心(斜月三星洞,灵台方寸山),故以紧箍束之,西游之后知心之自在为野,则紧箍自解。心之野,心上一丝不挂、一尘不染也。

叶 yè

叶,繁体字"葉",从草、木、世。草木一世为叶,故叶有"世、时期"之意,如初叶、末叶。叶子青了又黄、黄了又青,代表草木之生生不息,所谓一叶知秋也。十为丨,上下贯通,口为空,一空贯通上下,哪有根茎叶花果之分?叶的异体字为"協"(亦通"谐",言为空,皆空也),众之同和也，口为"曰"（叶写作"叶"），空中妙有也，妙有者灵也，故同。

一 yī

一，即古今一时之光（丨为纵贯天地之光，十字为四方之光）。一生于道，道为太极一圈（〇），折圈而为一者也。一即道，无分别之心也，故老子说"有物浑成"，浑然一体也。一则不生不灭，无始无终，故老子说"独立而不改，周行而不息"也。一可为天下母，故能生，一生二，所谓阴阳、清浊、动静、善恶、是非、贵贱、贫富之分也。得一为得道，"天得一为清，地得一为宁，神得一为灵"。得一则知本，知本则知至，从一而终而大一统。一的大写为"壹"，从吉、壶。吉或豆或壴（音 zhù）从士，心（中）一为士，心空为壹，如豆如壶，能装吉、凶，能周、能寿、能化（匕）也。一的一个异体字写作"甐"，从匕（化）、天、圣、回、一。回字从囗、冂、三，冂内冂为人字，三为乾天，天人合一化圣化天者，一也。诗曰："天圣化一回，心猿正三才。惟一观自在，不二见如来。"

怡 yí

怡，从心、台。台，从厶（脐带）、口（子宫），为古"胎"字，妇孕三月为胎，妇怀胎而内心喜悦宁静也，故怡为和悦的意思。厶为"〇"，〇为太极一圈，为金丹、牟尼珠，故修道人亦宁静而喜悦，内怀金丹，被褐怀玉。道经云："太上老君，怡然默坐。"默坐则契合本性，自然见灵，灵即神、佛、老子。《康熙字典》记载：怡，姓，周朝有个人叫怡峰，本来姓"默合"，因避难而改姓怡。不忘本性（姓），默合道心，自然怡悦，吐故纳新！诗曰："审水为沈台心怡，心田自辨空无思。清举浊沉分天地，神安气定离是非。怡然静坐如老子，法尔默合若神祇。空无所空湛然寂，恰恰无意用心时。"

贻 yí

贻，繁体字"貽"，从貝、台。台为"怡"之省，意思为愉悦。贻即

"遗",布施也,施者受者皆乐之谓贻。

夷 yí

夷,从大、弓。大即太,弓即穹,太穹之音不可闻,故说夷。弓即躬,身也,大身能容,心包太虚,量周沙界,其心平如镜故。夷者平也,心平也。夷的异体字写作"𡰥",从尸、二。尸为人(亻),二人为仁,故夷即仁字。心大能容者,仁也。

疑 yí

疑,从,从匕(反匕)、矢、子、止。匕即牝,疑的古字写作反匕,象张口(阴的意象),矢即箭(阳的意象),象大人持杖,上"匕"下"矢"表示阴阳合一(古文"一"字从匕、矢),阴阳合一止于子为疑。古人认为独阴不生,独阳不生,独天不生,三合然后生。阴阳男女合一只是生子的必要条件而非充分条件,夫妇要得子也只能听天由命,故说疑。止为脚形,兼具停止和前行二义,行止不定,夫、妇、子三人是否能成一家存疑也。匕、矢、厶合为矣(矣的古字写作"㠯",左边有匕)字。疑者,止矣。矣,从厶、矢。厶即〇、即空,空为正确之目的地,却不可得。止即心字变形。疑者,心矣!心不可得而生疑,疑则永不可知。疑的异体字写作"𥎊",从矢、比;或写作"𥏼",从北、矢;或写作"儗",从化、矢、子、止。比、北、从、化,皆二人之关系:子与人比优劣为比,子顺从父母(肖)为从,子叛逆父母(不肖)为北,子逆而终于归顺为化。人之所疑者(疑即儗,疑人为疑),子之未来也。

义 yì

义,繁体字"義",从羊、我。羊即善省,我善即义,孟子所谓"我善养吾浩然之气"也。《康熙字典》:"众所尊戴曰义……与众共之曰义。"羊即"阳",即浩然之气,众生具足,纯阳即仙。

艺 yì

艺,繁体字"藝",从艸、埶(执)、云。执的本义为手持农具;云的本义为回旋、飘忽不定。艺的意思是手持农具来回除草,即园艺之艺,后来引申为一切才艺。古代有六艺:礼、乐、射、御、书、数。藝字从云,有回旋重复之意,故艺之道在于熟能生巧,如卖油翁所谓"唯手熟尔"!亦如打铁匠所谓"钉钉铛铛,久炼成钢"。精益求精,心系一处则无事不办,修行念佛亦然。云之意在轻而自由,故艺虽有所执着,而心如行云流水,如来如去,不执一物。不执于念,不住于心者,即念念如流水也。

亦 yì

亦,从大、八。大为人,八为分,人的手臂张开为亦,亦即"腋"之古字。亦为大人,故亦的意思为大。亦、大为"奕",亦者奕也,神采奕奕者也。亦、大为奕,大放光明,故亦或奕有光明的之意。大亦道之别名,道不远人也。八、大为亦,亦即八道,即"胡说八道"之八道,指佛教的八不中道(亦称八不正道、八不直道),即龙树菩萨《中论》篇首所说"不生亦不灭,不常亦不断,不一亦不异,不来亦不出。能说是因缘,善灭诸戏论,我稽首礼佛,诸说中第一",乃至理真言,此胡人所说非胡说也。亦的一个异体字写作"忢",从夕、灬(火)。夕为月(半月),灬为心,亦为大道,即心月也,一切亦唯心造也。

昳 yì

昳,从日、失。日即每日,每日有所失去为"昳",老子《道德经》所谓"为道日损,损之又损,以至于无为"也。失,从人、大,大人为失,失其世间之功名利禄也,失其身外之物也。大即得一之人,一得永得,与道合一,道不可失也。大人日失乃至无为则光明正大,如日中天,故昳的本义为光明,日昳为未时(下午一点)之光,光而不耀者也。

轶 yì

轶,繁体字"軼",从車、失,即"失"的异体字。失的异体字又写作"兺",从手、乙声,表示"在手而逸去(《说文》)",通"逸"。乙字为一之动,握物之手本来紧的,动(乙为动的意思)则松手而失物。轶的本义为车辙,通"辙",表示车轮的痕迹,车轮滚滚向前,车辙慢慢失去为"轶"。"失"拆字为大、人。大人即得道之人,得道者得一切,一切在手,有得才可以说失去。老子云:"为学日益,为道日损,损而又损,以至于无为。"所谓舍得舍得,舍而后得,舍即轶也。轶通"佚",古代佚民如伯夷、叔齐、柳下惠,皆属圣人之列,以其能失(音 yì)其国而不失其心也。

益 yì

益,从水、皿。器皿中水多而溢,故益、溢通假。多,意为饶,故说益者饶也,诸佛菩萨饶益众生也。老子云:"天之道,利而不害。"利即益也。老子又云:"水善利万物而不争。"故益字从水。佛心之益,因识空故,其益亦不增不减。如庄子形容东海之水:"禹之时十年九潦,而水弗为加益;汤之时八年七旱,而崖(海岸)不为加损。夫不为顷久推移,不以多少进退者,此亦东海之大乐也。"

逸 yì

逸,从兔、辵(走)。本义为兔跑无迹可寻,飘逸不定也。逸的异体字写作"𨘣",从爿(音盘)、夂、力、王。力像人筋之形,凡精神所胜任皆曰力(《说文解字注》);爿为判木,即一根直木一劈为二,左边为爿,右边为片,爿片合为木字;木喻直,王为心,夂即"终"字,夂力即"务"字,直心最终要务在于逸。逸者乙也,两乙交叉为力,故逸的异体字写作"劮",从安、力。两乙交合为卐字,逸者佛力所至,以其心安故能逸,逸即善逝、如去。真人太乙,逸而为仙,知道者也。逸的另一个异体字写作

"牐",从爿、夂、夊、坤六断。爿为直木喻乾,乾坤两终皆终于逸,天地亦终将逸去,何况是人。

翌 yì

翌,从羽、立。羽指金乌之羽,羽立而明生,羽字从彡,即光明之貌,翌的本意为明,如翌晨、翌日、翌年。金乌即日,其光华如金(金华),故翌的异体字即昱,日立光明生,新的一天开始,太阳每天都是新的。

意 yì

意,从心、音。心、音为意。意又从立(人)、日、心,日在人心中间,空而生光也。意的异体字写作"惪",从言、心。意不可见而象,因言以会意也。言即"口",空也,心空为意。心空而生妙有,妙有者意也。故意不可言,可会也。意会者须心空,心空可以他知,他心通也。意的一个异体字写作"啇",从立、中、口。中、口即古字,立为人,古人也,意会古人心也。易者意也,《易》为十三经之首,伏羲大帝之会天意也。文字为学问之载体,仓颉大神之会天地之意也,两者皆会意。唐代历史学家司马贞的《补史记·三皇本记》中载:"(伏羲氏)仰则观象于天,俯则观法于地,旁观鸟兽之文与地之宜,近取诸身,远取诸物,始画八卦,以通神明之德,以类万物之情,造书契以代结绳之政。"《春秋元命苞》写仓颉云:"龙颜侈侈,四目灵光,实有睿德,生而能书。于是穷天地之变,仰观奎星圆曲之势,俯察龟文鸟羽山川,指掌而创文字,天为雨粟,鬼为夜哭,龙乃潜藏。"伏羲为龙(有龙瑞,号为龙师),仓颉为凤(颉即凤飞),龙凤呈祥,天下大同。

因 yīn

因,从囗、大。囗为空、为境、为界,大(异体字写作"工",即顶天立地之人)为人,人在境界(三界)中流转为因。因字像一个胚胎,外面的"囗"为子宫,里面是一个人(大、工、囙),故因字表示人之源头。囗即"围",包围人的东西,亦虚亦实,亦小亦大,小者包"子"为子宫,大者包含天地人(工)为道。因的异体字写作"炅",从曰(因)、火(上下结构)。火即光,光为灵,人之生,除了父精母卵,还需要灵。古人云:"独阴不生,独阳不生,独天不生,三合然后生。"因的另一个异体字写作"㧢",从手、因,三界之外尚有推手,佛手乎?

阴 yīn

阴,繁体字"陰",从阜、侌。侌,从今、云。本义为山边今(现在)有云。今字从人、乁(音 yí),人为倒口,即天空,乁即流,天光下照如水流。侌是阴的本字,表示天光被云遮住,即阴天。阴的异体字侌的下边写作弯弯曲曲的一条线,表示光的波动,光被云遮,其波动性(电磁波)依旧流动。天人合一,人(天)即人,光小照同水流,故阴的异体字写作"侴",从人(人、立)、水。

音 yīn

音,古字写作"",从言、一,《说文》所谓"从言含一"也。一言为音,一言即一音。弘一法师号一音、演音,亦曾做音乐教师。音,从立、日。立为地上一人,人而立于日上,其明胜日也。立字从六、一或丁。六为心,丁为示(示光也,光音一体),心示为立。日为空,空中妙有为一,如曰字,口有舌而能言也。心空不可得,而外示音声,音也。

姻 yīn

姻,异体字"婣",女之渊源。姻的异体字又写作"胭",生之因也。因,囗内一人,同"囚",亦三界六道轮回中之人,未曾跳出三界外,身在五行中之人。囗即空,般若宗的核心思想,后人归纳为"缘起性空,真空妙有"。缘起性空是讲世间所有事物(包括色、受、想、识,因缘和合而生,没有其各自独立的体性;它们共同的体性为空,即空性)。真空妙有是讲由这个"空"性生出宇宙万有。龙树《中论》体现了这些思想:"因缘所生法,我说即是空,亦为是假名,亦是中道义。"十二因缘:过去二因(无明、行)、现在五果(识、名色、六入、触、受)、现在三因(爱、取、有)、未来二果(生、老死)。

饮 yǐn

饮,繁体字"飲",从食、欠。食字从亼、皀。亼即口,亦今之省,皀即"酉",表示酒坛子,"欠"表示饮酒时呵气。饮的本义为一个人自斟自饮,慢悠悠地品味美酒,且喝且吟,陶醉,赞叹。饮的异体字写作"亼",没有右边"欠"字,只剩下一张口和一个酒坛子,表示饮者已经达到无人之境,了然酒中真趣。口为空义,酒亦空,人亦空,饮亦空,三体轮空,饮中真人也。

英 yīng

英,从艸、央。央为半,英为花,花在植物生长期中,处于苗与实的中央,故称英(音央,多音字)。草木中央之花为生命最精华的部分、最闪亮的地方。故央即"映",光华映照。央字从大,在冂之内(《说文》)。从大,取其正中,会意。央从空(冂)、大,大为人,亦即空人(佛)。英者,受香草供养之佛也。《淮南子·泰族训》:"智过万人者谓之英,千人者谓之俊,百人者谓之豪,十人者谓之杰。"植物开花为精英,人能见性成道为佛(称大雄),也叫开花。吕祖《太乙金华宗旨》被翻译成《金色花的秘密》,花即"华",亦是日月光华与人相辉映也。

瑛 yīng

瑛,从玉、英。英即花,植物之精华,故瑛者玉之光,美玉之精华,牟尼之光也。英字从艹、央。草之中央为花蕊,花蕊之能在生,生生不息,故瑛者牟尼自性之化生万物也。

迎 yíng

迎,从卬、辶。辶为行,卬为两个人,左边为立人,右边为跪倒在地之人,立人为真人觉者,跪者为无明之众生,故迎字本意为众生逢迎诸佛,亦为诸佛接引众生也。诸佛皆为无量光,光无所不在,故诸佛以不迎为迎,庄子所谓"不迎也"。

影 yǐng

影,从景、彡,即景字。景,从日、京。京字从小,即光,景的本义是日光,彡即光貌。光可左可右,故"彡"可以写在左边,即"影"的古字写作"㬎"。京的异体字写作"臬",从自、个,个即忄(心),心光也,京即自个心光。京的异体字又写作"尉",从京、寸,即自个方寸心光。一切唯心造,故三界唯心,一切外相皆心之影。

应 yìng

应,繁体字"應",从广(厂)、人、隹、心。人鸟同心,立于岩下为"應"。人鸟同心而互应,则知众生平等而同心,万物同灵也。应的异体字写作"応",从广、心。无人无隹,人鸟双亡,唯见一心也。心能真静则能应物,如谷应响。常为道之体、为佛真身,应为道之用、为佛化身(观自在三十二应,应以何种身份得度者,即现何种身相为其说法,令彼解脱)。《清静经》云:"真常应物,真常得性(得性即复命),常应常静,常清静矣!"

永 yǒng

永,从人(亠,音头)、水。人在水上为永,即"泳"。人为"动静知宗祖"之人,故从丶,丶即主(神),宗祖也,此人即成道之人;水为如来性海(永字亦可拆为水、头,水之源头)之水,故其水无限无量。神游性海可谓永。永者,古今无时、无始无终、不生不灭也。

勇 yǒng

勇,从人(口、厶)、用、力。用的本义是井,勇字本义是用力掘井之人。掘井有危险,故掘井之人谓之勇,有勇气者也。饮水思源,不忘掘井之勇士也。勇士掘井而通,其水泉涌,凡"甬"字皆与掘井有关。勇的异体字写作"恿",从心,心之勇也。井喻本源,勇之真义谓掘通心之本源,本源自性即佛,故佛为大勇(亦称大雄)。本源之水,长生之水也,故吕祖《百字碑》云:"自饮长生酒,逍遥谁得知。"酒之英文为 spirit,生命之水,天地精神也,故《圣经》亦云:"喝我可以长生。"古今中外,大道一如也。

优 yōu

优,繁体字为"優",从人、忧(憂)。忧心之人为"优"。忧者慈悲也。慈与众生乐,忧众生之不乐也;悲拔众生苦,忧众生之受苦也。憂,从页(首)、心、夂(古字从页、心,无"夂")。首为脑,夂为行,心脑合一之行故尤,尤者特别也,特别之人谓优。《说文》:"憂,愁(忧思)也,虑也,和之行也。"身心和而后行,心知止而后能定、定而后能静、静而后能,安而后能虑(《大学》)。憂即"慢",人之憂者,心之憂也。心和而行,则心无挂碍,无有恐惧,远离颠倒梦想,究竟涅槃,得无上正等正觉。故知成就无上正等正觉者方为优也。

悠 yōu

悠,从攸、心。攸,从人、氵(氵字连写成丨字了)、夂。夂为教,教人心如水为悠。上善如水,其心悠悠,可谓圣人之修心,修心合为悠字。悠的异体字写作"叜",从圣、忧(繁体字憂)。圣人之忧唯修心,心修则悠然自得。修心为悠者,修字从攸、彡。彡为光貌,修心而认识你自己,成为你自己的光,悠也。悠悠我心者,其圣人乎!

幽 yōu

幽,从山、幺、幺。山为火形,幺即玄光如丝,本义为火光幽微。山即铁围山,地狱幽冥之山,其光幽微。幺即玄,两个〇,幽字四个〇,或四个口(口音 kǒng,意思是空),四大皆空,虽在幽处,其光不绝。光照六幽,其光如米字状,故幽的异体字写作"㘁",从囗(山)、米。心无分别,则无幽明之分,如提婆达多虽处幽冥如饮三禅之悦,化铁围山即灵山;心有分别,执着于幽明善恶,则灵山亦铁围山。

由 yóu

由,从口、十,古字像一盏油灯。十同丨,皆光之貌。口的古字中间有一点,一点表示油,一点化为十字而成田。田者心田也,心田生光,光由心生也,故说由。口亦空,心不可得故空,心空方能生光也。口的异体字同叩,全然臣服而叩首,知天命者也。命字从倒口、叩,倒口为天,向天叩首而达到天人合一,最终知人心之所由也。

有 yǒu

有,从右(右省无口)、月。右字无口"ナ"为"有"的本字,造物主妙手空空,其手可揽明月,故称有。月即心,通"丹",道家所谓金丹也,佛家所谓牟尼珠也。"明月几时有",问"心"者也,心有则明月有,心有光则明月有光(心明则月明)。心空不可得,则有亦无,"有无相生"(无生有,有生无),有无一体,色空不异。

囿 yòu

囿,从囗、有。囗为墙为界,有情众生为界所限制称为囿。古人云:

"识不通广为囿。"有见有识皆成囿。古时天子有三台,曰灵台(察天文)、时台(观四时)、囿台(关鸟兽)。口亦为空,众生若知所囿皆空,则无所囿矣!

祐 yòu

祐,从示、右。右为空手,示为上(二)天日月星之光(小),示为神,神佛之空手可以祐人,故神助为祐。

幼 yòu

幼,从幺、力。幺即细小的丝线(绢索),幼的本义为力如细丝之微小。幺即"玄",上下两个"○",玄即"妙"(妙而无穷,无穷大的符号"∞"通玄字"𠔉"),"力"的古字像一只手,幼即玄妙之手,玄如绢索,力如虚空。幼者,妙手持绢索也。

余 yú

余,甲骨文"𠆢",从人、二(天地)和一个向下的箭头(即矢,小即光之貌)。人覆摄天地之光谓余,真我也。"天上天下,唯我独尊"之我,佛也。

鱼 yú

鱼,从人(刀)、田、灬。灬即火,心为火,人立在心田上为鱼,鱼即有心之人。鱼的古字写作"𩵋",从刀、肉、火,刀为匕为化,人之即化身,肉(田)为肉身,火为心为法身,三身合一为鱼,万物皆如是。鱼心因火旺,故生之以水。大鱼心火益重,故生之以大海。水火相济也。鱼有妙高心,跃龙门而成龙。乾为马,天马行空欲自由者,马之意也,马长八尺化为龙,飞龙在天,亦马之意。故鱼的异体字写作"䲅",从马、鱼。鱼心

（火）马（金）意，心意合一，以心制意，收其放心也。收心见大，大鱼为鲲，化而为鹏。鹏即灵鹫，为如来大护法，其双翼白如雪。灵鹫山即灵山，鱼、马、鲲、鹏、龙，万物同灵为一体也。

俞 yú

俞，从亼（命省）、舟、巜（音 kuài）。巜为川水，臣服称是谓俞，即服从命令如水行舟也。〈、巜与巛都是古"坤"字。坤为女、为水，女人和流水都比喻臣服之意。男唯女俞，就是古人答应尊长说"是"，男人说"唯、唯"，女人则说"俞、俞"。亼即倒口，口即空，故"俞"即水上空船也。《庄子·山木》："方舟而济于河，有虚船来触舟，虽有惼心之人不怒。"心如虚舟，则不喜不怒，无为无作，其人即真人、即佛。古人云："朗鉴在心，虚舟应物。"以虚舟应物，则物来顺应，事去常空，"常应常静，常清静矣！"身世虚舟，千载悠悠，一笑休休。至矣！

愉 yú

愉，从心（忄）、俞。愉通"俞"，俞字从亼（命省）、舟、巜（音 kuài）。巜为澮，川水会也，自心臣服上命如顺水行舟为愉。《庄子·天道》："无为则俞俞，俞俞者忧患不能处，年寿长矣。"俞俞即为真心臣服而愉快之义。

愚 yú

愚，从禺、心。禺为赤目长尾猴，故愚即心猿也。心猿意马，心向外也。心不在外，向外觅心故愚。禺者寓也，心有所住，有所执，皆愚也。

虞 yú

虞，从虍（虎省）、吴。从虎皮者，模仿老虎之乐。虞的异体字写作

"众",为四个人字,四人合虞,故娱乐以四人为佳。

宇 yǔ

宇,从宀(空)、于。于为卧式圆规之象形,一竖钩(亅)为绳子以画半径,一钩为笔或刀。于的本义为圆,引申义自、对、到、在等都与圆有关。"宇"字即一个大圆,表示整个空间。心包太虚,量周沙界。宇宙即我心,心量即宇之直径。宇的异体字作"㝢",从宀、禹。禹字从人(丿)、虫(龙、蛇)、冂。御龙飞天之人,即大禹,传说大禹治水乘二龙而行,足遍九州(可参考《山海经》的记载)。龙即心,能长能短、能大能小、能幽能明,宇之直径即如意金箍棒,心之量也。大禹之心甚广,故宇的异体字又写作"廤",从广、禹。宇的异体字还写作"㙵",从禹、土。即禹心之净土,广大无边。"禹"与"宇"不仅仅同音而已。

羽 yǔ

羽,从两乙、两彡(冫,非冰也,古字写作"羿")。彡为羽毛状,亦为光也,乙为太乙之身,两乙交互为几(凤人合一)、卐字。羽者识太乙金华之旨而羽化登仙也。羽同"翼",翼从羽、田、共。田为心田,共之本义为两手合持,合故同关的意思,六根关则心羽升,关羽之谓也。

雨 yǔ

雨,可拆字为丁、冂、四点。丁即天下,冂为空,四点即雨点,表示天空下雨。甲骨文写作"帀",从示、三点。示字从二、小。二即古"上"字,表示上天(一为天,示字也写作一、小),小即日月星三光(《康熙字典》),意思是下雨乃上天所示(天下下雨天上晴)。传说龙(龙雨为霊,即"灵"字,雨字头皆与"灵(霝)"有关)王降雨必须要有玉帝圣旨,按时定量而施雨。雨的异体字写作"𡨧",从宀(空)、水。上空滴水为雨也。小为光,雨的另一个异体字写作"㘝",保留了"小",则有光有雨,灵(光)雨也。雨的异体字还写作"颫",从风、雨。风雨交加也。雨的另外一个异体字写作"屚",可拆字为冂、十六个"一"、四个"丨",表示大雨绵绵不断。

语 yǔ

语,繁体字"語",从言、吾。吾字从乂(五)、口。乂为交,口为空,心交于空,与天地一体,则心有所悟。语即悟者之言,语的本义是向人说;言的本义是对自己说,即自言为言。语人为语。语言皆空,故从口,口即空也。悟者释迦牟尼四十九年说法而未说一字。佛曰:"说如来有所说法者,即是谤佛;说如来无说法者,亦是谤佛。"如来之语,法雨甘露,饮者自得其言外之意。

玉 yù

玉,从王、丶。丶即主,象灯中火能烛照。玉者,心王有主、烛照乾坤也。玉字亦写作"王",主可上可下也;主即神,主藏,常隐而不显,故玉字一点可以不写,即写作"王",凡王字旁皆从玉。玉字从三,即精气神三宝,精气神和合一为玉,故玉的异体字写作"秂",从禾、一。禾即"和",和光同尘,一体不分,故玉即道体、金丹、法身、牟尼珠、心、佛性,至大无外,至小无内,无所不包,无时不在。金丹、牟尼即宇宙之源,天地之母,故能生能照。释迦得之谓释迦牟尼。一言以蔽之,宇宙合一为玉(牟尼)。玉亦清静无染,冰清玉洁之谓也。

郁 yù

郁,繁体字"鬱",从林、缶、鬯、彡,本义为众人在茂林中采集香木。缶为大(人士);鬯(同"畅")城镇之地,宜有绿化也。为烹煮香草,以香气降神;彡,光也,此处为香气袅袅。郁,从有、邑(阝),邑为城镇。

昱 yù

昱，从日、立。立为直立之大人，日人合一（日人菩萨），光明常照，故昱者光明也。古人云："日昱乎昼，月昱乎夜。"日通"口"，空也，空故生光明，日立为空人，故昱即佛，日光佛也。昱的异体字"煜"，从火、日、立。火即光，人头顶上光如日为煜也。

育 yù

育，从厷（倒"子"）、月。表示妇女育子，头先生出，伴随有羊水川流（"月"字形如川）。育即"毓"，从人、母、厷（倒"子"）、川。更明白地表示母亲生育孩子之状。育字从月、子。妇女所谓"坐月子"即育儿，汉字表意如是。月字喻佛性，即法身；月即"肉"字，亦是肉身，身心一体，故母亲育儿，不仅生育了肉身，还要育心、灵魂。心不生不灭，但需要唤醒，唤醒灵魂，认识你自己，成就肉身为佛身，可谓真育人也。

彧 yù

彧，从或、彡。或即国（囗，空也）字，即地域之域；彡为光，表示佛国之光，本义为光明。彧的异体字为"馘"，从有（郁省）、或，通"郁"。子曰："郁郁乎文哉！"郁字即彣字，所以说彧字表示有彣彰（不是文章，两字可以通假），郁郁葱葱，茂盛有光。彣彰两字都从彡，都有光，所以动物如鸟兽之羽毛有光泽，或植物如青青翠竹、郁郁黄花都是彣彰的意思，皆彧之意也。

浴 yù

浴，从水、谷。谷，从八、人、口（古字从皿）。八为分，本义为人在器皿中水花四溅，表示沐浴之相。谷，从水（无丨，没有一竖）、口。原指山谷水出山口成溪。山谷之水为溪，故溪的古字从谷，写作"谿"。奚字从手、玄(串)、大。原意是用绳子捆住被牵着走的人,即奴;小溪之水归向大江大海,亦如被牵着走一般,牵引者神也,谷神即道。道为空,古字皆作〇,太极一圈而已,像门,不生不灭,无始无终。道空而能生、能养,故谷之义为生、养。浴字的人为入或匕,表示颠倒入水之人,婴儿在母亲子宫为浴。有的甲骨文浴字加了"止",止为脚,表示人站着沐浴。止即心,浴者亦澡心也。

钰 yù

钰,繁体字"鈺",从金、玉。钰,宝也(《康熙字典》)。钰者即金华(光)常照之宝玉,佛家谓之牟尼珠,道家谓之金丹。浑金璞玉,白玉无瑕,九真金丹也。金丹之异名(九真,丹字写作"鳪"):真常、真清、真静、真精、真气、真神、真心、真形、真物。《清静经》所谓"内观其心心无其心(真心也)、外观其形形无其形(真形也)、远观其物物无其物(真物也)",皆异名同实,所谓空无所空、无无亦无、寂无所寂。常清常静之精气神一体者也。

欲 yù

欲,从欠、谷。欠的古字象一个打呵欠之人。中医认为,人劳累后中气亏欠时会不自觉地打哈欠。欠即欠缺的意思,欠缺中气,凡人经常生气而气散故;谷即五谷杂粮。欲的本义是粮食亏欠即人饿了,产生食欲。谷字还有山谷的意思,山谷很深,故称欲壑难填。欲的繁体字写作"慾",从欲、心。即一切欲望皆由心生也。《说文解字注》:"感于物而动,性之欲也。欲而当于理,则为天理。欲而不当于理,则为人欲。欲求适可斯已矣,非欲之外有理也。"

御 yù

御,从彳(行)、午、止、卩。午为马,卩为跪坐之御马者,控制马之行与止为御。御字同驭,"又"字为手,以手御马,"又"字为心字变形,以心控制马之行止为御。心猿意马合一为御,觉知八识,心不外驰则心猿归正,意马收缰,御之道也。御字从彳、卸。卸即放下、休歇,歇即菩提。御的异体字写作"禦",从御、示。示为日月星三光,人能制御心猿意马,则为真自在,同三光而永光也。意马即白龙,纵横天地如虚空无碍,逍遥自在,其力无穷,虽悟空亦难以制御,须跳出三界外之观自在菩萨能御之。意马之缰如虚空无形,其谁知之!甲骨文御字写作"𢒽",从人、玄。玄即马缰,午即玄字变形,意马之缰可谓玄妙之极也。能御马者即是内圣外王者,故御字与王者(皇帝)有关。

渊 yuān

渊,从水、两个丨、米。米字即光向四面八方,表示水波光粼粼,故繁体字写成"淵",四个"乙(乚)"。乙即一之动,水光波动回旋,丨表示两岸,渊字本意是回旋的水形成的深渊。水流成河,水不流成渊,故渊的异体字写作"囦",从"口"里面一个"水",四面皆高岸。渊的古字没有氵旁,水不外流也。口即〇,深渊像圆筒状的粮具米升,故异体字写作"囲",从口、升。观音之净瓶如升,可容纳四大海之水,大海亦可谓深渊也。最深者莫过人心,故渊字从米字。米即上下为↑,心光一体。菩萨具深心,《华严经》云菩萨"随其深心,则意调伏",深心如大海能纳百川,心包太虚,两周沙界也。心为元,渊的异体字写作"𣳾",从水、门、元。

元 yuán

元,甲骨文写作"兀",从一、人。一即太极一圈,折圈为一,一画开天,一即"〇",天字从〇、大,通"元"。一人为大,大即道,道即元,即宇宙人生之本元。后元字从二(二即一,皆古"乾"字)、人。二为上,在人之上为元,超越人身又不离人身也。

253

圆 yuán

圆,繁体字"圓",从囗、員(员)。古字写作"鼑",从〇、貝(鼎也),即鼎上面一个圈(〇)。员的本义是圆口之鼎,后表示圆;囗即方字,大方无隅而成〇,故圆字即〇中有〇。员字从鼑上一圈,表示炼丹成圆,无始无终,故称圆。贝即牟尼珠,牟尼珠圆,化生一切,生生不息。简而言之,圆即牟尼珠、空、灵、金丹、太极也。

袁 yuán

袁,从之(屮)、口、衣。之的本义为草木生出的枝叶盛大。袁的甲骨文写作"𡓁",从衣、又(手),是一件宽大衣服的象形。本义是宽大的上衣,《说文》:"长衣儿。"长衣需要人施以援手,故从手。袁字的本字为爰(袁姓起源于伯爰,后人以爰为姓),援也,引也。爰的甲骨文写作"𤔦",从上下两只手(受)、丨(于)。丨或于演化为口(即〇,圆)字,于的本义是圆规,宇即半径为宇宙半径的大圆,半径即"十"字,古字即"丨",上下贯通,即"如意金箍棒"(袁字上边的"土"字,可以看成倒"于")。袁字中间从口,异体字"𧘗",从"厶",厶即〇(圆,自环为厶),亦从去、衣。去即法之省略,法衣为袁也。如来法衣,覆摄宇宙(佛字即"仏",从厶、厶、人为佛,去的古字从大、厶,大为人,佛、去(法)本一字,故佛号如去、善逝),此所谓真"长衣"也。另,袈裟的袈字也从手(力即有力的手)、口、衣,袁与袈裟同义。如来法衣如虚空妙有,覆摄一切而不以为重。

原 yuán

原,从厂、白、小。厂即岸,彼岸灵山也,白即自,小即心光。彼岸灵山自性之心光为原。此光即牟尼珠,真正之宝贝,故异体字写作"厵",

从厂、贝。彼岸灵山之宝贝也。此原本为心，故异体字写作"愿""愿"，从心、原。心即性海，源源不断，故同源字，亦写作原、水（厡）。心为阳，阳同日，故异体字写作"原"，从厂、日、小。阳同羊，羊即心，牧羊即牧心，故异体字写作"羱"，从羊、原。此心人人完备，故异体字写作"邍"，从备、象、辶。象者缘也，辶者行也，此心本自具足，随缘而行也。此原通元，人之真元也。元字从二、儿。二为上，上即亠，亠为阳，儿为人，人之心阳即本元也。

缘 yuán

缘，从丝、彖。本义为用丝线捆绑住的动物。彖，上为"彑"，龟、鳖、蜃、蚌等甲壳交合也，或为犬、豕之牙啮合；下为豖，三人为豖，众也，如"家"字，意为屋内三人也。三人者，即三才（天、地、人），古字"天"即一个大人的意思，故从一、大；地的异体字写作"埊"，意为众（豖）人所居之处。故彖的意思是天、地、人三才交合为一也。《易·系辞》："彖者，言乎象者也。彖总一卦之义也。"彖者，材也。材，才德也，彖言成卦之材，以统卦义也。《周易正义》："彖，断也。"断定一卦之义，所以名为彖也。缘者，天地间之人，人心互动，相互交感，如同量子纠缠也。

猿 yuán

猿，从犭（音 quǎn，俗称反犬旁）、屮、口、衣。口即〇（猿的异体字写作"貆、犿"，从圆、元即此〇）为灵，心之体为灵。灵上生草木，下传法衣，外覆以兽皮为猿。猿即心，灵隐其中也。屮字即一中，中即忄字变形，心能生，屮即生即土即之，随心所欲也。猿的异体字写作"猨"，从虫（豸）、爰。虫、豸、犬皆心之外衣。爰，从爪、于、又。爪、又即手字表形，亦是心字变形，于同"宇"，即宇宙半径，可长可短。爰字的意思是不管两颗心多远，都可以援手，如同量子纠缠效应。

源 yuán

源,从水、厂(厓)、白(自)、小(光貌)。本义为山崖(灵山)下如光之白水奔流而下,即源头瀑布也。源通"泉",白即"自"(一、二、三皆"乾"字,故"一"即"二"),自性之水为源泉,道家所谓"自家水、长生酒、甘露、醍醐"(吕祖《百字碑》:自饮长生酒,逍遥谁得知)也。源通"原",山下白光,灵山下自性之光也。源的异体字写作"纛"(从三个"原")或写作"龘"(从三个"泉"),三位(肉身、化身、法身)一体也。

愿 yuàn

愿,从原、心。心之原,即心之本原,所谓"威音那畔"也,即宇宙之太初,诸佛亦不传之"向上一路"。愿通"原",原从厂、白、小。厂为山崖之貌,白为白水山泉,小为光貌。原的本义为山崖下飞流直下三千尺之瀑布,白光闪闪也。原通"泉",白、水为泉也。

曰 yuē

曰,篆文写作"凵",从乚、口(《说文解字》)。乚表示出气,本义是开口说话而气出。乚即"隐",口即"空",心中有意而成言(言的古字即"口"),言外之意难言而隐于心也。心不可得,道不可道,佛不可说,所谓词不达意也。有道是"默然不说声如雷",沉默是金,沉默不言亦是真言。曰为指事字,口为空,一为有,真空生妙有也。口为天,则天得一以清;口为地,则地得一以宁;口为神,则神得一以灵;口为谷,则谷得一以盈;口为万物,则万物得一以生;口为侯王,则侯王得一而以为正。口即道也,道生一,故口中有一而能道也。

月 yuè

月,从冂、二。冂为空,二为上、为分,空分为二、为月。天地两眼,一日一月,日即空中得一。月的古字几种写法,皆可以意会。月为圆,故月字从〇(口,即空之意),传说月中有嫦娥,故月字从子,子在〇中为月(囝);陪伴嫦娥还有兔子,故〇中兔为月(圐);月喻佛性,佛性以"卐"字代表,故〇中卐为月(武则天造字);月在空中而不住空,破空而出,所谓"跳出三界外,不在五行中",故月字从匚(即方字)、出(匴);月在空中,其实亦在肉身中也。再具体一点,月即肾字(肾),肾藏志,心之(士)为志;肾为阴(月),心为阳(日),心肾相交,则日月合明;心肾不交,则黯然神伤。肾主恐、主骨,肾虚则胆小怕事、骨软不坚。心无恐怖、意志坚定则明心见性,月映天心,皎洁朗照矣!寒山(即文殊菩萨)诗曰:"吾心似秋月,碧潭清皎洁。无物堪比伦,叫我如何说?"

岳 yuè

岳,从丘、山。古字写作"𡴭",从山、屮、山。屮为生,表示山上生山,山之高者。屮为忄,心为灵,岳即灵山,亦称妙高山。丘如凹,凹为空,心空而成岳。丘字从北、一。表示地上两个人相背而去,人为山,丘字表示两山分离而形成的盆地。心在山中为岳,《易经》所谓"艮其背,不获其身,行其庭,不见其人",艮即兼山(两山重叠),上下相敌而不相与、众生平等(敌者匹也),各自成道,"不获其身"即无我相,"不见其人"即无人相,故艮之象曰"君子思不出其位"。据说"君子思不出其位"就是唐僧的紧箍咒内容(黄周星版《西游记》)。无我相无人相即达菩萨之境,入灵山之地也。

悦 yuè

悦,从心、兑,通"兑"。兑,从儿、口、八。儿即人,八为分,人口分则说话,故兑即说字。口而能说为喜悦(哑巴不能言则病)。口分能吃能喝亦喜悦,故《易经》兑卦表示有口福。人能喜悦则亨通,故兑卦大象曰"亨,利贞"。口为空,人能证悟空性方为真喜悦,佛学所谓"禅悦"也。

提婆达多身处阿鼻地狱而如饮三禅悦,真悦也。

籥 yuè

籥,从竹、龠,同"龠"。本义是三孔的乐器,似笛,一说七孔、六孔。三孔即灵字,籥声即灵音也。众生皆籥,风吹而生音成天籁。龠字从品、仑。品即灵(心),仑即理,龠即心之理,心外无理,理外无心,籥之体为心,其用为音声,心音为意。"佛以一音演说法,众生随类各得解"也。智者云"人应该成为上帝唇边的长笛",变成多孔的乐器,无我相,无人相,无众生相,则诸佛菩萨才可以共奏妙音也。

云 yún

云,从二、厶。二为天,两横(一)亦为两圈,太极一圈,折圈为一也。厶亦为圈,三圈为灵,灵合为云,天地之气相互交感也。《说文解字》:"云,山川气也,象回转形。"云同"回"字,祥云图案即回字纹。云即空也,心空、形空,类佛。阿难曾问佛,佛圆寂后往何处去,佛曰"但观天上白云"。白云之道,不生不灭,缘起缘灭,无心而来,无心而去,纯粹自然也。丁福保《佛学大辞典》"慈云"条云:"慈心广大,覆于一切,譬如云也。"《鸡跖集》曰:"如来慈心,如彼大云,荫注世界。"

昀 yún

昀,从日、勻。本义是均匀地照耀大地之日光。勻的古字写作"匀",从又(手,不是勹)、二。本义为二手合成空圆,匀如左右手,二表示均分齐等(正等),所以上下两横要一样齐(齊字从二)。两横上短为上字,两横下短为下字。又字即心字变形,忄字一竖写成圆月包围之形,二心为忈即仁字,仁心包太虚而匀,仁心公正也。二亦乾卦之象,即乾的古字,乾心为匀,乾为天,天心为匀也,天心为物不二故匀,不二而后能二分为匀也。

耘 yún

耘,从耒、云。云为回旋,来回除草为耘。耘的古字写作"穮",从耒、芸。芸字即杂草丛生、生生不息,故需要来回耘之。耘的古字又写作"䎰",从耒、员。员即"圆",野草耘不尽,春来自丛生。某禅师临终就如何除草开示是:按时种上庄稼。

允 yǔn

允,从厶、儿。儿即亻(人),人厶即佛(仏),厶即〇(空人为佛,灵人合一为佛),〇即口,口为空,人口为信(伩,信即空中妙有)。允的本义为信,佛之信为真信,深信不疑者也。〇折为一(太极一圈,折圈为一),人(侯王)得一为天下正,得一而成正觉者佛也。厶亦作以(㠯),"以"的意思为任用,故任用不二为允(说文:允,从㠯、人)。㠯亦古字师字,允为人师,人师即佛(佛谓天人师),其任用之法不二。允的异体字写作"畇",从田、允或写作"𡴖",从山、夲、允。心田、灵山之佛,即心即佛,心佛不二,心信不二也。允为仁人之意,仁者堪信。释迦牟尼号仁佛,佛即信,信即光,光(量子、光子)中有信(息),信信相通,然后可以通信,以心传心,信即自心故无所不知。佛何以知信,以此。

运 yùn

运,从云、辶(行)。云行也,云行雨施,自然之运也。繁体字"運",从勹(包)、车、辶。如车轮转而行,包举天下,天体运转如车毂也。勹为空(冖),辶为行,车从亘、丨,大道空行(空行为正行,正行谓延,延寿永明。延者,永也,长也),亘古一贯也。運又从军、行(辶)。《说文》云"圆围为军",围即马场或御马者,即孙悟空上天庭第一个官"弼马温"。马者,意也,故说心猿意马,人生之意如千军万马,漫无目的,周回轮转,故称圆围。心学(佛学、道学)以"不起意"为修行要诀。

意如天马行空、独来独往，运字之要在于意也。《清静经》云："大道无情，运行日月。"无情则公，公则明，明则通，通则久。《康熙字典》："行之不息为运。"

韵 yùn

韵，异体字"韻"，从音、员。音，从立、日。立即大人貌，日即空中有光，人空为佛（佛的异体字写作"仏"，从人、〇）；员，从口（空）、贝，贝即牟尼，"韻"表示人空与牟尼空两合则天籁自生妙律。空人为佛，其音即心音，亦谓大雷音。大雷音者，默然不说其声如雷，如狮子吼，狮子吼为次声波，非人所能闻，而百兽皆雄伏矣！

载 zǎi

载，从𢦒、车。𢦒，从才、戈，才即草木初生，才戈同"找"，找车为载，以车为乘也。找即划，舟进竿为划（划船），补不足为找，人行之力不足，故找车以载。载者行也，車轮如日轮，故車字从日。日行三百六十五天为年，载春夏秋冬四季，故一载为一年。天地日月四时之行自然而无私，故说"大地之载无声无臭，全矣！"载的异体字写作"崴"，从十、风。十即中，心也，心风而载，空也。找为手，故异体字写作"㪃"，从𠂇（左）、车，车行而虚左，尊上也。载的异体字又写作"縡"，从糸、宰。糸为玄光，真宰玄光为载。宰字从宀、辛。宀为空覆，辛为原罪之众生，玄光覆照一切众生为载也。

在 zài

在，从才、土。草木初生为才。在的意思是土地上可以看到万物才生，生机勃勃。在的异体字写作"圶"，从在、立。立即站立之人，人头上所在的东西为真在，即神明，举头三尺有神明，在也。在的异体字又写作"玨"，从土、王。净土心王也，真在即真如、佛、真道。智者云："神佛一直都在，只有你不在，因为你的心不在焉；只有你不在，神佛才在，因为你占据了神佛的位置，你太满了，而神佛需要虚空才会在。"

瓒 zàn

瓒，繁体字"瓚"，从玉、赞。瓒是古代祭祀用的酒器。《康熙字典》："瓒之言赞，进也，以进于神也。"祭祀于神，口中称赞，故从赞。赞，从兟（音 shēn）、贝。锐意进取为兟，兟从先、先（瓒的异体字"兓"从夫、夫），表示两个大人，先人。赞叹先人锐意进取为瓒。瓒以玉制成，表示纯洁无瑕，比喻人之本性，即牟尼珠。先人精进而识牟尼，后人随喜赞叹之，而且觉而效之，可谓瓒之本义也。

灶 zào

灶，繁体字"竈"，从穴、土、黽（音 měng）。黽即蛙之大者，笔者浙江兰溪老家谓之石壮，灶即形同青蛙之土穴也。灶形同"黽"字，上口小，中间肚（灶膛）大，中间有烟管送青烟归太虚，上达天听。青蛙能鼓动双颊而鸣，鸣声动听，百姓希望灶君多说好话。故，灶君苏吉利，妇名博颊（灶王之妻），鼓颊言吉也。

责 zé

责，繁体字"責"。异体字"賮"，从朿、贝。朿即"刺"，棘手之刺也，意思是鞭策。鞭策以求钱财，故责字即"债"字，意思是追债之人。简化字"责"，从生、贝。生为长，贝为财，财之生长为利息。责的本义为利息。贝、生为责，贝为牟尼珠，牟尼主生，生之育之，生而不有，为而不恃。朿、贝为责者，觅求牟尼也，牟尼无形无相、无情无名，不在内、不在外亦不在中间，空不可得为得，心无挂碍、远离梦想能得，如是之责，正精进之真求也。追债者，追宿债也，求解脱（还债）也，《证道歌》云："不见一法即如来，方得名为观自在。了则业障本来空，未了应须还夙债。"

泽 zé

泽,繁体字"澤",从水、目、幸(古字幸字上边从大)。幸同"辛",甲骨文"",像被树杈形木枷套住脖子之人,本义为罪犯,表示众生(众生颠倒,颠倒之人为犯罪,故众生皆有罪,《圣经》所谓"原罪"也)。泽字表示大人之目下视众生,念念如流水不住于心。罪的古字从自、辛,写作"皋"。罪者自然辛苦。新字从辛,表示以斧斤劈开枷锁成新人。泽通"释",释字表示在佛光普照下,目视众生皆颠倒。认识自己之颠倒则"悬解",即颠倒自解,如觉知是梦则梦醒一般,故释字即解脱之谓也。解脱为至乐,故释字通怿(绎),即内心快乐之意。

增 zēng

增,从土、曾。增即曾。曾,从八、窗(囱)、曰。八为分,蒸汽上升而分散,窗即饭甑之蒸架,曰字同口,即一口锅之貌。曾即古"甑"字,古代蒸具也。窗字中心为"小",即心字,故为心窗,心窗还是"窗",曰为口,空也,心空则光生,心光照八方为曾也。心光照八方之人为僧,人曾为會(会),僧为众,出家众僧、心光交会。众生皆佛,皆曾会于灵山,故说"曾"(曾经之曾)。灵山之会,至今尚在,须汝心空生光方能赴会也。

憎 zēng

憎,从忄、曾。曾即增省,心增为憎,即因增上慢而憎。曾,从囟、曰。囟,古字从八、田(田、囟、窗同字)。囟即脑门(天窗),头顶中央为百会,百会前三寸为囟门,所"阴阳升降之道"。阴阳即气,曰表示开口,曾字表示囟门未合之婴儿期,每个人都曾经有过(因为婴儿在母体子宫时,九窍未开,靠囟门通气,出生后囟门会慢慢闭合)。曾字象囟门出气状,心气增而出为憎,即生气。

吒 zhā

吒，从口、乇。乇即托，古字写作"七"，七即十、卜。七即化，诸佛菩萨、大罗金仙皆化人。吒字的意思即七佛（化佛，亦称万佛）之空境，唯留一声叱咤之声，所谓"普化一声雷"也。吒的异体字写作"咤"，从口、度。口为空，如来所谓"一切众生我皆令入无余涅槃而灭度之，而实无一众生得度"也。哪吒之长兄金吒为七宝金莲，亦称遁龙桩（文殊所制，金吒为文殊弟子），为一根木棍加三个铁环，威力无比，心之貌也（心如遁龙也）。金字从倒口（人）、本。本空生金华也。哪吒次兄为木吒（普贤弟子），其坐骑为拾，又称十不像，木字从十、小（光），七、十皆不像，卜佛之光也。

宅 zhái

宅，从宀、乇。宀为家（像有顶空房），乇同屮，本义是草叶，一为地，一撇为叶，𠃊一勾为根。宅的意思为像草木扎根一样在家里。宅从乇，乇同托字，所寄托之处为宅。七为化，宅身于家为能化，老子所谓"不出牖，知天下"，宅亦空故。三界火宅，自当出离，何故宅之！

占 zhān

占，从卜、口。卜为小省（即忄省，忄为忄省），小为心光（《康熙字典》解释示字，从一、小。小字之丨为星，丿为日，捺为月，即小为日月星三光，天垂象以光也。示的古字写作"丅"，一横为天，一竖为一切星光上下合一也），卜字为光，光照十方，可上（上示）照可下（丅示）照，故上、下二字从卜；口为空，上空心光无所不照之谓占也。占字即空光向上，与诸神诸佛合为一体，即天人合一，然后可占也。佛学所谓"向上一路，千圣不传"，向上一路可以直达威音那畔，初佛大威音佛所到之地，如是则其人与佛一体，洞悉所有微尘世界一切事，故其占神准，丝毫不差。

占卜所用龟背、蓍草乃障眼法，恐人不信而以龟裂卦（卦者挂也）象示人，如神医扁鹊、华佗诊病，一望而知病根所在，闻、问、切皆障眼法也。卜字为心（即心即佛）为光，如金吒之遁龙桩（一柱三圈），三个圈圈，神仙难逃，何况人乎。三个圈圈合为一圈，即哪吒之乾坤圈（老子之金刚镯，金刚、乾坤、龙皆心之异名），在卜字即缩为丶，丶即主字，古禅师（道宽禅师）云"天下禅客，为甚么出这个〇不得"，禅客尚不能出圈，何况凡夫。卜字一竖为丨，即孙悟空之如意金箍棒，可长可短，可隐可显，上可通天，下可彻地，心如金刚，能断灭一切物（包括妖魔鬼怪），而一切物不能断之，故称如意金箍棒。故占卜以心，演易即演心，故占易高手邵雍称其"梅花易数"为心易。心包太虚，两周沙界，至大无外，至小无内，故其占如神之全知全能也。三界唯心，万法唯识，心外无法，法外无心，识此者一心清静，一念不生，乃可以为占卜也。古代占卜，需要沐浴更衣、焚香祷告，一心敬畏，静候天命之旨归也。

湛 zhàn

湛，从氵（水）、甚。甚为深也、尤安乐（极乐）也，故湛为清静之深水（老子："湛兮其若渊。"），一波不生，万念俱寂。甚，从甘、匹，异体字"是"，从口、匹。甘即"口"，口含一物为甘（味美），甘露也。口为空，匹（从匚、儿，空人也）为合，与"空"严丝合缝者，完全融入空之空人也。湛即自饮甘泉之空人，心净如水，心静如水，心安如水。湛的古字写作"渺"，从水、匕、炎。匕为人，化人或佛也，人处于深水和炎炎之火中而能安乐者，唯化人能之，以其湛然常寂也。明代有个与王阳明齐名且同时讲学的心学大师叫湛若水，号甘泉，其主要观点是："随处体认天理，吾所谓心者，体万物而不遗者也，故无内外。"诗曰："口匹为甚深水湛，水深火热饮甘泉。湛然常寂无所寂，一波不生心如渊。自饮甘露长生酒，独拨青山自在弦。曾经空味时时现，已见虚莲处处安。"

张 zhāng

张,繁体字"張",从弓、镸(长)。弓字像一把弓,《说文》:"弓,以近穷远。"《释名》:"弓,穹也,张之穹穹然也。"即弓弦被拉开后,弓像苍穹,因空故可以射得很远,黄帝有"轩辕弓"。镸,从髟省,头发长。老者头发长,故长者为尊(兄长、长辈)。长的古字写作"夫",从上、儿,即上人也。弓长(音涨)即弓正,古代官名,张姓先祖善射故,长即头领。

璋 zhāng

璋,从玉、章。章,从音、十。古代一曲音乐分十个音节,故十音为一章。十字即古"丨"字,即一字。佛以一音演说法,故一音即佛。玉即牟尼珠,璋字意思为佛演一音与牟尼一体,光明常照也。《维摩诘经》云:"佛以一音演说法,众生随类各得解。"弘一法师亦号一音、演音。

召 zhào

召,从刀、口。刀即人字,口即空,空人为佛(仏,从人、〇),召即未召,未召而召,心王未召,即王未召也。

哲 zhé

哲,从折、口。口为空,折服于空则哲理生也。哲的异体字亦写为"喆",大篆从心,小篆后改为从口,故鼎器铭文皆用"悊"。吉字从之(㞢)、口。之为到达(古字用箭头表示"之"),到达于真空者菩萨也,故吉。文殊菩萨名为妙吉,普贤菩萨名为遍吉,皆生弥勒内院一生补处者也(即递补佛位者)。哲的异体字又写作"悊",从心、折,意为本心折服,全然臣服也。

蛰 zhé

蛰,繁体字"蟄",从执、虫。执为拘押,虫像被拘押于土,故蛰为藏也,即冬眠。蛰居的意思是居家不出门,现在叫"宅"(一人在家为宅)。动物皆虫,真性藏而不知,迷而不觉也。《大戴礼》:"有羽之虫三百六十,而凤凰为之长。有毛之虫三百六十,而麒麟为之长。有甲之虫三百六十,而神龟为之长。有鳞之虫三百六十,而蛟龙为之长。有倮(即裸,无羽无毛无甲无鳞)之虫三百六十,而圣人为之长。"出家修道证真,化羽升仙,跳出三界外,不在五行中,始能不被拘执,远离颠倒梦想,究竟涅槃,成就无上正等正觉。二月初八,释迦牟尼出家日,惊蛰出家,唤醒众生也。

者 zhě

者,甲骨文"", 从木、口。木即㇑字(十即丨字),口即空,心解脱于虚空之困为者,故"者"字与"困"字相反。困字即心未悟而困于虚空。木字上边十字亦写作"中"或"止",上"止"下"木"还是困字,止字即脚形,为行动之意(武字从戈、止,意思是持戈而行,参加战斗)。止木为困,即心行而动则困,心王如大地,宜岿然不动,心学所谓"不动心、不起意"者也。简化字"者"从耂、曰。耂曰即吾字,心行心止心困心解皆吾也。者字下边日也写作白,吾心之白光从下出也(《说文解字注》:者者,明为下出也)。

贞 zhēn

贞,繁体字"貞",从卜、贝。贝指龟背,古人以占卜断是非,从龟背的裂纹看上天之垂示,故贞字本义为正,真也。贞的古字写作"鼎",从卜、目、凵、巛。与"鼎""真"字通,意为坚固、真实。贞字从卜、三足鼎,眞字从匕、鼎,卜与匕形似。《六书正伪》解"眞"字:"人受气以生,目最先,神之所聚,无非实也。故从目从匕。匕,化也;从兀,气之状也。"化人即真人,贞(通侦察之"侦")卜以求神谕,以心目(佛眼,乚为隐,目在凵中,非肉眼也)而观,天人合一故正。

珍 zhēn

珍,从玉、人、彡。玉为牟尼珠,彡为光,人得牟尼珠而生光明也。东海有神珍铁,即定海神珍,其光常明。定海神珍又名如意金箍棒,能随意变化,原为太上老君冶炼的神铁,大禹曾借走治水,后留在东海龙宫。一切真珍(珍与真通假)皆心也,心善变化,故珍宝亦多变化。人心多念而自重,故金箍棒重一万三千五百斤,一昼夜之念数也。无念则轻,一个筋斗云十万八千里,灵山立达,心即灵山故也。无门禅师云:"佛在灵山莫远求,灵山就在汝心头。人人有个灵山塔,好向灵山塔下修。"

真 zhēn

真,异体字"眞",从匕(化)、目、乚、八。八为分,炼气化神,神隐于目之化人(仙人、真人)。籀文写作"",从匕、空鼎(壶)中有"一"横,得一之化人也。《说文》:(真)"仙人变形而登天也。"庄子云:"真者,精诚之至也。"真字本义为神也、淳也、精也、正也。如来是真语者、实语者,故佛号真如、正真。老子以清静为天下正,正即真,故老子号真常、真静、常清静。《清静经》云:"真常应物,真常得性,常应常静,常清静矣。"《华严经》:"一真一切真。"一真者,一真法界也,涵摄十法界。《佛学大辞典》:"一即无二,真即不妄,交彻融摄,故曰法界。即是诸佛平等法身,从本以来,不生不灭,非空非有,离名离相,无内无外,惟一真实,不可思议,是名一真法界。"一、真皆佛道之异名,佛道即得一、成真者也。一真即正觉、菩提心,至矣!

甄 zhēn

甄,从西、土、瓦。西即鸟巢,甄的本义为作瓦片用的土制鸟巢状陶器转轮。左边西土合为垔字,即堙字,意为塞,制作陶器需要塞土。相传陶器最早是由舜发明的(墨子《尚贤》云:"舜耕于历山,陶于河滨。"),

舜为王，故甄的异体字写作"甋"，从王，甄者即王，百姓为瓦。老聃曰："埏埴为器曰甄陶。"王者亦甄陶其民也。甄者化也、成也，《周易》所谓"观乎人文，以化成天下"，故称文化。土字从中、一。中为心为生，心生万物，故土生万物。土如鸟巢者，心如鸟巢之空，空故可甄陶而成器也。

振 zhèn

振，从手（扌）、辰。辰是振的本字，从二（古文"上"字）、止（脚，下地，行也）。上行为振，振即动。辰的甲骨文写作"𠨷"，从石、廾。廾表示双手持握，表示手执石锄、日出而作，本义为挥镐举锄、奋力劳作。振、震、農相通。《说文解字》："振，举救也。"振的意思是托举救援陷落者，救苦救难，所谓上行也。

铮 zhēng

铮，繁体字"錚"，从金、争。本义为金属相碰发生铮铮之声。争的异体字"爭"，从爫（手）、又（手）、乙（乚）。表示双手相争、相互拉扯。争者，事也，故争的异体字写作"事"，从一、事。一为天，天下唯一事，所争者唯一事也。释迦牟尼降生，为一大事而来，自觉觉人也。争、青为静，丹青而成道，见性而成佛。故静之争者，道法自然，不争为争，老子《道德经》所谓"夫唯不争，故天下莫能与之争"也。

正 zhèng

正，从一、止。止为行，其行目标唯一为正。正的古字从○（口）、止。止兼具行、止二义，○原意为目的地，表示本源，即灵即道即无极，故○行为正、○止为正。无极一圈，圈折为一，故正从一。天得一以清，天之正也；地得一以宁，地之正也；圣人得一以灵（○），人之正也。一生二，故正的异体字写作"㱏"，从二、止。二者上也，上止为正，上为天，一切以天行天止为正。人正则合天地，古人云"天人合一"，正此。与天地精神相往来者，心也，故正的异体字又写作"恶"，从正、心。政者正也，教（攵即支）人以正为政，故正的异体字写作"㸚"，从匚（方）、人，或写作"㐺"，从凵、千（得一之人）。人在方（坎）内须从正道，正道者，道不远人也，故圣人终日行不离辎重。正的异体字又写作"足"，从一、足。足即"正"，同二止为正，正即足者，知足常乐，千里之行始于足下也。

政 zhèng

政，从正、攵。攵即"支"，支即敲打，古代私塾老师用戒尺敲打学生，即教育。政字即教人以正，故说"政者正也"。

芝 zhī

芝，异体字写作"茊"，从艸、㞢（即"之"）。㞢像芝出地（下一横为地）。古人云："芝为瑞草，服之神仙。"王充《论衡》："芝生于土，土气和，故芝草生。"和也者，天下之达道也，土和而达，故说"之"，之者到也。《瑞应图》："王者敬事耆老，不失旧故，则芝草生。"人和天地（《易经》："夫大人者，与天地合其德。"），则天地生瑞应，天降祥云，地生灵芝。

知 zhī

知，从矢、口。矢为箭，口为空、为目标，知箭之能中与否为知，如能否"百步穿杨"，唯心知之。矢字从大、人。大人之道如矢，觉而不迷，正而不邪，净而不染，故能与天地合其德、与日月合其明、与四时合其序、与鬼神合其吉凶。射箭之最高境界：人箭合一，不射之射也。矢量如心量，量周沙界，其形若如意金箍棒，其行如龙，神龙见首不见尾，随心所欲，可谓知也。

织 zhī

织，从纟、只。纟字即玄光（小），只字从口、八，口为空，八为分。天空分布丝丝细光,光线相交,连绵不断为织,即天网,天帝释之因陀罗网。据说因陀罗网由108亿条细丝线交织而成。丝即思,烦恼之谓也,即人的108亿种烦恼杂念相互交织也。解除所有交织丝线即佛,所谓一念不生,一丝不挂(心无挂碍)也。

止 zhǐ

止,从屮、一。草木基于地,下基为址(地址),即草木之根本在止。引申为足,知足者,知其所止也。止,亦像足趾之形。屮,心(忄)也,草木立足于地,其心安,故《康熙字典》谓"心之所安为止",《正义》云"止谓心之所止"也。止即心、止即足,此心知足之谓止,弥勒之"兜率"的梵语意思即知足也。

祉 zhǐ

祉,从示、止。示从二(上字,即上天)、小。小即忄,心光也,示的本义是上天以光所给出的指示,如闪电、日月星三光都是示,指示世人要公平公正公开,阳光普照,雨露均分。止为脚形,与手形一样是心字(屮形)的变形,兼具停止与行动二义。祉字的意思是视听言动都按上天所指示的那样去做,其结果必然是吉祥,必然是有福气的,故祉者福也,祉者禄也,福禄双全为祉。古字认为天人合一,把天当作神,故示字旁都与神有关。祉者,神止而清、心藏神,心澄神清则福气无穷也。

至 zhì

至,从一、〇(厶)、之(屮,从屮、一)。"之"为到,"〇"为空,"一"为目标,表示到达目的地(空)。古文至字为一箭中的之象形。"之(屮)"之"屮"为心字的变形,心字亦作"山(灵山)、主",故至的异体字写作"𡈼""至",从山或从主,心主到空(灵)山为至。至的异体字又写作"望",从凶、土。凶字从凵(坎)、乂(五、吾)。乂即吾自性之光,凵加土即主或生字,吾心生光为至也。至的异体字又写作"夆",从又、至。又为手为心,心手同至也。

志 zhì

志,士、心。推十合一为士,士心为志者,其心专一也。志的异体字"忎",从之(㞢)、心。之即"至",到,心之至,心包太虚、量周沙界,无所不至也。志还有一个异体字写作"忢",从小、心。小为光貌,心上之光为志。自心为佛,佛光普照,可谓大志也。

治 zhì

治,从水、台。台,从厶(反已)、口。口为空(心),厶同乙,心空而光生,衍射波动而出,光直射而即公字,故台即灵台,灵台之光如水为治。灵台即灵山,上灵山为至悦之事,故台即怡字(治字古音为怡)。光影重重如乱丝,故需治之。乱与治的异体字同为"亂",从爪(手)、糸、乙。糸字从丝、小。小即心,心光如丝为糸,乙为一之动,心动则乱,知(觉)乱则治,故治乱为治。

智 zhì

智,从矢、口、日。古字同"知"。矢为箭,喻行直,口、日皆为空。智者心空而行直如日也。智慧化身文殊菩萨手持智慧之剑,斩断六根五蕴之所摄,以保持心之不垢不染。经云:"十方如来同一道,脱离生死以直心。"直心如矢者智。

骘 zhì

骘,从陟、马。陟,从阜、步。表示登山、上升,马即意,意马超升为骘,意识高升则能定,故骘者定也。阜的古字写作"𨸏",三个口如阶梯,故说步步高升,阜的异体字写作"𠂤",从三个口、厂、三。三口为灵字,厂即岩字,三为乾为天,阜即灵山之天,三亦作山(阜的另一个异体字写作"皀",从山),皆心字之变形,即心光之貌。三界唯心,万法唯识,一切唯心造。心音为意,意高则善,阴骘众生,古人《尚书》云:"惟天阴骘下民。"上天之载,无声无臭,至矣!骘的异体字写作"隲",从少,少即光,意马之光为骘。

中 zhōng

中,从口、丨。口,多音字,一音孔,空也,即〇;丨,为一,上下贯也。《康熙字典》:"中,心也。"有无合一为中,空色合一为中,性命合一为中,心物合一为中。傅大士云:"有物先天地,无名本寂寥,能为万象主,不逐四时凋。"《道解周易·中图》:"寂寥即〇,万象即丨,不可以有心求,不可以无心守。有心求之,则落于色相。无心守之,则入于空寂。均非中道。"释曰:"吾有一物,上柱天,下柱地,无头无尾,无背无面。"中者,至灵至圣至神,生天生地生人。视之不见,听之不闻,搏之不得;拟之则失,议之则非,寻之则无。

终 zhōng

终,繁体字"終",从糹、冬。冬,从夂、仌(两点为古"冰"字)。夂为脚,脚在冰上走为冬,所谓"三九四九冰上走"即是。冬的甲骨文作"󰀀",〇与〇之间一道圆弧,表示从虚空来,到虚空去为终了。始亦空,终亦空,故说无始无终也。宇宙大爆炸开始之前的状态谓太极,宇宙毁灭之后的状态也是太极,宇宙在太极之间亦一太极也,故说道不生不灭,不增不减也。

钟 zhōng

钟,繁体字"鍾",从金、重,重也。重,从東、土、人。东土人自重重人,重情重爱重众生。老子云:"重为轻根,静为燥君。"心重则沉,心轻则浮,心浮则气燥。重则凝聚,故钟有"聚"的意思。钟灵毓秀者,凝聚天地之灵气,孕育英秀之人才也。人生东土,天(上帝)之所重,选择性最大,所以《正字通》说"天所赋予曰钟"。金者,金华也,成道者金华生,故东土人所重者,金华之旨(吕祖著有《太乙金华宗旨》,其旨在回光返照)也。锺的异体字写作"銊",从蚑、臾。臾的本义为双手被绑之人;蚑字比喻寿命很短,少则三天,多则百天,人生之钟情重爱,亦在须臾之间耳。诗曰:"天所赋予之谓钟,重在金华道皆同。东土人重识根本,明心见性悟真空。已生娑婆因爱重,不念净土为情浓。回光返照金华旨,空有相融临济宗。"

仲 zhòng

仲,从人、中。仲,即"中",从〇、丨。为心为道,至大无外,至小无内,淹没一切也。故,中为天下之大本也。

众 zhòng

众,繁体字"眾",从目、三人。众生皆在一目之下,一目者,神眼也,神眼为空眼,"囗(空)"字里面一个"眼"字为"看"(老子造字写作"𰂕",见《亳州老君碑》)。举头三尺有神明,神之眼也。众生一切作为皆逃不过神眼一观。神眼目光如炬如日照,故众的甲骨文写作"𠊓",从日、三人。众生共在此日之下也(谁能不共戴天而去天外?)。目、日皆通"囗",甲骨文众字写作"𠈌",从口、三人。口为空,虚空如笼罩众生,故禅宗有"粉碎虚空"之说。粉碎虚空,即众生发现自己自由自在之身,本来具足,真君即真我,我命由我不由天,我与虚空两寂灭焉。

舟 zhōu

舟,古字像一艘小船。船形如月,故有些带月字旁的字含有船的意思(月亮船),如朕、勝。朕、勝同义,表示一个人独自用力操舟奔向彼岸。朕字在秦始皇以前人人能用，就是"我"的意思，后来成为皇帝的自称，有"独断专行"之义。朕字从舟、关（朕）、力。自身能善用舟者也，凡所有人皆须自渡而周至彼岸，故说"能周（舟）"者"自胜"。

周 zhōu

周，从用、口。《说文解字注》所谓"善用其口者密"，故周的本义为密，为疏字的反义词。口能周密者必是忠信之人，故又以"忠信为密"。孔子所谓"君子周而不比，小人比而不周"（阿党为比）。口为空，空之用能周，周者遍也、普也，因虚空周遍而无穷也。空之用能曲，故周有"曲"之义，"曲礼"即周礼，能周能曲而无不至，故周也有"至"之义。周的异体字写作"周"，从用、了（及）。知空之用无不及也，故能周则能了，周亦有终、了之义。口即"囗"，古之国、围字，围城一周为国，囗亦空故，其大无边无际，故佛国净土之周无限。周的另一个异体字写作"匊"，从勹、舟。周能包舟，故周、舟通用，勹为空，虚空无不包也，故周即虚舟也。庄子所谓"有虚舟来触，虽惼急之人不怒"也。人生在世，待人处世，如果能以"虚舟"一般，则自然能达无我无人之境。

宙 zhòu

宙，从宀（空）、由。由为心火出心田，甲骨文写作" "，象明亮之油灯，籀文写作" "象口（口字中间有一点，心也）中一人出头，表示空生一人，所以由的本义是传宗接代、子孙相续、生生不息，如同光明之传递。一切由心造，故心田出头为"由"，心动则生时间。宙即古往今来。心的特征是喜欢走两个极端，如同钟摆，钟摆不动则不能计时。佛陀一坐八万劫，佛心禅定故无时，无时则永恒。

主 zhǔ

主，从丶、王。丶音 zhǔ，本意为烛光，《说文解字》所谓"镫中火主也"。主字从亠、土。亠(音 tóu)即光字头,同火字。土字同屮、一。屮为草为木,皆丨字之化,故为心王。主者,心王生光之谓也,通炷字,主火也。

助 zhù

助,从且、力。且即古"祖"字,力为手,佛手也,故佛号十力。助者佛手之助也,同"祐"。助的本义是祖宗之助力。祖宗与佛皆光,认识本源为光,则无助自助者,一也。

祝 zhù

祝,从示、口、儿。示为神,儿为站立的人,指通灵之巫师,原意是巫师口中念念有词向神灵祝祷。口为空,人空即觉(觉者即佛),无思无念,无作无为,然后可以通神、可呼风唤雨,祝即空人示神也。古代高僧道人求雨,不过是万缘放下、一念不生,不在于咒语,而在于全然忘我,一心清静,天人合一,与道合真。庄子所谓"天和""心斋"者也。《庄子》"天和"原文:"若正汝形,一汝视,天和将至。""心斋"原文:"若一志,无听之以耳而听之以心;无听之以心而听之以气。听止于耳,心止于符。气也者,虚而待物者也。唯道集虚。虚者,心斋也。"人能达到"天和""心斋",其人即祝者也。祝通"咒",几即知几之人(知几其神乎),两个"口"即空对空,人空对神空,人神合一也。

准 zhǔn

准,繁体字"準",从水、隼。水表示平,天下莫平于水故,隼即鸟瞰。准的本义是像鸟瞰一样水平,表示标准。隼者,灵鹫也,鸟以俯观故称就,吾佛随顺众生,灵鹫俯观三界,则三界为一体,故其观为准。众生目观平视,则只能观三界局部,所谓一叶障目不见森林也。菩萨低眉内观,行深般若波罗蜜多时,以鼻为准,所谓"眼观鼻,鼻观心"。鼻即自,自心即佛，自心水平之谓准也。梵语准提Cundi的本义就是"变小"，准提的另一个梵语是Cundhi，是清静的意思，清净方能变小，大小不二。

子 zǐ

　　子，小篆"🜚"，象一个刚出生的赤子（肤色红润之谓赤），○象头，中象身。子的异体字写作"𡿹"，从巛、子。巛即川，谓母亲之河，即子宫羊水也，通"毓"（从流）。○即"灵"，中即"彻"，灵之彻也，一尘不染为子，身（中）心（○）合一。一说，○即种子，中即草（艸），草籽为子，巛即坤字，地也。子为仁（种子），万物之心，故能生一切。仁即佛性，真佛子也。此"子"人人本具，一得永得。

仔 zǐ

　　仔，从人、子。子从○、十（中），子即一赤子小儿站立之形，○（头形为圆）即空，十即手脚之形，亦忄（心）字。赤子心空，无私无为故近佛道。亻、○合为佛（异体字为"仏"，从亻、○）字，中即心，故佛心为仔。中亦彻底之彻，清澈之澈，佛心亦清澈、究竟而彻底也。

梓 zǐ

　　梓，从木、辛。辛（从立、丨）为一个倒立之人，即新生儿。治木器者曰梓，即木工（木匠）。《康熙字典》："梓为百木长，故称木王。"梓，子道也。老子《道德经》："知其雄，守其雌，为天下溪。为天下溪，常德不离，复归于婴儿。"婴儿近佛，佛子也。梓，通"杍"，即李的异体字。《尚书》有一篇名《梓材（杍材）》。李，即理，即法。尧舜之时皋陶为李。司李（司理）即古代刑官（法官）。皋陶即地藏王菩萨，故他有独角神兽谛听（名字也叫荐，所以说推荐），能明辨是非，以角触不直者。法者，佛法也，即达摩。

紫 zǐ

紫,从此、糸。此,从止、匕。止为行,匕即化,化人之行曰此,因为化人之道在此时此地,不在彼时彼岸也。此、糸为紫,紫光也,人能知化身,一心系于此时此地,则成老子,成佛,自然紫气东来,紫光万丈。紫,同"孳"。孳,生也,生生不息,所谓紫光真人化身千百万也。

自 zì

自,从丨、目。丨即古字"十",故异体字写作"㭋",从十、目。上"丨"下"目"也是古字首、道、德、直诸字,丨字表示通天彻地的一道光,十字表示光照十方,自字表示目光(小字可以省略为丿、乀、丶、丨、卜诸字)。肝藏魂,开窍于目,目光即自性灵魂之光。人若失魂,则目无光。道德直心为魂,故自字与道德直首四字皆通。丨为光,即心光,心光为"小"字,即光字头,故首的异体字写作"䛽",从小、目。"小"字可以写于"目"字的上边或下边都可以。目字从口、二。二为天,口为空,人心如天空,则空生光明如日月。自的异体字写作"㐬",从大(人)、二、凵。凵为坎,为险,为水,即苦海之中,二为天,人虽处苦海之险中,亦须天人合一(人二为太字,合一为太极,大加两点亦太字,两点为终,大人终于太极也),成为自己的光。自的异体字又写作"躳",从身、自。身为妊娠有身,比喻大肚能容能生。自的异体字又写作"䒑",从莫、非、一。一即○(灵),即道即太极,所谓"太极一圈,折圈为一",自者,莫非一也,莫非道也,莫非灵也,莫非灵也。

字 zì

字,从宀、子。异体字写作"㝉",从宀、巛、子。巛即川,羊水,字的本义是孩子在子宫中。字在子宫为女性怀孕之相,故以"字"为女性。牛马等雌性动物怀孕则写作"㹀"。能字则能生,生生不息,故字同孳,繁衍也。繁衍能化，玄妙之极，故字也作牝，一切雌性也称牝。牝，从牛、匕。牛即一心，匕即化，一心能化也。子，从〇、中。中为心，〇为空为灵，赤子心空，纯粹自然也。

宗 zōng

宗，从宀（空）、示。示从二、小。二为上，小为日月星三光，宗即上空之光。宗的古字，示写作"不（从一、小）"或"丅"。一为天，丨为光，天空之光为宗。光为本，故宗者本也。光为源，故宗为源头，为祖庙。《康熙字典》："人物所归往亦曰宗。"万物归源，找到自己的光，宗也。示即神光（从一），一动为乙（太乙），两乙（一阴一阳）为卐，佛光普照也。

足 zú

足，从口、止。止为脚，兼具止与行两义；口为空、为目的地，空行为足，止于空为足。脚空而能行，心行也。知空之无所不在、无时不在者，可谓空行者也。莲池大师诗云："赵州八十犹行脚，只为心头未悄然。及至归来无一事，始知空费草鞋钱。"《道德经》所谓"不出户，知天下；不窥牖，见天道。其出弥远，其知弥少"，不出不窥而无所不知，知足者也。知足者，智足故也，大人空行"日"上为智，智者能御龙，亦能运日月，以其知"道"（大道无情，运行日月）也。知足者可上兜率内院也，兜率的梵语意思即知足。

祖 zǔ

祖，从示、且。示为神，神示日月星三光；且的古字中间没有二横，后加一横、二横或三横，一、二、三皆乾，乾为阳，故祖即纯阳神，不生不灭，无始无终者也。且通"几"，动静之间为几，静极欲动之先兆也。吕祖《百字碑》云："动静知宗祖，无事更寻谁。"道有动有静，知宗祖即知动静之几,故知道。知几其神也。子曰:"知几其神乎,君子上交不谄,下交不渎,其知几乎。几者,动之微,吉之先见者也,君子见几而作,不俟终日。"(《周易·系辞下》)

尊 zūn

尊,从酋、寸。酋为有酒水的酒樽,寸为手。本义是双手持酒者,即酋长、大雄。尊的古字写作"䔼",从阜、尊。阜为山,为灵(三个口横排竖排皆灵字)山,故灵山大雄为尊。酋字从八、酉。八为光照八方,酉为天门合,乃万事成就之象。酉字从西、一。西方成就者为酋,即世尊。尊的异体字写作"藭",从艹、围(口内井字)、一、寸。围即囗,即日,日一寸为得字,即方寸心归一空为得,心不可得为得。尊的异体字又写作"䯝",从双目、开。肉眼、佛眼并开也。尊的异体字又写作"𢍜",从申、寸。申即神,双手持丨为神,寸为方寸心,心神合一为尊也。

左 zuǒ

左,从一、丿、工(左的古字没有"工"字)。本义就是一只左手。左者佐也,辅佐之手也。工即顶天立地之人。左的异体字写作"𠂇",工写作"匕"。匕即化人,人而顶天立地,与天地宇宙合一者,化身也。左的异体字写作"㚄",上下两个"左"字,人上人、身外身也。左手而能佐,右手而能佑,诸佛之妙手也,佛手空空故右字从口(空也)。《逸周书·武顺篇》道:"天道尚左,日月西移;地道尚右,水道东流。人道尚中,耳目役心。"

作 zuò

作,从人、匕。本字为"乍",本义是人用刀刻字。人、匕为化,作者化也,化生万物。大道化佛,随缘而应,常应常静,长养众生。匕即"牝"的古字,牝为雌性符号,比喻能生。《道德经》云:"出玄入牝,若亡若存,玄之又玄,众妙之门。"作的异体字写作"乍",从作、一。作于一也。道生一,即太极一圈,道生一气(炁),一气生天地。太极即真空,无中生有,真空而生妙有,作也。道之作也,纯粹自然,故能化作而无穷。作字从人者,道不远人也。作字的异体字又写作"作",从双人旁,则作三人,三人为众,道不远众生,人人具足,与道共作也。

坐 zuò

坐,从二人、土。二人土上坐。古字写作"㘴",从死、土。坐如死尸为坐,一念不起也。古字坐字从卯、土或从卯、土。卯即天门开,卯即酉字,卯为天门关,坐者如天,呼吸如门,开闭随心也。坐字二人改为"口"(空)还是坐字,无我相(从口、人)、无人相(从二口),是为真坐也。口即〇,亦写为厶,人厶为佛字,人〇(零)为仙字,坐则入定,成仙成佛而随意也。